类案检索方法指引

齐晓丹 等 著

法律出版社
LAW PRESS · CHINA

图书在版编目(CIP)数据

类案检索方法指引 / 齐晓丹等著. -- 北京 : 法律出版社, 2020(2022.1 重印)
ISBN 978-7-5197-5222-4

Ⅰ. ①类… Ⅱ. ①齐… Ⅲ. ①案例—检索方法 Ⅳ. ①D910.5

中国版本图书馆 CIP 数据核字(2020)第 248929 号

类案检索方法指引
LEIAN JIANSUO FANGFA ZHIYIN

齐晓丹 等著

策划编辑 解 锟
责任编辑 解 锟
装帧设计 鲍龙卉

出版发行 法律出版社
编辑统筹 重大项目办公室
责任校对 张 岩
责任印制 吕亚莉
经 销 新华书店

开本 710 毫米×1000 毫米 1/16
印张 19 **字数** 320 千
版本 2020 年 12 月第 1 版
印次 2022 年 1 月第 2 次印刷
印刷 固安华明印业有限公司

地址:北京市丰台区莲花池西里 7 号(100073)
网址:www.lawpress.com.cn
投稿邮箱:info@lawpress.com.cn
举报盗版邮箱:jbwq@lawpress.com.cn

销售电话:010-83938349
客服电话:010-83938350
咨询电话:010-63939796

书号:ISBN 978-7-5197-5222-4
定价:79.00 元

凡购买本社图书,如有印装错误,我社负责退换。电话:010-83938349

自　序

随着我国经济社会的持续发展和全面改革的不断深入,人民群众对司法的需求和关切日益强烈。特别是在裁判文书公开上网的背景下,社会各界不仅关注法院审理案件的数量,更关注裁判质量和裁判标准。裁判标准统一是人民群众对司法公正的朴素追求,也是深化司法体制综合配套改革的重要任务。

2020 年 7 月,《最高人民法院关于统一法律适用加强类案检索的指导意见(试行)》(法发〔2020〕24 号)发布并开始施行,该份文件对类案的概念、类案检索的前提、范围和方法等内容进行了规定,对于指导全国法院系统深入有效开展类案检索工作具有重要意义。最高人民法院历来重视案例指导工作的开展,自 2010 年《最高人民法院关于案例指导工作的规定》发布以来,最高人民法院积极开展和推进案例指导工作,至今已经发布了一百余个指导性案例,各地法院结合地方实践也在不断推出典型案例。这些指导性案例和典型案例的发布,对案例研究和裁判标准统一发挥了积极作用。2014 年 10 月,党的十八届四中全会通过的《中共中央关于全面推进依法治国若干重大问题的决定》明确指出,要加强和规范司法解释和案例指导,统一法律适用标准。在司法改革不断深入推进的过程中,《最高人民法院关于统一法律适用加强类案检索的指导意见(试行)》等重要文件先后发布,必将有力推动类案裁判标准统一具有重要意义。在司法实务界,包括法官、检察官、律师在内的法律工作者运用大数据开展类案检索,为裁判提供参考,已经逐步成为一种工作习惯。

2017 年年初,根据时任北京市第三中级人民法院副院长刘双玉同志的安排,我带领史智军法官、王天水法官、樊思迪法官助理承担了一项院级调研课题,旨在探索类案裁判标准统一的路径。同年夏天,北京市第三中级人民法院以“司法裁判中的遵循先例”为主题,邀请最高人民法院吴光侠处长、于同志法官、北京大学法学院张骐教授、中国人民大学法学院张志铭教授、中国案例法学研究会吴革副会长、大数据公司代表李斌女士、郭叶女士以及北京知识产权法院陈锦川副院长、杨静主任、北京市第四中级人民法院民庭马军庭长等,围绕“指导性案例制度的发展与困境”“司法裁判中的遵循先例”两个主题,进行了深入的研讨。

2019 年 5 月,在前期调研成果的基础上,北京市第三中级人民法院根据最高人民法院有关文件的要求,进一步细化落实统一裁判标准的工作,制定了《北京市第三中级人民法院关于开展类案及关联案件检索工作的实施办法(试行)》。该办法对类案的概念、类案的识别、检索路径、分类处理及全程留痕、类案裁判规则的公布及备案、检索工作的监督等方面都进行了规定,在类案检索方面进行了有益的探索。

2019 年 9 月,最高人民法院司改办委托北京市第三中级人民法院开展《类案检索报告制作和运用机制研究》,课题主持人为北京市第三中级人民法院党组书记、院长安凤德同志,课题组成员包括北京市第三中级人民法院党组成员、副院长吴兆祥、薛强,审委会专职委员次仁卓嘎等,我和史智军法官、王天水法官是课题的主要执笔人,张荣华、石艳明、仉亭方等同志帮助收集和整理了部分资料。2020 年 5 月,北京市第三中级人民法院召开了“类案检索报告制作和运用机制研究”课题研讨会,邀请最高人民法院司改办刘峥副主任、规划处危浪平副处长、北京市高级人民法院督查办赵瑞罡主任、研究室刘书星副主任等同志对课题进行了指导。课题于 2020 年 5 月底基本完稿,由于时间关系和篇幅所限,关于类案检索的许多问题并未在课题成果中进一步展开。我在两万字课题成果的基础上,利用工作之余搜集资料,继续深入研究,编写了本书的内容。

本书围绕类案检索从以下几个方面进行了重点阐述。

一、充分认识我国司法对类案检索的实践需求,精准掌握类案的判断标准和检索方法。本书绪论部分介绍了在大陆法系国家案例作用的发挥,首先要从认识上消除大陆法系国家排斥案例作用的误区。在我国实行司法责任制改革之后,开展类案检索、保证类案裁判标准统一不仅是民众的需求,也是裁判者的内在需求。有的法律工作者认为,既然从哲学上讲,世界上不存在两片完全相同的树叶,那么在实践中也不存在完全相同的两个案例,所以没有必要开展类案检索工作。还有的法律工作者认为,现在案多人少的矛盾突出,没有精力去检索类案,检索出来的案件也不好比对和区分。针对上述问题,本书第一章介绍了类案的判断标准，如何在大量的案件中寻找和比对类案。这些类案并非完全相同的案件，但因为属于类案所以要在裁判标准上统一。同时分析了类案检索的前提、方法和规则，以便提高类案检索的效率和准确性。

二、构建类案检索报告的制作和运用机制，熟练掌握类案检索报告的制作方法。类案检索之后重在运用，即如何将类案检索的结果与待决案件有效结合。本书第二章介绍了类案检索报告的制作和运用，阐述了类案检索报告的构成要素、呈现形式、运用程序和价值判断，以及在类案检索报告的基础上如何进行成果转化和有效监督，上述环节构成了类案检索报告制作和运用的完整流程。对于类案检索既需要理论分析，更需要实践运用。本书第三章以民商事审判领域中 8 个常见疑难问题为例，开展了类案检索并制作类案检索报告，比对了类案的基本事实，分析了类案的法律适用意见，对于待决案件争议问题的处理提出了初步意见。该部分范例的展示，对法律工作者实际开展类案检索具有指导意义。

三、类案检索与类案裁判规范化密切关联，有助于促进类案裁判标准统一。类案裁判规范化是一个更为宏大的题目，其中关于专业化审判、各级法院制定类案裁判规范等方面与类案检索的关联性更为密切。本书第四章介绍了专业化审判、地方法院制定类案裁判标准、最高人民法院统一全国裁判标准与类案检索的关联关系。类案裁判标准统一既包括法律适用定性上的统一，也包括法律适用定量上的统一，两个方面都做到统一才是高水准、高质量的裁判标准统一。本书第五章介绍了刑事审判中的量刑标准、民商事审判和知识产权审判中的损害赔偿标准方面，类案检索能够发挥更多的作用。

四、高效开展类案检索有赖于案例分析方法的运用，同时也依托于信息技术的运用。作为法官、检察官、律师等法律工作者，掌握案例分析方法是最基本的职业技能。类案检索是工具也是方法，它需要依托于案例分析方法。本书第六章介绍了法律关系分析方法、请求权基础分析法和法律解释方法在民商事审判中的运用。只有对上述方法深入理解，才能高效运用类案检索这一工具。同时，许多法律工作者希望在处理相关案件时，系统能够基于案件材料推送相关类案，这样可以减少主动检索类案的时间。但是，现有的类案智能推送效果还不能满足用户的高标准要求。本书第七章介绍了大数据对于类案检索的支撑作用和局限性，法律工作者在类案数据库建设中应当发挥的积极作用，以及技术人员在类案标识方面的工作重点。

本书后附最高人民法院和部分地方人民法院关于统一法律适用和类案检索的文件规定，以及北京知识产权法院一篇援引在先生效判决的典型裁判文书，这些材料对于读者从规范层面认知类案检索、从实践层面了解裁判文书对于类案规则的援引和运用都会有所助益。

目录

绪 论

第一章 类案的判断标准和检索方法

第二章 类案检索报告的制作和运用

第三章 民商事领域争议问题类案检索报告范例

第七章 类案检索与信息技术的运用

结 语

附件一 最高人民法院关于统一法律适用和类案检索的相关文件

附件二 地方法院关于统一法律适用与类案检索的相关文件

绪　论

随着依法治国的推进,法律维持社会秩序、维护公平正义的功能越发凸显,人民对于司法的关注和期望不断提高,“努力让人民群众在每一个司法案件中都感受到公平正义”是司法机关不懈努力的方向。由于立法语言高度概括、司法人员对法律理解存在差异等多方面原因,法律适用标准不统一、类案不同判的情况依旧存在,影响了司法裁判的公信力,不符合公平正义的实质要求。充分认识类案检索的价值并加以运用,对于统一裁判标准、提高审判质效具有重要的现实意义。

一、案例在中外司法实践中的作用

随着时代的发展和司法实践的不断推进,案例在两大法系都发挥着越来越重要的作用。我国作为大陆法系国家,亦应充分认识和准确定位案例制度在建设法治国家进程中的实践价值。

(一)案例在两大法系中的作用

1.法律解释存在不确定性

遵循先例是英美法系的一个基本原则,也是其判例法制度形成和运行的基础。在英美法系的语境下,先例具有法源地位,遵循先例制度是指在先判决中确定的法律规则对之后同类案件的判决具有约束力。判例分为强制适用的判例和参照适用的判例,强制适用的判例一般由上诉法院制作,其辖区内下级法院在裁判案件时应当强制适用该类判例;参照适用的判例则包括本辖区内下级法院的判例以及非本辖区的判例,其只具有说服力而无强制力。对于强制适用的判例而言,其判决理由部分具有法律约束力,而其他部分则不具有约束力。[1]

大陆法系为成文法系,制定法是其基本的法律渊源。法国学者鲁宾格认为,法典的特征在于"包含各种有效地控制主体的法律规则的完整性、逻辑性、科学性,同时是一种方便的安排"。有德国学者也曾经强调,"法官只是法律之代言人,其判决应只是法律的复印"。应当指出的是,适用法律并不是完全机械地操作法律,正如 O'Meara 所指出的,"法律条文不变成一潭死水,而欲活生生地在司法判决的过程中,正确地、合理地解决人类现实生活上永无止息的纷争,最重要的前提是,它必须能配合和适应人类各种不同的需要,而此前提有效成立的必要条件就是法官的态度"。[2] 有的学者侧重于强调法官是对法律的机械执法,类似于法律的复印,有的学者则强调法官的态度对于法律与实践的结合至关重要。法官对案件裁判的态度,具体体现在对于法律条文的理解和解释上面。

"解释法律,系法律学之开端,并为其基础,系一项科学性之工作,但又为一种艺术。"[3]大陆法系的法官在判案时需要按照司法三段论的方式,寻找作为法律依据的大前提,结合查明的法律事实为小前提,并在此基础上作出裁判结果。在将法律条文与法律事实相结合的过程中,需要运用法律解释方法。法律解释方法包括狭义法律解释方法、不确定概念和一般条款的类型化以及漏洞补充。狭义的法律解释方法大致可以分为三大类:文义解释、论理解释(包括体系解释、目的解释、历史解释、和宪性解释等)、社会学解释。不确定性概念是作为与确定概念相对应的术语提出来的,是指在内涵和外延上都具有广泛不确定性的概念,例如,公共利益、公序良俗、合理期限等。"法律漏洞是由于立法者未能充分预见待调整的社会关系,或者未能有效协调与现有法律之间的关系,或者由于社会关系的发展变化超越了立法者立法时的预见范围而导致的立法缺陷。这种

---

〔1〕 参见李亚凝:《以基层经验为基础的集中决断模式——论我国指导性案例制度的本土化趋向》,载《中国刑事法杂志》2012 年第 6 期。

〔2〕 转引自王利明:《司法改革研究》,法律出版社 2000 年版,第 211 ~212 页。

〔3〕 转引自王泽鉴:《法律思维与民法实例》,中国政法大学出版社 2001 年版,第 212 页。

缺陷表现为：调整特定社会关系的具体法律规范的缺失，或者既有法律规范之间存在矛盾，或者既有法律规则在今天的适用明显违背了法律对公平正义的基本要求。"[1]无论是在狭义的法律解释和不确定概念确定的路径上，还是在一般条款类型化和法律漏洞填补的过程中，法官在裁判的路径和结果上往往会出现不同的结论。在此背景下，案例在大陆法系的语境下就有了存在的意义和价值。

"关于法官进行法律的解释和推理的具体做法，波斯纳根据反托拉斯法方面的疑难案例分以下几个步骤进行了说明：(1)从有关立法的原文或起草过程以及立法机关与司法机关的制度特征中，如果这些资源不能提供明确的指引时还要从社会现象中抽象出反托拉斯法的整体概念用以指导决定。当今，财富最大化就是可供选择、颇为流行而又有争议的一种整体概念。(2)仔细推敲有关的先例及其他资料，从中获得有助于判案的信息。(3)依照财富最大化的原则，进行解决案件的政策判断(在有些场合则基本上是逻辑演绎)。(4)回归先例，但这时的先例不仅是资料，而且被视为权威。(5)所做的政策判断不会被权威性先例加以排斥。波斯纳认为，在处理疑难案件的大多数场合，上述过程是有典型性的，这时法律分析往往表现为政策分析的形式。成文法的规定越暧昧，其解释上的政策考虑也就越重要。在政策考虑中，成为问题焦点的不是法官的价值观，而是当事人的利害关系。因而法律的原则是注重实际的，必须通过再定义的方式使之与现实的社会需要相吻合，这样做时应该采取效率性的标准。"[2]

从波斯纳关于疑难复杂案件的解释和推理过程看，既要考虑到立法的目的和态度，从立法解释的角度分析法条意义，又要结合相应先例的分析避免出现案例解释上的冲突，只有将两者有效结合才能对复杂案件作出妥当性的裁判结论。换一个角度也可以说，案例一般不具法源地位，案例遵循更多地体现在法律适用过程中，在先生效判决中确定的法律解释和适用的规则对此后同类案件的审理会产生事实上的约束力和影响力。法官在审理案件时一般会尊重上级法院的典型案例，大陆法系法官对案例的心态可以表述为："我不说我在遵循它，但我实际上是这么做的。"[3]

由此可见，无论是英美法系还是大陆法系，都存在案例遵循的制度或精神，

---

〔1〕 王利明：《法学方法论》，中国人民大学出版社2012年版，第483页。

〔2〕 季卫东：《法治秩序的建构》(增补版)，商务印书馆2019年版，第436页。

〔3〕 董皞：《司法解释论》，中国政法大学出版社1999年版，第335页。

但由于案例在两大法系中的地位不同,其约束力的性质、效力、强度和范围也不同。在英美法系中,遵循先例制度的本质属性是追求宏观上的创制法律规则或法律原则,而不仅仅是追求微观上的“同案同判”,后案对先例的遵循是对法律渊源的遵守。[1] 在大陆法系中,后案对案例的参照适用更侧重于对法律适用稳定性和统一性的维护,以及“同案同判”司法正义的实现。但归根结底,案例在两大法系的司法实践中都发挥着不可或缺的重要作用。

2. 遵循先例规则在英美法系出现松动

卡多佐认为,先例可以区分为静态先例和动态先例。在大多数案件中,先例是静止的,法官的任务就是搜寻、比较和适用先例。在少数案件中,先例是富有变化的,在审理这些案件时,法官可以运用哲学、历史、习惯和社会学这4种手段来解释富有变化的先例。因此,法官在司法过程中的角色就是当能够找到静态先例时遵照该先例,或者创造一个富有变化的先例来推动法律的发展。“尽管不应当放弃遵循先例规则,在某种程度上却应当放松这一规则。只要是经过恰当的经验检验之后发现一个法律规则与正义感不一致或是与社会福利不一致,就应较少迟疑地公开宣布这一点并完全放弃该规则。”[2]

例如,普通法上的一个规则是,如果主债务人和债权人之间在没有获得担保人同意的情况下以合同方式将支付时间延期了,那么担保人的责任就解除了。即使仅延长一天也足以产生这样的结果。这样的规则是当年商业交易比较简单时的残留物,那时人们还不知道什么是担保公司,那时的担保人通常还是慷慨的朋友,而朋友的这种信任又被滥用了,而且,那时法院的主要努力似乎一直是要找到某些言之成理的借口来使担保人得以从他们的麻烦中解脱出来。在近期的一些决定中,一些决定的精神发生了变化,应将这一部门法置于一个与现实的商业经验和生活道德更为一致的基础之上。[3]

法官进行司法裁判需要掌握法律方法,所谓法律方法,是指站在维护法治的立场上,法律职业共同体在法律适用的过程中所使用的,根据法律分析事实、解决纠纷的具有独特性的方法和技巧,或者说,它是由成文法向判决转换的方法,

---

[1] 黄亚英:《构建中国案例指导制度的若干问题初探》,载《比较法研究》2012年第2期。

[2] [美]本杰明·卡多佐:《司法过程的性质》,商务印书馆1997年版,第85页。

[3] 参见[美]本杰明·卡多佐:《司法过程的性质》,商务印书馆1997年版,第86~87页。

即把法律的内容用到裁判案件中的方法。[1]

胡玉鸿教授曾对法律方法分类,认为应当分为八大类:(1)法律渊源识别方法,即在规范重叠的情况下,如何选择与个案最相适应的法律规范的技术问题;(2)判例识别方法,即如何运用先例,以及先例与现在的案件有矛盾时如何处理的方法问题;(3)法律注释方法,即如何明确法律条款含义的技术规则问题;(4)法律解释方法,即阐明法律意义的方法和准则;(5)利益衡量方法,即如何确定相互冲突的利益在位阶上的优越性的技术;(6)法律推理方法,即在个案解决中如何进行形式推理与实质推理的技术问题;(7)法律漏洞补救方法,即通过如何类推、目的限缩与目的扩张方法解决法律中业已存在的漏洞问题;(8)法律说理方法,即作为官方决定的一方如何将其裁决理由告知相关当事人以获得对方的理解问题。[2]

对于法律方法的上述八种分类,也可以归集为四大类,其中(1)和(2)可以归集为一类,即寻找裁判的法律依据,这种依据既可以是确定的法律规范,也可以是在法律规范缺失情况下的判例所确定的规则;(3)和(4)可以归集为一类,都属于解释的范畴,旨在阐明法律规则、法律意义;(5)和(7)可以归集为一类,即在法律规范不清晰、不明确的情形下,如何在个案中使用利益衡量和漏洞补救方法解决争议问题;(6)和(8)可以归集为一类,即在个案中进行逻辑推理并将这一论证过程向当事人予以说明和展示的过程。

法律方法是在维护法治的语境下存在,目标是实现"法律规范以合乎正义地解决法律问题为其功能"[3]。随着经济社会的不断变化和发展,人们的价值观和利益衡量标准亦会随之变化,因此,在法律规则并不清晰的领域,案例确定的裁判规则会发生动态的调整乃至被推翻。所以,即便是在英美法系的判例法国家,其判例确定的规则也并非都是一成不变延续下来的,其中许多法律规则会随着时代的发展不断更替。

3. 统一法律适用是法治的必然要求

人类本身即是通过经验法则进行社会生活,审判中的案例遵循是裁判者的思维方式导致的必然结果。除这一因素外,裁判者接受甚至主动寻求案例的影

---

〔1〕 参见陈金钊:《司法过程中的法律方法论》,载《法制与社会发展》2002 年第 4 期。

〔2〕 参见胡玉鸿:《方法、技术与法学方法论》,载《法学论坛》2003 年第 1 期。

〔3〕 [德]齐佩利乌斯:《法学方法论》,金振豹译,法律出版社 2009 年版,第 3 页。

响主要是因为成文法的天然缺陷,即法律条款的抽象导致的法律适用的不确定性。一方面,裁判者会基于司法公正的考量,希望通过准确地适用法律与案例保持裁判尺度的一致,使当事人获得平等对待。马克斯·韦伯指出:“对一个希望能避免自己有偏颇之嫌的法官而言,很难于,而且往往几乎不可能在后来的个案里弃置不用他在先前类似的个案里下决定且有意识地以之为准则的规范,并且摈弃在此个案上附加先前即已运用的强制保障。”〔1〕

反对“同案同判”的观点认为,由于任何具体个案都是依赖于不同的人、手段和时间,根本就没有真正相同的案件,所以“同案同判”只是一个虚妄的想法而已,就如同这个世界上并不存在两片完全相同的树叶一样。这种反对“同案同判”的观点之所以是错的,“部分原因在于忽略了‘同案同判’本身还包含着‘类似案件、类似裁判’的内容,而以上看法并不能否认‘类似案件’的存在;更为重要的原因是,作为一般性的行为准则,法律当中必然包含类型化的判断,所以仅通过强调单个案件的特殊性,并没有摒除它在性质上被归属于某一类别的可能性”。〔2〕 所以,随着讨论的深化和认识的提高,我们更应讨论的是“类案裁判标准统一”,而非寻找完全相同的两个案件去实现“同案同判”。

另一方面,裁判者会基于功利化的考虑,希望自己的判断与在先生效判决的司法理念及裁判尺度一致以确保裁判准确性,尤其是下级法院更希望通过与上级法院保持一致,防止案件结果因认识不同被推翻。在审判过程中,除了法官主动遵循案例,当事人也时常会向法院提出遵循案例的要求,并将类似案件的生效判决作为证据或参考材料向法院提供。律师、当事人、检察官等诉讼主体在诉讼中运用案例认知和评估诉讼风险、了解司法立场、查找相关法律或司法解释、设计诉讼思路、论证诉讼主张、强化与充实诉讼理由、辩驳他方诉求及观点、评价和衡量裁判结果等,也已成为一种常态。〔3〕 在此情况下,法官“被迫”对于案例进行审查,该种对案例的参照则属于被动遵循。

由此可见,无论是否存在案例遵循的制度化规制,对案例的考量和参照都贯穿于司法审判工作的始终,并发挥着潜移默化的影响和作用。法律适用的统一,本身就是法治(制)统一的必然要求。法治(制)统一至少包含两项内容:就静

---

〔1〕 [德]马克斯·韦伯:《法律社会学》,康乐、简惠美译,法律出版社 2005 年版,第 150、152~153 页。

〔2〕 陈景辉:《同案同判:法律义务还是道德要求》,载《中国法学》2013 年第 3 期。

〔3〕 参见顾培东:《判例自发性运用现象的生成与效应》,载《法学研究》2018 年第 2 期。

态法体系的角度而言,它意味着要确认并维持法律体系的内部的自洽性,即法律内部不能有明显的矛盾、对于法律条文或法规范的理解与解释必须大体一致;就动态法实践的角度而言,法治(制)统一意味着法律适用上的统一,即在特定的国家,不同法院的法官或同一法院的不同法官对于相同的案件,不能给出差异明显甚至完全相反的裁判,同案不同判的情况必须被禁止。[1]

(二)我国案例制度的建立和发展

成文法是中国特色社会主义法律体系的核心,在我国司法实践中,案例不像在英美法系那样具有法定含义和法源地位。所谓案例,从文义上来解释,在先作出并生效的判决实例都可被称为案例,但从具体案件的裁判来看,被我们所讨论和研究的案例,应指在先作出并生效的、与待决案件相关的判决实例,且该判决实例对待决案件应具有一定的指引作用。[2] 各级人民法院在先生效的判决实例,都可以归入案例的范围内,但其影响力范围和约束力强度会因审级高低和公布形式的不同而有所区别。案例遵循重在强调约束力,主要是指在相同或类似案件的处理中,后案对法律的运用要与前案保持一致。

具体而言,从规则角度出发,在先生效判决中确定的法律解释和适用的原则对后续同类案件具有约束力;从案件维度考量,上级法院的在先生效判决对下级法院处理同类案件具有约束力,同一法院的在先生效判决对其以后的同类案件判决具有约束力;从裁判者的角度来看,法官在裁判具体案件时,对法律的理解及自由裁量权的运用,应遵循在先同类案件生效判决中确定的裁判规则与标准。

中国的法律被普遍认为用词抽象,关键术语并没有获得准确的定义,因而必须在适用中予以确定。[3] 为增强法律适用的确定性,立法机关和最高人民法院会出台立法解释和司法解释,对已经颁布的法律进一步解释和说明。然而,当最为抽象、简练的法律规定遇上最为具体和复杂的案件事实,尤其是在司法人员本

---

〔1〕 参见刘作翔、徐景和:《案例指导制度的理论基础》,载《法学研究》2006 年第 3 期。

〔2〕 "对于司法判例的认识,关键在于对既定判例之于后续裁判的作用或影响力的认识。没有对司法判例作用或影响力的认识,就谈不上对司法裁判的认识,更谈不上对司法判例制度的认识。忽视这样的认识逻辑去谈论司法判例制度,则或者似是而非,或者空洞乏力,这也是时下关于司法判例制度理论研究不如人意的原因所在。"张志铭:《司法判例制度构建的法理基础》,载《清华法学》2013 年第 6 期。

〔3〕 参见张千帆:《先例与理性——也为中国的司法判例制度辩护》,载《河南社会科学》2004 年第 2 期。

身的司法能力、教育背景、工作经验、生活经历不同的情况下,对案件事实的认定和法律条文的适用便会出现不同。因此,就需要运用立法解释和司法解释之外的方式对法律适用及司法裁判进行辅助规制。在先生效判决是将案件事实和法律条文进行连接,将抽象法律条文的内涵具体化、明确化的最好范例。充分认识并发挥案例的价值,借助审级制度的影响力建立案例遵循规则,对保持法律适用稳定、统一裁判尺度、规范自由裁量、增加司法公信力,具有重要的实践意义和应用价值。在先生效判决作出具有示范性的裁判规则,后续同类案件继续援引参照适用,这对法律规则的确立和延续具有积极作用,并将逐步推动裁判规则最终上升为法律或司法解释。

我国司法机关重视案例指导工作有一个逐步推进的过程,相应的司法实践中对于案例的应用也有其自身的发展过程和内在的逻辑体系,并体现出了不同的表达方式。

1. 案例指导的制度设计与客观存在

早在20世纪50年代,我国就开始发布案例指导法院审判工作。1984年,最高人民法院决定创办《中华人民共和国最高人民法院公报》(以下简称《公报》),通过定期发布案例的方式指导全国法院工作。1985年5月25日,《公报》正式出版。《公报》公布的案例分为两种:一为“裁判文书选登”,全文选登最高人民法院作出的判决书、裁定书;二为“案例”,摘编各级地方法院作出的判决书、裁定书。[1] 随着依法治国的推进,建立系统的案例指导制度成为中国法治建设的重要议题。党的十八届四中全会通过的《中共中央关于全面推进依法治国若干重大问题的决定》明确指出,“要加强和规范司法解释和案例指导,统一法律适用标准”。2010年11月26日,最高人民法院发布了《最高人民法院关于案例指导工作的规定》(法发〔2010〕51号,以下简称《最高人民法院案例指导规定》)。《最高人民法院案例指导规定》提出开展案例指导工作,并赋予案例法定约束力,指出“最高人民法院发布的指导性案例,各级人民法院审判类似案例时应当参照”。由此,案例指导制度在我国初步确立。2015年5月19日,最高人民法院印发施行《〈最高人民法院关于案例指导工作的规定〉实施细则》(法〔2015〕30号,以下简称《最高人民法院案例指导细则》),《最高人民法院案例指导细

〔1〕 参见宋晓:《判例生成与中国案例指导制度》,载《法学研究》2011年第4期。

则》主要针对开展案例指导工作的基本流程，结合近年来案例指导工作经验，对《最高人民法院案例指导规定》作了进一步明确和细化。[1] 2017 年 7 月，最高人民法院发布了《最高人民法院司法责任制实施意见（试行）》，将类案与关联案件的检索规定为案件审理流程的一个环节，并明确了类案审理的具体操作流程和规则。虽然《最高人民法院司法责任制实施意见（试行）》是最高人民法院的内部规定，但在司法实践中对各级法院的案例遵循工作均具有示范性意义。

我国司法实践中遵循在先生效判决确立的裁判规则的习惯一直客观存在，这是保证法律统一适用和司法权威性的必要条件，其作用及约束力自然而然地产生于司法的结构和过程中。[2] 事实上，裁判者通常会存在因法律研究或审判经验不足而依靠在先生效判决的工作习惯。具体到个案的处理，法官除基于案件事实和相关法律规定分析案件外，还经常会在裁判前把同类案件的在先生效判决情况作为参照系进行比对，这种情况在立法欠缺、规定模糊、案件新颖的情况下尤为明显。裁判者一般会根据案件关键词，在法律文书数据库中寻找本辖区内同类案件的生效判决，并主要将上级法院和本级法院的在先生效判决作为比较、研究及参照的对象。如有必要会扩大搜索范围，在下级法院生效判决中，甚至在全国生效裁判文书中寻找案例。在搜索到相类似的案例后，裁判者会结合案例中的法律理解方式、适用规则及司法理念，对待决案件作出考量并形成最终判断。

学者认为，"案例指导制度蕴含的是一种有关同案同判的'强主张'（strong claim），即'同案同判'是不可放弃的司法要求。换言之，在公布指导性案例之后，不得背离该案例来裁判。同案同判的'弱主张'（weak claim），即它是可被其他司法要求凌驾的标准，弱化了同案同判这个要求，这与案例指导制度中所确立的'强主张'形成了鲜明的对比，它不再将同案同判视为不可放弃的司法标准。'同案同判'的强主张将同案同判视为一种司法义务或法律义务；而'可被凌驾'的弱主张则对此表示反对，认为它只是一种与司法活动相关的道德要求，它既无关于一个法律上的决定是否为司法裁判的条件，而且也会被其他的法律义务和

---

〔1〕 参见郭锋、吴光侠、李兵：《〈关于案例指导工作的规定〉实施细则的理解与适用》，载《人民司法》2015 年第 17 期。

〔2〕 参见欧阳明程：《从案例到判例之路——从判例制度的视角看我国案例指导制度的局限》，载《山东审判》2012 年第 5 期。

道德要求所凌驾”[1]。

实际上，自我国实行指导性案例制度之后，法官在司法裁判中对与指导性案例属于同类的案件，应当参照指导性案例的裁判规则进行裁判，否则其作出的判决结果将被上级法院改判，这就是学者观点中“同案同判”的“强主张”。但在理论上，并不意味着被确定为指导性案例的案例始终都是指导性案例，如果该指导性案例已经不适应经济社会的发展变化，可能被取消指导性案例的地位，此时，该案例将不再具有参照适用的强制性。对于其他非指导性案例的同类案件的在先生效判决，法官确实没有完全参照适用的法律义务，可以归入“同案同判”的“弱主张”理论，该类在先生效判决可能会被其他的法律义务和道德要求所凌驾。

2. 最高人民法院指导性案例的作用

我国成文法体制下案例的规范属性以及案例运用的机理，决定了各种案例的裁判规则(即便是指导性案例的裁判要点)都是在成文法限定范围内对制定法法条及其意旨的理解、阐释、确认并运用。[2] 最高人民法院发布的指导性案例，在解释法律、适用法律和填补法律漏洞等方面都发挥了重要作用，举例分析如下：

最高人民法院指导性案例17号，“张某诉北京合力华通汽车服务有限公司买卖合同纠纷案”，案例要旨：为家庭生活消费需要购买汽车，发生欺诈纠纷的，可以按照消费者权益保护法处理。该案的关联法条为《消费者权益保护法》第2条[3]，上述法条仅表述为购买商品但并未明确商品种类和范围，上述案例明确了购买汽车用于生活消费的也可以适用上述法条。

最高人民法院指导性案例24号，“荣某英诉王某、永诚财产保险股份有限公司江阴支公司机动车交通事故责任纠纷案”，案例要旨：交通事故的受害人没有过错，其体质状况对损害后果的影响不属于可以减轻侵权人责任的法定情形。该案的关联法条是《侵权责任法》第26条[4]，对该条中“过错”的认定实践中分

---

[1] 陈景辉：《同案同判：法律义务还是道德要求》，载《中国法学》2013年第3期。

[2] 顾培东、李振贤：《当前我国判例运用若干问题的思考》，载《四川大学学报》(哲学社会科学版)2020年第2期。

[3] 《消费者权益保护法》第2条规定：消费者为生活消费需要购买、使用商品或者接受服务，其权益受本法保护；本法未作规定的，受其他有关法律、法规保护。

[4] 《侵权责任法》第26条规定：被侵权人对损害的发生也有过错的，可以减轻侵权人的责任。

歧较大,上述指导案例明确排除了受害人自身体质状况属于“过错”的情形。根据学者的统计,指导案例 24 号是最高人民法院发布的指导性案例之中被裁判文书引用率最高的案例,截至 2019 年年底累计应用 1033 次。[1] 该案例的裁判要旨简明扼要,便于理解,不会产生歧义,因此能够得到广泛的参照适用。实际上,该案例要旨还可以再简化,其核心内容就是“受害人体质状况不属于侵权人减轻责任的法定情形”。

最高人民法院指导性案例 60 号,“盐城市奥康食品有限公司东台分公司诉盐城市东台工商行政管理局工商行政处罚案”,案例要旨:1. 食品经营者在食品标签、食品说明书上特别强调添加、含有一种或多种有价值、有特性的配料、成分,应标示所强调配料、成分的添加量或含量,未标示的,属于违反《食品安全法》的行为,工商行政管理部门依法对其实施行政处罚的,人民法院应予支持。2. 所谓“强调”,是指通过名称、色差、字体、字号、图形、排列顺序、文字说明、同一内容反复出现或多个内容都指向同一事物等形式进行着重标识。所谓“有价值、有特性的配料”,是指不同于一般配料的特殊配料,对人体有较高的营养作用,其市场价格、营养成分往往高于其他配料。有学者经过统计分析认为,“由于明确了食品标签不符合食品安全标准的判断方法,提供了明确的裁判指引,指导案例 60 号的被引频次大幅提升。与高被引频次并存的现象是指导案例的参照率畸低,实践效果并不显著。实证分析表明,参照指导案例 60 号须同时满足 3 项积极条件与 2 项消极条件,这些条件存在判断标准模糊、对原始表述删减过度、隐藏核心规则等问题,拉低了指导性案例的参照率,同时指导案例 60 号还存在裁判规则适用范围过窄等问题,对参照效果的发挥带来了负面影响”[2]。

最高人民法院指导性案例 72 号,“汤某、刘某龙、马某太、王某刚诉新疆鄂尔多斯彦海房地产开发有限公司商品房买卖合同纠纷案”,案例要旨:借款合同双方当事人经协商一致,终止借款合同关系,建立商品房买卖合同关系,将借款本金及利息转化为已付购房款并经对账清算的,不属于《物权法》第 186 条规定禁止的情形,该商品房买卖合同的订立目的,亦不属于《最高人民法院关于审理民

---

[1] 参见郭叶、孙妹:《最高人民法院指导性案例 2019 年度司法应用报告》,载《中国应用法学》2020 年第 3 期。

[2] 张华:《司法更需要何种指导性案例——以指导案例 60 号为分析对象》,载《交大法学》2020 年第 1 期。

间借贷案件适用法律若干问题的规定》(以下简称《民间借贷司法解释》)第 24 条规定的“作为民间借贷合同的担保”。在不存在《合同法》第 52 条规定情形的情况下,该商品房买卖合同具有法律效力。但对转化为已付购房款的借款本金及利息数额,人民法院应当结合借款合同等证据予以审查,以防止当事人将超出法律规定保护限额的高额利息转化为已付购房款。该案的关联法条是《物权法》第 186 条、《合同法》第 52 条,[1]但本案与其他指导性案例不同点在于,该案明确了此种情形不适用上述两个法条的规定,对司法实践中一些错误适用法条的情形进行了纠正。

最高人民法院指导性案例 98 号,“张某福、张某凯诉朱某彪生命权纠纷案”,案例要旨:行为人非因法定职责、法定义务或约定义务,为保护国家、社会公共利益或者他人的人身、财产安全,实施阻止不法侵害者逃逸的行为,人民法院可以认定为见义勇为。该案的关联法条是《侵权责任法》第 6 条、《道路交通安全法》第 70 条,[2]上述两个法条并未对见义勇为作出规定,指导案例 98 号实际发挥了填补法律漏洞的作用。

最高人民法院指导性案例 99 号,“葛某生诉洪某快名誉权、荣誉权纠纷案”,案例要旨:1. 对侵害英雄烈士名誉、荣誉等行为,英雄烈士的近亲属依法向人民法院提起诉讼的,人民法院应予受理。2. 英雄烈士事迹和精神是中华民族的共同历史记忆和社会主义核心价值观的重要体现,英雄烈士的名誉、荣誉等受法律保护。人民法院审理侵害英雄烈士名誉、荣誉等案件,不仅要依法保护相关个人权益,还应发挥司法彰显公共价值功能,维护社会公共利益。3. 任何组织和个人以细节考据、观点争鸣等名义对英雄烈士的事迹和精神进行污蔑和贬损,属于歪曲、丑化、亵渎、否定英雄烈士事迹和精神的行为,应当依法承担法律责任。

---

[1] 《物权法》第 186 条规定:抵押权人在债务履行期届满前,不得与抵押人约定债务人不履行到期债务时抵押财产归债权人所有。《合同法》第 52 条规定:有下列情形之一的,合同无效:(一)一方以欺诈、胁迫的手段订立合同,损害国家利益;(二)恶意串通,损害国家、集体或者第三人利益;(三)以合法形式掩盖非法目的;(四)损害社会公共利益;(五)违反法律、行政法规的强制性规定。

[2] 《侵权责任法》第 6 条规定:行为人因过错侵害他人民事权益,应当承担侵权责任。根据法律规定推定行为人有过错,行为人不能证明自己没有过错的,应当承担侵权责任。《道路交通安全法》第 70 条规定:在道路上发生交通事故,车辆驾驶人应当立即停车,保护现场;造成人身伤亡的,车辆驾驶人应当立即抢救受伤人员,并迅速报告执勤的交通警察或者公安机关交通管理部门。因抢救受伤人员变动现场的,应当标明位置。乘车人、过往车辆驾驶人、过往行人应当予以协助。

该案的关联法条为《侵权责任法》第 2 条[1],同时又进一步阐述了维护英烈名誉对于维护社会公共利益的意义,该裁判要旨被吸收进了《民法典》人格权编。[2]

最高人民法院指导性案例 130 号,"重庆市人民政府、重庆两江志愿服务发展中心诉重庆藏金阁物业管理有限公司、重庆首旭环保科技有限公司生态环境损害赔偿、环境民事公益诉讼案",案例要旨:1. 取得排污许可证的企业,负有确保其排污处理设备正常运行且排放物达到国家和地方排放标准的法定义务,委托其他单位处理的,应当对受托单位履行监管义务;明知受托单位违法排污不予制止甚或提供便利的,应当对环境污染损害承担连带责任。2. 污染者向水域排污造成生态环境损害,生态环境修复费用难以计算的,可以根据环境保护部门关于生态环境损害鉴定评估有关规定,采用虚拟治理成本法对损害后果进行量化,根据违法排污的污染物种类、排污量及污染源排他性等因素计算生态环境损害量化数额。该案的关联法条为《侵权责任法》第 8 条,[3]实际是对该条中共同实施侵权行为承担连带责任的具体阐释。其中案例要旨关于损害赔偿方式的部分,是对法律没有明确规定部分的补充。

需要注意的是,"案例指导制度不是创设一种新的法律渊源,典型案例对后案的裁判并不具有普遍意义上的法律拘束力,也就是说不是以'力'来规制,而是要以'理'服人。'理'就体现在典型案例所承载的裁判思路、裁判规则、法律逻辑和自由裁量权的尺度,通过典型案例的甄别、争辩、定型和沉淀,内化为法官的认知,汇聚成业界更为广泛的共识,引导法律适用规则进一步细化,为社会提供更好的法律预期,也为司法解释的起草奠定基础"[4]。

由于成文法本身的局限性,我国的案例也需要与习惯相结合。《民法典》第 10 条规定:"处理民事纠纷,应当依照法律;法律没有规定的,可以适用习惯,但是不得违背公序良俗。"因此,在处理民事案件时,如果没有法律的明确规定,需要将习惯作为裁判依据。例如,近年来,数量逐渐增长的有关祭奠权的民事纠

---

〔1〕《侵权责任法》第 2 条规定:侵害民事权益,应当依照本法承担侵权责任。本法所称民事权益,包括生命权、健康权、姓名权、名誉权、荣誉权、肖像权、隐私权、婚姻自主权、监护权、所有权、用益物权、担保物权、著作权、专利权、商标专用权、发现权、股权、继承权等人身、财产权益。

〔2〕《民法典》第 185 条规定:侵害英雄烈士等的姓名、肖像、名誉、荣誉,损害社会公共利益的,应当承担民事责任。

〔3〕《侵权责任法》第 8 条规定:二人以上共同实施侵权行为,造成他人损害的,应当承担连带责任。

〔4〕陶凯元:《在最高人民法院知识产权案例指导研究(北京)基地阶段性成果汇报座谈会上的讲话》,载宿迟主编:《知识产权案例指导新探索》,人民法院出版社 2018 年版,第 42 页。

纷,习惯可以与案例相结合并进一步成为可供参考的类案裁判规则。

3. 司法裁判中案例的来源

案例的来源有多个渠道和种类,包括法定的和客观存在的,大体包括以下几类:

第一类是“显性”的应当参照的有约束力的案例,即最高人民法院正式发布的具有“法定身份”的指导性案例。

指导性案例发布主体单一,只能为最高人民法院。《最高人民法院案例指导规定》及《最高人民法院案例指导细则》明确赋予了指导性案例在法院处理类似案件时应被参照的约束力,这种约束力是法定的,但又并非作为法律渊源所产生的约束力。“截至 2019 年 12 月 31 日,最高人民法院共发布 24 批 139 例指导性案例,已被应用于司法实践的指导性案例共有 91 例,尚未被应用的有 48 例。与 2018 年同期(78 例)相比,被应用的指导性案例数量增加了 13 例。援引指导性案例的案例,即应用案例共有 5104 例,较 2018 年(3098 例)增加了 2006 例,增幅显著。其中民商事指导性案例有 36 例被应用于 3690 例案例,刑事类指导性案例有 18 例被应用于 84 例案例,行政类指导性案例有 15 例被应用于 1106 例案例,执行类指导性案例有 5 例被应用于 94 例案例,知识产权类指导性案例有 14 例被应用于 76 例案例,国家赔偿类指导性案例有 3 例被应用于 67 例案例。”[1]

第二类是“隐性”的应当参照的有约束力的案例。

基于司法系统中案例指导的传统,除最高人民法院公布的指导性案例外,多地高级人民法院为了指导本区域内审判工作、统一辖区内法院裁判标准,也会进行具有指导意义的案例的收集、汇编及发布,例如,北京市高级人民法院、江苏省高级人民法院会定期发布参阅案例和典型案例。此类案例虽不具有最高人民法院指导性案例的“法定性”,但因审级监督等因素的存在,其对辖区法院的指导作用明显,已成为法官裁判案件时遵循的重要依据。

第三类是具有“内化”约束力的上级法院及本院在先生效判决。一般情况下,因审级关系的存在,下级法院在裁判时往往会参照和遵循上级法院的在先生效判决。在司法实践中,多地法院实行法官会议制度,法官将有指导性意义的案

---

〔1〕 郭叶、孙妹:《最高人民法院指导性案例 2019 年度司法应用报告》,载《中国应用法学》2020 年第 3 期。

件提交本院专业法官会议讨论,讨论后形成案例并公布。

此种案例代表了本院对某类问题的统一意见,因而本院和下级法院从维护裁判稳定性的角度出发,会将其内化为裁判案件的依据,这就成了本院和下级法院遵循的重要案例来源。相对于自然科学是“理论 + 实验”模式,法律的路径是“逻辑 + 经验”模式,案例就是经验的体现,案例指导制度的意义在于防止类案裁判不统一。在先生效判决具有“事实上的拘束力”,在被识别后认为属于同类案件的情况下,后案与在先生效判决如果产生法律适用上的冲突,往往会成为当事人上诉以及上级法院改判的理由,或者成为本院决定提起再审的理由。

第四类是具有说服论证效力的下级法院、本辖区外其他地方法院的在先生效判决。此类判决也具有研究参考意义,特别是在争议具有普遍性的案件和新类型的案件中,下级法院或其他地方法院的在先生效判决也可能因具有一定的典型意义而被参照。

4. 司法裁判中案例遵循的表达

在司法裁判中,对于案例遵循的表达方式,根据遵循情况是否能够通过判决行文被明确感知,可划分为显性表达和隐形表达。

所谓显性表达,是指法官在裁判案件时,对案例的遵循以明显能被公众感知的方式表现出来。由于我国并非判例法国家,该种表达一般是通过裁判理由的论述来表现。而且显性表达涉及的案例绝大多数为最高人民法院公布的指导性案例,根据《最高人民法院案例指导细则》的规定,指导性案例只能作为裁判理由引述不能作为裁判依据引用。《最高人民法院案例指导细则》还规定,在裁判文书中引述相关指导性案例的,应在裁判理由部分引述指导性案例的编号和裁判要点。显性表达的另一种呈现方式是,在当事人提出以指导性案例佐证己方主张但法官不予参照时,法官对待决案件与指导性案例的不同之处进行比较和说明,进而得出不予适用的结论。

所谓隐性表达,其含义与显性表达相反,即法官在裁判案件中虽遵循了在先生效判决的裁判规则,但并未以公众可感知的方式表现出来,而是将在先生效判决的裁判规则融入裁判文书的说理部分,公众通过裁判文书并不知道裁判者遵循了何种在先生效判决。因此,虽然在先生效判决对法官的裁判结果产生了内在的、事实上的约束力,但并未在判决中以显性方式表达。隐性表达中的在先生效判决大多不属于指导性案例的范畴,在缺乏法律和司法解释的授权时,大多数法官选择了内化或转化的方式来遵循。但值得一提的是，指导性案例被作为案例参照时，法官也会经常使用隐性表达的方式。

最高人民法院指导性案例被援引的类型可分为确定性援引和不确定性援引，对确定性援引可以作类型化区分，根据法官在裁判案件时是否明确援引了指导性案例进行说理，分为法官明示援引、法官隐性援引。“截至2019年12月31日，援引指导性案例的案例即应用案例共有5104例，在5104例应用案例中，法官明示援引共1948例，法官隐性援引共2886例。还有一种特殊援引方式即法官评析援引，共21例。另外，非法官援引共249例。”〔1〕隐性适用产生的原因是外在驱动力不足、裁判思维差异以及适用技术欠缺。“目前司法实践中各审级法院普遍存在的事实审倾向，导致大多数案件审理均是围绕案件事实进行分析认定，法官的法学理论以及法律适用技术水平参差不齐，以及我国法院的职权性审判思维对案件事实认定的权重型倾向，使案件涉及的法律问题在裁判理由中少有详尽的论证性阐述。指导性案例作为类似性案件的裁判范例，没有关注司法实务中法律审欠佳的不良现象，在案例编辑中仍缺乏对案件所涉法律问题的专业化、规范化的翔实论证，背离了案例指导制度应有的法律适用技术指引功能。”〔2〕应积极鼓励和引导法官在裁判文书中进行明示援引指导性案例，因法官明示援引是在司法裁判过程中把对指导性案例的适用以外界可知的方式明确展示出来，这样有助于指导性案例被连贯、一致、可预期地适用于类似案件，实现类案裁判标准统一。

5. 司法裁判中案例遵循存在的问题

案例的来源缺乏系统性保障。案例虽在司法实践中发挥着事实约束力，但案例的产生长期处于法官的自发性检索阶段，没有统一的来源，在最高人民法院确立案例指导工作制度后才出现了指导性案例。但上述案例的数量有限，无法满足实践的多种需要。有调查研究显示，多数的调查对象期待指导性案例“能

〔1〕 郭叶、孙妹：《最高人民法院指导性案例2019年度司法应用报告》，载《中国应用法学》2020年第3期。

〔2〕 黄正涛、周毛：《指导案例在青海省的司法适用状况及完善路径分析》，载胡云腾主编：《新时代的案例研究与案例法学研究——中国法学会案例法学研究会学术年会优秀论文集》（第1辑），法律出版社2020年版，第310页。

够解决法律、法规条文内容较为原则,法律适用疑难复杂,填补法律空白等问题。”〔1〕

面对诸多的新型、疑难案件,裁判者大多依然选择自行检索的方式寻找案例。这种方式的最大问题是案例的数量庞大,检索者随机性过大,且对案例是否具有指导意义缺乏统一的辨识度。案例遵循在很大程度上源于案例的指导性和权威性,但上述两性的保证有赖于案例的甄别和选择。除最高人民法院的指导性案例外,并未在全国或省级区域内形成案例的筛选和检索平台,从而导致实践中使用的案例矛盾性突出、指导性不强的情形频现。

案例甄别缺乏制度性保证。目前实践中对案例的甄选鉴别并无统一的标准及制度,当事人向法院提供的案例常偏向自身利益而不重视其是否具有普适性,法官在寻找案例时常将案例的含义简化成在先生效判决,而忽略了其应当具有的正确性及普遍指导意义属性,这种案例的使用方式让统一法律适用大打折扣。

遵循标准缺乏细节性构建。对当事人提供或法官主动发现的案例,在裁判中应采用何种标准、何种方式表达,在实践中缺乏细节性的规范。案例应以何种形式出现在裁判文书中、如何进行案例与待决案件的事实比对、案例的裁判规则应如何抽象、对当事人提供的案例是否有一定的标准要求、法院如何审查及处理当事人提供的案例等诸多问题,实践中均缺乏统一标准,进而导致案例遵循在实践中出现多种形态,不利于案例遵循工作的有序和良性发展。

二、新形势下开展类案检索的实践需求*

法律适用趋于统一是现代司法的基本价值追求,也是法治社会对司法活动的必然要求。由于对案件事实和法律规范的理解差异,司法实践中“类案不同

〔1〕 四川省高级人民法院、四川大学联合课题组:《中国特色案例指导制度的发展与完善》,载《中国法学》2013 年第3 期。

* 本节部分内容来源于《类案检索报告制作和运用机制研究》,执笔人齐晓丹、史智军、王天水,载《法律适用》2020 年第12 期。

判”的现象时常出现,不仅有损民众对于裁判结果的合理预期,亦会对司法公正的价值造成冲击。实现类案裁判标准统一的目标,也是人民法院改革工作的重点内容之一。2017 年 4 月,最高人民法院颁布了《关于落实司法责任制完善审判监督管理机制的意见(试行)》(法发〔2017〕11 号),要求各级法院“在完善类案参考、裁判指引等工作机制基础上,建立类案及关联案件强制检索机制,确保类案裁判标准统一、法律适用统一。”2019 年 2 月,《最高人民法院关于深化人民法院司法体制综合配套改革的意见》(法发〔2019〕8 号,以下简称《最高人民法院司法体制综合配套改革意见》)又进一步明确“完善类案和新类型案件强制检索报告工作机制”。2020 年 7 月,《最高人民法院关于统一法律适用加强类案检索的指导意见》(法发〔2020〕24 号,以下简称《最高人民法院类案检索指导意见》)开始试行。2020 年 9 月发布的《最高人民法院关于完善统一法律适用标准工作机制的意见》(法发〔2020〕35 号,以下简称《最高法院完善统一法律适用标准意见》),对类案强制检索报告机制等进行了详细的规定。由此可见,类案检索制度对于法律适用的统一具有重要的现实意义,而该项制度的施行,又依赖于类案检索报告制作和运用机制的完善。

(一)形成裁判者内心确信

在先生效判决是裁判者智力劳动的成果和结晶,对其他裁判者的裁判过程和裁判思路具有指引和参考作用。特别是最高人民法院发布的指导性案例,待决案件在基本案情和法律适用方面与其类似的,具有“应当参照”的法律效力,某种程度上具备了“准立法”的性质。类案检索可以使裁判者站上“前人的肩膀”,从前人经验中寻找解决当下争议问题的智慧和路径。随着互联网技术的发展和各种智能检索平台的出现,类案检索变得更加普遍和便捷,其萌发于实践的旺盛需求,折射出强大的实践理性。

一方面,类案检索是裁判者破解实践困局的理性选择。法律的稳定性和成文法的局限性,使法律规则常常存在一定的滞后性,而随着社会经济生活的日益发展,各种新业态和新事物层出不穷,由此产生的纠纷引发越来越旺盛的司法需求,其结果就是涌入法院的疑难复杂和新类型案件层出不穷。尽管最高人民法院发布的司法解释能在一定程度上弥补法律规则滞后的不足,回应社会的司法需求,但裁判者依然会时常面临“法无规定”的窘境。在裁判者不能拒绝裁判的前提下，从类案中寻求启示和参考就成为一种弥补成文法缺陷的理性选择。通过检索，可以减少由待决案件复杂性、新颖性所带来的审理困惑，缩短法官认知、理解和判断的过程。[1]

另一方面，类案检索是裁判者寻求裁判合理性的“证据性”支撑。让审理者裁判，由裁判者负责，既是司法责任制的核心要求，也是权责一致原则的内在要求。在司法责任制的约束下，裁判者对案件的审理更加谨慎，追求裁判结果正确成为裁判者最基本的共性需求。对于经验丰富的裁判者来说，虽然对大部分案件的裁判显得驾轻就熟，但仍有部分案件使其在裁判时犹疑不决，通过类案检索可以为裁判者的裁判思路和裁判结果提供生效判决的“证据性”支撑，从而强化内心确信。对于经验欠缺的裁判者来说，通过研究类案更是厘清裁判思路、明确裁判尺度、寻求裁判结果合理性的有效途径。

例如，经济纠纷和经济犯罪如何进行系统区分就是司法实践中的一个难题，由于认识上的不一致导致许多案件历经长期的诉讼过程。有学者结合 2013 年至 2018 年常见经济犯罪无罪裁判文书作过相应统计分析，“按照常见经济犯罪裁判文书统计数量从多到少，依次是诈骗罪、合同诈骗罪、非法吸收公众存款罪、集资诈骗罪、贷款诈骗罪，上述罪名对应的‘无罪’裁判文书数量共计 196 个。其中，经人民法院一次审理结束本案的无罪裁判文书是 83 个(占比 42.3%)，经人民法院二次审理结束本案的无罪裁判文书是 20 个(占比 10.2%)，经人民法院三次审理结束本案的无罪裁判文书是 32 个(占比 16.3%)，经人民法院四次审理结束本案的无罪裁判文书是 38 个(占比 19.4%)，经人民法院四次以上审理结束本案的无罪裁判文书是 12 个(占比 6.1%)”[2]。从以上的数据中，特别是经过三次审理才结束本案无罪判决的情况来看，实践中对于经济纠纷和经济犯罪的认识差距非常大。

特别是 2020 年 1 月 15 日最高人民法院印发《民事诉讼程序繁简分流改革试点实施办法》(法〔2020〕11 号)之后，无论是一审还是二审程序，在民事诉讼

〔1〕 郑通斌:《类案检索运行现状及完善路径》，载《人民司法》2018 年第 31 期。

〔2〕 李玉华、焦娜:《经济纠纷和经济犯罪的系统区分——以 2013—2018 年常见经济犯罪无罪裁判文书为分析对象》，载胡云腾主编:《新时代的案例研究与案例法学研究——中国法学会案例法学研究会学术年会优秀论文集》(第 1 辑)，法律出版社 2020 年版，第 243 页。

中由法官独任审理的案件数量将逐步增加。[1] 对于由法官独任审理的许多民事诉讼案件,其法律适用是否明确可能并不容易判断,这时可以开展类案检索搜索待决案件争议法律问题的裁判规则,经过类案检索之后发现实践中的裁判规则基本统一的,可以由独任法官继续按照简易程序审理并按照检索出来的裁判规则进行判决。如果经过类案检索发现实践中的裁判规则存在分歧、待决案件的法律适用并不明确,此时应当考虑将简易程序下的独任制改为普通程序下的合议制审理案件。

(二)规范法官自由裁量权

所谓自由裁量权,是人民法院在审理案件过程中,根据法律规定和立法精神,秉持正确司法理念,运用科学方法,对案件事实认定、法律适用以及程序处理等问题进行分析和判断,并最终作出依法有据、公平公正、合情合理裁判的权力。法律的生命力在于实践,司法的过程即是法律实践的过程,裁判者通过法律程序将法律规则适用于争讼的双方,以矫正失衡的权利与义务,恢复受损的法律关系。由于法律规则的原则性、社会变化的复杂性、个体案件的特殊性等因素,法官在司法裁判的过程中享有一定的自由裁量权。

"当法律事先做了事无巨细的规定,法官的自由裁量权将被极限压缩,同案同判就不是应当考虑的司法要求;换言之,只有当法律规定本身具有弹性空间,或者法官在适用法律时必须借助裁量或价值判断时,同案同判才变得重要起来。马默曾经总结了同案同判起作用的三种场合:法官有两可的选择、法官需要在不可公度的价值中进行选择以及法官面对与法律相关的道德模糊的情形。"[2] 如果法律规范是清晰、明确的,法官仍然违反法律规定办案并导致了与在先生效案例的裁判标准不统一,这就涉及法官违规办案以及后续追责的问题了,甚至还会

---

〔1〕《最高人民法院民事诉讼程序繁简分流改革试点实施办法》第16条规定,基层人民法院适用小额诉讼程序、简易程序审理的案件,由法官一人独任审理。基层人民法院审理的事实不易查明,但法律适用明确的案件,可以由法官一人适用普通程序独任审理。第18条规定,第二审人民法院审理上诉案件应当组成合议庭审理。但事实清楚、法律适用明确的下列案件,可以由法官一人独任审理:(一)第一审适用简易程序审理结案的;(二)不服民事裁定的。

〔2〕陈景辉:《同案同判:法律义务还是道德要求》,载《中国法学》2013年第3期。

涉及刑事责任。[1] 法官的自由裁量权并非毫无约束的自由，其行使的规范必须以符合目的的正当性、手段的必要性和限制的妥当性作为操作的基准，以保障正当、规范滥用、制裁恣意为具体内容。自由裁量权行使要素有三项：其一，需要考虑是否充分调查各方的利益；其二，斟酌衡量相关重要因素，包括对社会的价值取向判断、对社会公众法律情感的认知、对公共政策的把握等；其三，避免将非专业性因素纳入考虑范围。只有上述行使要素具备，才能推定自由裁量权行使正当，否则推定该自由裁量权行使失范。[2]

自由裁量权行使要素应当在一定范围内具有适用上的统一性，进而才能产生统一的裁判标准，如各级人民法院内部对同一类型案件行使自由裁量权的，要严格、准确适用法律和司法解释，参照指导性案例，努力做到类似案件类似处理。类案检索与法官会议、审判委员会以及院长、庭长履行审判监督权等各项机制相互协调配合，有助于规范法官自由裁量权，实现类案裁判标准统一。[3] 有学者认为，“应当规定，如果（后案）与前案诉讼标的属同一种类，原则上应当参照前案所确立的判决原则行事，如果不予参照，即处理上与前例不一致，必须要阐明正当理由。如果不阐述理由而与前例不一致，实际上属于滥用自由裁量权”[4]。此外，“已有类案判决作为一种规则，它既可以约束法官自身肆意妄为，也可以有效抵御外界不当干预，从而为法官提供职业的‘避风港’”[5]。

除了待决案件与同类在先生效判决的裁判标准应当保持统一之外，在同一批相互关联的案件中也要限制自由裁量权，保持裁判标准的均衡。例如，“从司法公平的角度出发，跨区域涉互联网金融犯罪由不同地区司法机关办理，在追诉

[1] 《刑法》第 399 条规定：“司法工作人员徇私枉法、徇情枉法，对明知是无罪的人而使他受追诉、对明知是有罪的人而故意包庇不使他受追诉，或者在刑事审判活动中故意违背事实和法律作枉法裁判的，处五年以下有期徒刑或者拘役；情节严重的，处五年以上十年以下有期徒刑；情节特别严重的，处十年以上有期徒刑。在民事、行政审判活动中故意违背事实和法律作枉法裁判，情节严重的，处五年以下有期徒刑或者拘役；情节特别严重的，处五年以上十年以下有期徒刑。”

[2] 参见李后龙：《民事法官自由裁量权的认知及其规范》，载《人民司法》2012 年第 5 期。

[3] 《最高人民法院关于深化司法责任制综合配套改革的实施意见》第 9 条第 1 款规定：完善统一法律适用机制。进一步完善关联案件和类案检索机制、专业法官会议机制和审判委员会制度，确保各项机制有机衔接、形成合力。通过类案检索初步过滤、专业法官会议研究咨询、审判委员会讨论决定，有效解决审判组织内部、不同审判组织以及院庭长与审判组织之间的分歧，促进法律适用标准统一。

[4] 江必新：《论司法自由裁量权》，载《法律适用》2006 年第 11 期。

[5] 于同志：《我们为什么要重视司法案例》，载《人民法院报》2017 年 8 月 2 日。

标准、追溯范围以及量刑建议等方面应当注意统一平衡，但应正确看待实践中存在打击范围不一致的问题。在坚持案件处理总体平衡的前提下，对涉案人员的处理，不能简单以层级或数额作为标准，而要结合事实证据以及在当地造成的现实危害性等因素进行综合判断。一般来说，对于同一单位在多个地区分别设立分支机构的，在同一省范围内应当保持基本一致。分支机构所涉犯罪嫌疑人与上级单位主要犯罪嫌疑人之间应当保持适度平衡，防止出现责任轻重'倒挂'的现象。但同时，也要避免唯层级论、唯数额论"[1]。

（三）提升司法公信力

司法权从本质上讲是裁判权与判断权，它的根本任务就是在两种相互冲突的利益间作出裁决。就立法者而言，立法者制定法律并对法律的指引、评价和预测等功能抱有期望，并对裁判者合理解释和一体适用法律有所期待。裁判标准不统一问题固然与立法的局限性有关，亦与裁判者解释法律的路径、方法、角度不一致密切相关，这自然有悖于立法者的期待。就裁判者而言，裁判标准不统一映射出的裁判标准多元化的问题，增加了裁判者形成内心裁判确信的难度，使裁判者本身对法院裁判的公信力大打折扣。就社会公众而言，公正是法律内在的固有价值，而裁判标准统一是实现公正的必要条件。对于同类案件来说，裁判者应适用相同的规则作出基本相同的裁判结果。如果同类案件作出不一样的裁判结果，裁判者应作出令人信服的合理解释，否则司法的公信将受到极大的损害。"司法裁判最重要的角色是指向未来的，它是以个案的方式将抽象的法律具体化，在解决特定纠纷的同时，为人们指明了未来的行动标准和行为选择的恰当方向。"[2]程序的公正性和结果的确定性是司法公信的重要支撑，裁判标准不统一情形的出现却破坏了结果的可预期性，从而对司法公信产生不良影响。特别是在大数据时代，类案裁判标准不统一对司法公信的负面影响更加明显。

以刑事审判领域为例，一是同一法院审理同类案件前后裁判结果不同。例如，对未经许可改变土地性质从事房地产经营的行为，某法院最初未认定为非法

---

〔1〕 陈鸷成等：《互联网金融犯罪典型案例评析》，载胡云腾主编：《新时代的案例研究与案例法学研究——中国法学会案例法学研究会学术年会优秀论文集》（第1辑），法律出版社2020年版，第464页。

〔2〕 陈景辉：《裁判可接受性概念之反省》，载《法学研究》2009年第4期。

经营罪,后来随着此类犯罪剧增以及社会影响越来越恶劣,该法院对之后发生的该类案件以非法经营罪定罪处罚。二是同一法院同一时间审理同类案件裁判结果不同。例如,在无证从事保安服务经营案件中,有的法官倾向于从"严重扰乱市场秩序"这一实质违法层面限缩非法经营罪,有的法官倾向于从"未经许可"这一形式要件认定非法经营罪,导致对同一时间段两起无证从事保安服务经营行为的定性不同。三是"两高"推出的典型案例行为定性结论有所不同。例如,在许某案中,最高人民法院认为,被告人许某持不具有透支功能的银行借记卡在银行的自动柜员机非法取款并携款潜逃的行为,已构成盗窃罪。而《最高人民检察院关于拾得他人信用卡并在自动柜员机上使用的行为如何定性问题的批复》(2008 年 2 月 19 日)明确,拾得他人信用卡并在自动柜员机上使用的行为,属于"冒用他人信用卡"的情形,构成犯罪的,以信用卡诈骗罪追究刑事责任。[1]

基于裁判者的主观认知差异和不同地区经济、社会的发展差异,不同地方法院推出的典型案例、裁判规则和法律适用的指导意见也存在不同程度的冲突,国家立法机关和司法机关正在通过备案审查机制推动法治统一。[2]《最高人民法院司法体制综合配套改革意见》第 9 条第 3 款规定:"各高级人民法院应当进一步规范办案指导文件、参考性案例发布程序,及时向最高人民法院备案,杜绝不同地区办案标准的不合理差异。"根据该条的规定,最高人民法院通过备案审查制统一各地高级人民法院的裁判规范,既要允许合理性差异的存在,又要杜绝类案裁判标准的冲突。

在司法改革的过程中,因强调让审理者裁判而放权和扁平化管理,类案裁判标准不统一的现象有增加的趋势。类案裁判标准不统一,既表现为同层级法院裁判思路和裁判结果的差异,也表现为不同地区、不同层级法院裁判思路和裁判结果的差异。"司法实践中同案的判决差异已经超越了司法裁判的正确性,突

---

〔1〕 参见刘晓虎:《当代案例法学研究的困境与出路》,载胡云腾主编:《新时代的案例研究与案例法学研究——中国法学会案例法学研究会学术年会优秀论文集》(第 1 辑),法律出版社 2020 年版,第 189 ~ 190 页。

〔2〕 将地方"两院"规范性文件纳入全国人大常委会法工委备案审查范围,实现"备案审查全覆盖"的最后工程,对实现国家法制统一、保障公民权利具有重要意义。有关各方对地方"两院"的规范性文件的性质和功能认识不一致,由此导致同级人大对地方"两院"的规范性文件能否备案审查、审查的范围有多大、审查的方式如何以及怎样使之与现有的法制兼容等问题,无法得到有效的回答,进而陷入制度与理论困境。参见姚魏:《地方"两院"规范性文件备案审查的困局及纾解》,载《政治与法律》2018 年第 11 期。

破了基本的平等观念,损害了司法权威、司法公信。"[1]建立类案检索机制,对于统一类案裁判标准、维护司法公信将发挥重要作用。在全国范围内统一类案的裁判标准是一个漫长的过程,但此目标的实现应是法律职业群体的共同追求。在此前提下,以同一法院内部、同一辖区内部为起点,以小范围内的裁判标准统一来逐步实现更大范围内的裁判标准统一,是符合客观规律的现实选择。

〔1〕 孙海龙:《如何防范审判风险打造精品案例》,载胡云腾主编:《新时代的案例研究与案例法学研究——中国法学会案例法学研究会学术年会优秀论文集》(第1辑),法律出版社2020年版,第138页。

第一章
类案的判断标准和检索方法*

一、类案的判断标准

基于类似案件裁判标准应当统一的法理，在先生效判决的裁判规则对待决案件具有一定的指引作用，因此，在对待决案件作出结论之前对已有类案进行检索具有积极的现实意义。在进行类案检索之前，需要明确类案的判断标准，在类案检索的过程中需要按照类案的判断标准比对待决案件与检索出案件的类似程度。

（一）类案判断的实质要素

所谓类案，是指以法律关系、核心事实、举证情况、程序处理、法律适用等作为识别要素，已经审理终结的案件与待决案件的上述要素相同或相似的，则属同类案件。[1]

首先，应当将核心事实、法律关系及争议法律问题作为基本识别要素。

---

* 本章部分内容来源于《类案检索报告制作和运用机制研究》，执笔人齐晓丹、史智军、王天水，载《法律适用》2020年第12期。

〔1〕《最高人民法院类案检索指导意见》第1条规定：本意见所称类案，是指与待决案件在基本事实、争议焦点、法律适用问题等方面具有相似性，且已经人民法院裁判生效的案件。

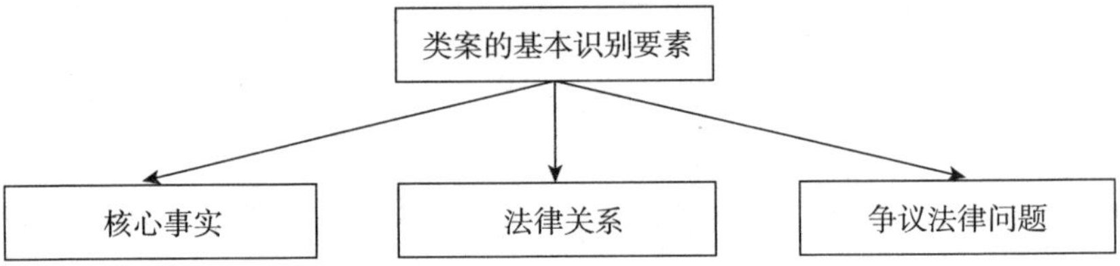

所谓核心事实,正如上文所述,需要待决案件与检索出的案件在基本事实构成要件层面相同或类似,以此构成法律关系或争议焦点梳理的基础。

所谓法律关系,是指在案由层面,待决案件与检索的案件类似,因不同的案由项下的审理思路和裁判结果会存在很多差异,如侵权责任和违约责任竞和时,当事人选择的案由不同将导致法院采取不同的审理重点,并得出不同的裁判结果。

所谓争议法律问题,是指在事实构成类似的基础上,待决案件与检索的案件还存在类似的争议焦点,由此才具有适用统一裁判标准的妥当性。

核心事实、法律关系及争议法律问题是紧密联系的整体,核心事实决定了法律关系,在确定的法律关系下根据当事人的主张和抗辩归纳出争议法律问题。在类案检索和类案比对的过程中,确定比较点的过程并非单纯事实发现的过程,而是"一种生活事实与规范相互对应""一种调试""一种同化"的过程。[1] 不同的案件,其关键事实不同。同一类别的案件事实在某一类案件中是关键事实,在另外一类案件中可能并非关键事实。判断是否属于关键事实,主要在于其与争议焦点及法律规范的对应性。

此外,在许多案件中,法律关系的确定本身就是案件的主要争议焦点。例如,在"名为买卖、实为借贷"的案件中,表面上看当事人的交易模式是买卖,但其法律关系的本质是借贷关系。此时,需要依据《民法典》第146条的规定,按照当事人之间实质的法律关系处理。[2]

精准地归纳出待决案件的争议问题,对于有效开展类案检索具有重要意义。在民商事审判领域归纳案件争议问题,应当熟练掌握法律关系分析方法和请求权基础分析法。关于两种案例分析方法,后文还会作进一步的论述。

---

〔1〕 参见[德]亚图·考夫曼:《类推与事物本质——兼论类型理论》,吴从周译,台北,学林文化事业出版社1999年版,第87页。

〔2〕《民法典》第146条规定:行为人与相对人以虚假的意思表示实施的民事法律行为无效。以虚假的意思表示隐藏的民事法律行为的效力,依照有关法律规定处理。

此外,还需结合当事人的举证情况、抗辩情况、法院审理案件所处的诉讼程序等因素,综合判断已有生效案件与待决案件是否属于同类案件以及在裁判规则适用上是否具有可参考性。在举证方面,如果同属类案,但在某一个案件中由于一方当事人举证不足导致其败诉的结果,那么该案对于待决案件的参考意义在某些方面就会大打折扣。在抗辩方面,被告抗辩理由的成立与否直接影响了原告请求权的成立与否,也影响了案件构成要件的成立与否。例如,同为过了诉讼时效的案件,被告抗辩与不抗辩会导致两种不同的裁判结果。再如,在约定违约金过高的情况下,被告是否抗辩也会影响案件的处理,如被告不抗辩违约金过高并作出相应举证,法院一般不会主动调整违约金标准。

在诉讼程序方面,根据《最高人民法院关于适用〈中华人民共和国民事诉讼法〉的解释》(以下简称《民诉法司法解释》)第 323 条的规定,第二审人民法院应当围绕当事人的上诉请求进行审理。当事人没有提出请求的,不予审理,但一审判决违反法律禁止性规定,或者损害国家利益、社会公共利益、他人合法权益的除外。根据上述法条的规定,二审的审理范围与上诉人的上诉请求密切相关。因此,在许多二审诉讼程序中,虽然二审法院驳回上诉、维持一审判决,但并不代表二审法院完全认可一审的全部裁判理由和裁判结果。我们在开展类案检索和类案比对时,对此要予以注意。

需要指出的是,不同类型案件中存在的相同的或类似的问题,也是案例运用的重要领域。某些法律原则（诚实信用原则、过错责任的比例原则）的运用、某些法律理念（当事人各方利益平衡、社会利益与当事人利益的平衡)、某些法律推理方式(当事人真实意志的认定、善意相对人或第三人的认定),在不同类型的案件中都有可能存在,并且都可能是司法审判中的难点和疑点,因此不同类型案例之间的参考和借鉴作用很大。不仅如此,有些程序性问题,如主体的适格的认定、某种证据是否采信、程序失权的认定等,也是不受案由局限而存在于多类案件中的共通性问题,这些问题同样需要通过案例提供参考和借鉴。[1]

类案检索对于推进法律适用统一具有重要意义,其关键是对于类案的识别和比对。类案裁判标准统一能够满足“正义应当以可见的方式来实现”的要求,类案裁判标准统一实际上是“同等情况同样对待”在裁判领域的具体化,体现了正义准则,尤其是平等原则的要求。当然,正义并不仅要求类案裁判标准统一,

〔1〕 参见顾培东、李振贤:《当前我国判例运用若干问题的思考》,载《四川大学学报》(哲学社会科学版) 2020 年第 2 期。

很多时候真正公平的对待往往需要建立在"区别"或者"差异"的基础上。有些类案表面上看裁判结果是冲突的,经过深入的分析和比对我们会发现这些案件其实并不冲突。为了实现"努力让人民群众在每一个案件中感受到公平正义"的目标,需要对类案进行比对并在此基础上作出妥当性的裁判结果。

(二)理论界和实务界的观点

适用在先生效判决确定的裁判规则的前提,是检索出的案例与待决案件属同类案件,并且其裁判规则对待决案件有一定的指引作用。因此,在判断是否适用检索出案例的裁判规则前,首先应当确定该案与待决案件系属同类案件,这就需要通过一定的要素及标准进行比对,筛选出类案。在逻辑学上,类比推理原理的可靠程度是建立在两个事物相同属性之间相关程度的基础之上的,这种相关程度越高,类比推理的可靠性就越大。[1] 类似性判断是其最重要的步骤,正如考夫曼所言:"类推介于同一与差异之间。"[2]

案件的相似性判断需要运用类比的方式,首先应当确定对比要点,即确定类案识别要素。《最高人民法院案例指导细则》将基本案情和法律适用作为类案判断的识别要素,理论界关于类案比对问题也进行过研究,代表性观点如下:明确案件事实的法律特性,判断两个案件事实是否具有同样的法律性质;[3] 梳理案件事实、当事人争议以及需要法院判断的主要问题;[4] 结合关键事实、法律关系、案件的争议点、争议法律问题进行判断;[5] 在争议问题类似的前提下,关键是把握先例的裁判理由与实质事实。[6]

在上述识别要素中,事实相似性判断是类案识别的重点。卡尔·拉伦茨认为,"两个案件的构成要件类似,才能对两个案件作相同评价;同时,其将构成要件定义为与法律对特定问题的评价有关的重要观点。"[7] 这些构成要件以事实

---

[1] 参见李廉、张桂岳、孙志成主编:《逻辑科学纲要》,湖南人民出版社1986年版,第235页。

[2] [德]考夫曼:《法律哲学》,刘幸义等译,法律出版社2004年版,第118页。

[3] 参见张志铭:《中国法院案例指导制度价值功能之认知》,载《学习与探索》2012年第3期。

[4] 参见刘作翔、徐景和:《案例指导制度中的案例适用问题》,载《湘潭大学学报》(哲学社会科学版)2008年第2期。

[5] 参见王利明:《我国案例指导制度若干问题研究》,载《法学》2012年第1期。

[6] 参见张骐:《论类似案件的判断》,载《中外法学》2014年第2期。

[7] [德]卡尔·拉伦茨:《法学方法论》,陈爱娥译,商务印书馆2003年版,第258页。

的方式体现,这种事实在英美判例法中也被称为必要事实,即对于形成判决结论有必要的基础事实。必要事实往往决定着案件的性质,故由前案的必要事实推导出来的裁判规则对后案的审判具有拘束力,而其他的非必要事实或假设的事实则没有拘束力。[1] 作为识别要素的案件事实,应当是与法律适用相关的、裁判规则或裁判标准得以确立的主要案件事实,可称为"核心事实"。

在进行类案比对时需要借助类比推理的方法,类比推理是判例制度下的一种重要推理形式,是法官和律师都需要经年培养并熟练掌握的司法技能,其基本内涵是,如果两个事物在某些方面相似,那他们在其他方面(或应视为)相似。[2] 法官在运用类比方法进行类似性判断时,一是要从积极方面进行类似性比较,凡是越与先前的案例相似的,就越具有参照适用的可能性。一般而言,涉及的法律事实越具体,就越具有参照性。二是从消极方面进行类似性比较,差异性越大则参照的可能性就越小。

进行类案比对并援引在先生效判决的裁判规则,首先需要进行事实上的识别和比对,这就需要裁判文书明晰当事人主张的事实与法院认定的事实、法律事实与法律规范之间的逻辑关系。在裁判文书的论理也就是"本院认为"部分,应当严谨清晰地表述本案体现出来的裁判规则,以便被后案援引适用。同理,后案在援引在先生效判决之前,需要先行比对在先生效判决的事实部分,并需要在裁判文书中说明前后案件在基本事实上的相同之处,在确定是同类案件的基础上,进一步援引在先生效判决的裁判规则才具有妥当性。

二、类案检索的方法

(一)类案检索的前提

类案检索的目的在于统一法律适用,该目的能否实现有赖于类案检索前提

[1] 参见潘维大、刘文琦:《英美法导论》,法律出版社 2002 年版,第 58 ~ 61 页。
[2] 参见[美]布莱恩·H. 比克斯:《牛津法律理论词典》,邱昭继、马德华译,法律出版社 2007 年版,第 6 页。

条件的明确,即何种情形下需要启动类案检索并制作检索报告。《最高人民法院司法责任制实施意见》将类案检索报告的适用对象,界定为存在法律适用争议或者具有"类案不同判"可能的案件。有学者认为,"应当确立一套类案类判、类案推送、类案检索的国家标准。不应设立强制性标准,是否检索类案应当以法官的实际办案需要为标准,设立一套强制性的标准只会人为增加法官的工作负担"〔1〕。

《最高人民法院类案检索指导意见》第2条规定,人民法院办理案件具有下列情形之一,应当进行类案检索:(一)拟提交专业(主审)法官会议或者审判委员会讨论的;(二)缺乏明确裁判规则或者尚未形成统一裁判规则的;(三)院长、庭长根据审判监督管理权限要求进行类案检索的;(四)其他需要进行类案检索的。《北京市高级人民法院关于类案及关联案件检索实施办法(试行)》(以下简称《北京高院类案检索办法》)第2条规定,具有下列情形之一的,应当进行类案检索:(一)涉及群体性纠纷,可能影响社会稳定的;(二)合议庭成员意见分歧较大的;(三)与本院或上级法院的类案判决以及裁判规则可能发生冲突的;(四)拟提交专业法官会议、审判委员会讨论的;(五)报送参阅案例、指导性案例、制定统一法律适用类业务规范文件的;(六)新类型、疑难、复杂、社会影响重大等其他具有促进法律适用统一意义的案件。除前述列举情形外,法官在案件审理过程中可以积极开展类案检索工作,各单位可以根据案件审理需要确定应当检索的案件类型。关联案件应当进行检索。

综合上述规定,类案检索前提主要是在以下几种情形:

1. 适用法律规范存在争议

类案检索的目的在于解决裁判的分歧和差异,故"争议"的存在是基本前提之一。此处的争议指向的主要是法律适用层面的争议,对于仅在事实认定方面存在争议的案件,一般不具有通过类案检索统一法律适用和避免裁判标准不统一的必要性。准确理解和适用法律是对案件进行妥当性裁判的前提和基础,但是对于法律规范的文意和适用范围,不同的法官时常会出现多种解读,进而使其在适用于具体案件时出现争议。诉讼中的当事人对于案件的法律适用往往存在重大争议,各方当事人对于各自的诉讼请求和法律依据都会提出各自的论证理

〔1〕 左卫民:《如何通过人工智能实现类案类判》,载《中国法律评论》2018年第2期。

由,相应的争论也会延续到合议庭的法官之间。即便是独任制审理的案件,法官的思维也会在当事人的诉辩意见之间来回摇摆,犹豫不决。涉及此类亟待明确法律适用规则的案件,有必要进行类案检索。

这种法律规范适用的争议,既包括实体法领域的争议,也包括程序法领域的争议。在程序法领域,又可以包括诉讼程序争议和证据争议。

在实体法领域的争议,例如,《婚姻法》第 17 条、第 19 条分别规定了夫妻在婚姻关系存续期间所得财产归夫妻共同所有、夫妻可以约定婚姻关系存续期间所得的财产以及婚前财产归各自所有、共同所有或部分各自所有、部分共同所有的制度,〔1〕《物权法》第 9 条规定了不动产依登记发生物权变动的一般规则。〔2〕上述不同部门法的法条之间从形式上看存在一定的区别,按照《婚姻法》第 17 条、第 19 条的规定,夫妻关系存续期间共同购置的房屋应当属于夫妻共同财产、共同所有,夫妻也可以约定存续期间共同购置的房屋归属于一方个人所有。但是,按照《物权法》第 9 条的规定,如果房屋没有进行登记就不能产生相应的物权变动的效力。针对上述法条之间的衔接问题,产生了不同的观点。有观点认为,"夫妻财产契约属于物权契约,婚姻关系的身份性决定了夫妻财产契约的前提是身份关系即婚姻的存在,财产约定在合乎法律行为规则的基础上因合法有效的婚姻存续而发生效力,应当可以直接发生物权效力。作为物权契约的结果,夫妻间的不动产物权变动不宜过分强调登记公示"〔3〕。有不同的观点认为:"夫妻间就房产归属所作的夫妻财产约定,不具有直接变动相应物权的法律效力,相应物权的转移必须以登记为要件。"〔4〕

在诉讼程序领域的争议,例如,《民事诉讼法》第 56 条规定了第三人撤销之

〔1〕《婚姻法》第 17 条规定:夫妻在婚姻关系存续期间所得的下列财产,归夫妻共同所有:(一)工资、奖金;(二)生产、经营的收益;(三)知识产权的收益;(四)继承或赠与所得的财产,但本法第十八条第三项规定的除外;(五)其他应当归共同所有的财产。夫妻对共同所有的财产,有平等的处理权。第 19 条规定:夫妻可以约定婚姻关系存续期间所得的财产以及婚前财产归各自所有、共同所有或部分各自所有、部分共同所有。约定应当采用书面形式。没有约定或约定不明确的,适用本法第 17 条、第 18 条的规定。夫妻对婚姻关系存续期间所得的财产以及婚前财产的约定,对双方具有约束力。夫妻对婚姻关系存续期间所得的财产约定归各自所有的,夫或妻一方对外所负的债务,第三人知道该约定的,以夫或妻一方所有的财产清偿。

〔2〕《物权法》第 9 条规定:不动产物权的设立、变更、转让和消灭,经依法登记,发生效力;未经登记,不发生效力,但法律另有规定的除外。

〔3〕王忠、朱伟:《夫妻约定财产制下的不动产物权变动》,载《人民司法》2015 年第 4 期。

〔4〕黄海涛:《婚姻纠纷裁判思路与疑难案例》,中国法制出版社 2018 年版,第 34 页。

诉制度[1],由于该制度中的有独立请求权第三人、无独立请求权第三人、诉讼标的、民事权益等概念本身存在一定的模糊性,因此,实践中在适用第三人撤销之诉制度时也存在分歧。《北京市高级人民法院关于审理第三人撤销之诉案件适用法律若干问题的研讨纪要》对民事权益的范围进行了界定,"从目前的审判实践来看,《民事诉讼法》第 56 条第 3 款规定受侵害的'民事权益'通常是指所有权、用益物权和担保物权、股权等。多数意见认为,以金钱债权受到侵害为由提起撤销之诉的,一般裁定驳回起诉,但原诉当事人利用诉讼转移财产、逃避执行以致享有金钱债权的第三人无法行使撤销权的除外"。上述规定中明确了"民事权益"的范围,但对于"除外"情形,尚需要法官结合案情进行具体的判断。

在证据领域,也存在大量适用法律规范的争议。例如,《民诉法司法解释》第 106 条规定了民事诉讼领域的"非法证据排除"规则[2],但是该规定中的"严重侵害他人合法权益"如何认定,离婚纠纷中一方当事人通过偷录、偷拍的方式获取另一方当事人出轨的证据,是否属于"严重侵害他人合法权益",或者一方当事人强行闯入另一方当事人在宾馆的房间拍摄出轨的证据,是否属于"严重侵害他人合法权益"。又如,《最高人民法院等部门关于办理刑事案件严格排除非法证据若干问题的规定》对排除非法证据的问题作出了系统的规定,确立了"强制性的排除"与"自由裁量的排除"相结合的证据排除规则。但是,作为一种最严厉的程序性制裁措施,"强制性的排除"的适用范围究竟有哪些? 作为"强制性的排除"所重点适用的对象,"非法言词证据"的内涵究竟是什么? 究竟什么是"刑讯逼供",怎样才能确定"暴力""威胁"等非法手段的含义……"对于这些问题,无论是法学界还是司法界都没有进行过认真的讨论,司法解释也没有给出明确的答案,这迟早会演变为刑事法官不得不面对的难题。"[3]

---

〔1〕《民事诉讼法》第 56 条规定:对当事人双方的诉讼标的,第三人认为有独立请求权的,有权提起诉讼。对当事人双方的诉讼标的,第三人虽然没有独立请求权,但案件处理结果同他有法律上的利害关系的,可以申请参加诉讼,或者由人民法院通知他参加诉讼。人民法院判决承担民事责任的第三人,有当事人的诉讼权利义务。前两款规定的第三人,因不能归责于本人的事由未参加诉讼,但有证据证明发生法律效力的判决、裁定、调解书的部分或者全部内容错误,损害其民事权益的,可以自知道或者应当知道其民事权益受到损害之日起六个月内,向作出该判决、裁定、调解书的人民法院提起诉讼。人民法院经审理,诉讼请求成立的,应当改变或者撤销原判决、裁定、调解书;诉讼请求不成立的,驳回诉讼请求。

〔2〕《民诉法司法解释》第 106 条规定:对以严重侵害他人合法权益、违反法律禁止性规定或者严重违背公序良俗的方法形成或者获取的证据,不得作为认定案件事实的根据。

〔3〕陈瑞华:《刑事证据法的理论问题》(第 2 版),法律出版社 2018 年版,第 128 页。

2. 统一类案标准存在差异

在《最高人民法院类案检索指导意见》规定的应当进行类案检索的四种情形中,最核心的、最重要的还是第 2 项,即案件缺乏明确裁判规则或者尚未形成统一裁判规则。细分一下,该条实际上包括两种情况:一是案件缺乏明确裁判规则。这种明确裁判规则的缺乏,既可能是法律有规定但比较模糊,也可能是法律本身就没有规定、出现了漏洞,还可能是各个部门法都有相应的规定需要协调适用的问题。二是尚未形成统一的裁判规则。正是由于缺乏明确的裁判规则,才进一步导致了裁判规则不统一。这种不统一,既可能是同一个法院内部不同判决之间的不统一,也可能是同一层级或不同层级的不同法院之间的裁判规则的不统一。院长、庭长主要通过专业法官会议的方式,对缺乏明确裁判规则或者尚未形成统一裁判规则的案件进行监督管理,这一监督的过程和方式就要求案件的承办法官进行类案检索。

《最高人民法院关于完善人民法院司法责任制的若干意见》(法发〔2015〕13 号,以下简称《最高人民法院完善司法责任制意见》)第 24 条规定的院长、庭长履行审判监督管理权的"四类案件"[1],其中第 3 项"与本院或者上级法院的类案判决可能发生冲突的"指向的就是裁判标准不统一的问题。另外,第 1 项"涉及群体性纠纷,可能影响社会稳定的"案件、第 2 项"疑难、复杂且在社会上有重大影响的"案件,院长、庭长监督的重点就是上述这些群体性纠纷、疑难复杂案件是否做到类案裁判标准统一,如果没有做到这一点,后续的裁判结果引发舆情和当事人不满将是一个大概率事件。

为了实现类案裁判标准统一的目标,自然要求案件的承办法官知晓已经存在的案例,进而再探寻统一的规则,其实现方式依赖于类案的检索和比对。由于裁判标准不统一的现象客观存在,类案检索的结果时常难以得出统一的裁判标准。出现上述情形时需要制作类案检索报告,对于是否适用类案中已有的裁判

---

〔1〕《最高人民法院完善司法责任制意见》第 24 条规定:对于有下列情形之一的案件,院长、副院长、庭长有权要求独任法官或者合议庭报告案件进展和评议结果:(1)涉及群体性纠纷,可能影响社会稳定的;(2)疑难、复杂且在社会上有重大影响的;(3)与本院或者上级法院的类案判决可能发生冲突的;(4)有关单位或者个人反映法官有违法审判行为的。院长、副院长、庭长对上述案件的审理过程或者评议结果有异议的,不得直接改变合议庭的意见,但可以决定将案件提交专业法官会议、审判委员会进行讨论。院长、副院长、庭长针对上述案件监督建议的时间、内容、处理结果等应当在案卷和办公平台上全程留痕。

标准或如何统一裁判标准进行充分阐述。“如果对同一类案件的审判有差异不回应，有偏离不释明，又不讲求说理，将会影响判决的说服力和效果。”[1]

3. 确立新类型案件的裁判标准存疑

伴随社会经济的快速发展和社会结构的不断调整，司法实践中新类型案件层出不穷，由于成文法的滞后性特征，新类型案件往往存在法律依据的缺失。对新类型案件开展类案检索具有现实必要性，其不仅可以汲取类案的裁判经验，亦可以为该类案件裁判规则的确立提供参考，有利于该类案件裁判尺度的确立与统一。“在法庭上出现的大多数案件中，由于大多数理由相似，不可能以任何其他方式，而只能以一种方式决定。此时，法律和法律适用都同样地简单明了。在另一些其比例不可轻视的案件中，法律的规则也是确定的，只是规则的适用令人怀疑。这些案件以及其他一些类似的案件常常在法官当中引发不同的意见，然而，不论结果如何，却未动摇先前确定的法理。最后，还剩下有一定比例的案件，这类案件的决定对未来很有价值，它们将推进或延滞法律的发展。在这些案件里，开始起作用的就是对判决的平衡，是对类比、逻辑、效用和公道等考虑因素的检验和分类整理。此时，法官承担起了立法者的职能。”[2]

当然，所谓的新类型也是相对的。在某一个区域出现的纠纷对该区域而言属于“首案”，但对于其他区域而言可能已经属于常见案件。所以，从这个角度来看，在新类型案件审理过程中开展类案检索也具有可行性，只不过开展检索的类案范围需要不断地扩大地域。新类型案件的审理，需要法官结合法律的规则、原则、案例、习惯、政策、价值判断和利益衡量等因素，综合考量后作出妥当性的结论。

例如，在探讨新闻自由适度性的规则方面，由于法律不可能规定得特别细致，因此，可以从典型案例中寻找相应的裁判思路和裁判标准。在判例法国家，“坎贝尔案件”确立了相应规则，该案案情如下：坎贝尔是英国名模，英国《每日镜报》报道她在接受戒毒治疗并附有一些照片。坎贝尔起诉要求停止侵权和赔偿损害，坎贝尔的律师将报纸发布的信息分成了五类：第一，坎贝尔吸毒的事实；第二，她当时正接受治疗的事实；第三，她当时正在接受治疗的地点；第四，治疗的详细情况——她参加戒毒互助所的聚会治疗多久了，她多久去一次，她在聚会

〔1〕 高尚：《司法类案的判断标准及其运用》，载《法律科学》2020 年第 1 期。
〔2〕 ［美］本杰明·卡多佐：《司法过程的性质》，商务印书馆 1997 年版，第 92～93 页。

期间表现怎样,她做出了怎样的保证,以及她进入这一特殊场合背后的实质;第五,以照片的形式呈现的可视性肖像,展现了她正离开接受治疗的场所。双方当事人同意所有这五类信息通常都会引发《欧洲人权公约》第 8 条保护性条款的适用。坎贝尔的辩护律师承认,坎贝尔无法因第一类和第二类信息寻求第 8 条的保护。因此庭审焦点集中在其他三类信息上,Morland 法官认为这些信息无疑可以被认定为隐私。法官认为,披露第三类到第五类项下所涉的全部信息对于一个有正常识别能力的理性人而言是极具冒犯性的。由此法官判决《每日镜报》因违反保密义务及违反《数据保护法案》向坎贝尔支付 3500 英镑的损害赔偿。然而法官同时也认为,《每日镜报》在披露坎贝尔在其吸毒并正接受治疗的问题上说谎这一做法是合法的,因为揭露真相事关公共利益。坎贝尔向英国上议院上诉,最终得到了三比二的多数判决的支持。三位法官赞同初审法官的标准,即理性人对隐私权保护的期待,以及于第 8 条与第 10 条之间最终达成的比例性权衡。法官们强调,《每日镜报》对第三类到第五类事实的披露,特别是那些偷拍的照片,可能会给坎贝尔造成严重的精神伤害,影响其健康,并可能对她的康复造成障碍。[1]

上述案件主要涉及公众人物隐私权的保护与新闻自由的界限问题,公众享有对公众人物的知情权,坎贝尔没有理由禁止新闻媒体关于她染有毒瘾和接受治疗的报道。但是,本案中新闻报道的内容同时也触及了公众人物的个人隐私。在新闻报道涉及公民隐私时,应将隐私权与新闻自由权进行利益衡量,新闻报道要注意适度性和必要性。在该案中,法官认为媒体报道已经超过了一定限度的细节包括三项,即接受治疗的地点、治疗的详细情况和以照片的形式呈现她离开治疗场所的可视性肖像。

在 2020 年 5 月全国人大通过并颁布的《民法典》中,人格权独立成编,凸显了法律对于人格尊严的特别保护。《民法典》人格权编共计 51 个条文,核心都是围绕着人格权的概念、内容以及权利保护的界限。由于人格权概念本身就是一个开放的概念,在其权利限制和保护的界限方面也多用"合理"等词汇予以表

---

〔1〕 参见[英]迈克尔·科尔:《隐私权的保护:英国普通法保护方式概述》,载国际民法论坛《"人格权的法律保护——历史基础、现代发展和挑战"论文集》,第 186 页,2010 年 10 月 14 ~ 16 日,苏州。

述[1],但何为“合理”尚需在实践中通过典型案例的方式不断予以充实和解读。

在刑事审判领域,对于新类型的犯罪行为的定性也会出现不同。例如,就犯罪对象而言,网络空间中出现的虚拟货币等究竟是数据还是财产。实践中,“对于侵入他人账户盗取比特币的行为,有的判决将其定性为非法获取计算机信息系统数据、非法控制计算机信息系统罪,有的判决将其定性为构成盗窃罪。对于非法取得他人 QQ 号、游戏武器装备的行为,有的判决将其认定为侵犯通信自由罪,有的判决则认为其无罪,只是违反了游戏规则。之所以对同一类型行为的刑法定性不一致,其原因在于对虚拟财产本身的属性、对盗窃犯罪对象的范围具有不同认识”[2]。对于这些新领域、新类型案件的裁判,都应积极开展类案检索,进行类案的比对和研究工作,逐步统一新类型疑难复杂案件的裁判标准。

4. 关联案件应当进行检索

《最高人民法院关于落实司法责任制完善审判监督管理机制的意见(试行)》第 6 条规定,各级人民法院应当建立类案及关联案件强制检索机制,确保类案裁判标准统一、法律适用统一。《北京高院类案检索办法》第 2 条规定,关联案件应当进行检索。所谓关联案件,是指在诉讼主体、案件事实、法律适用、诉讼程序等方面,相互之间存在一定关系和牵连的案件。类案与关联案件既有一定的联系,也有一定的区别。

例如,《民事诉讼法》第 52 条规定的普通共同诉讼[3],也就是司法实务中俗

---

[1] 《民法典》人格权编第 999 条规定:“为公共利益实施新闻报道、舆论监督等行为的,可以合理使用民事主体的姓名、名称、肖像、个人信息等;使用不合理侵害民事主体人格权的,应当依法承担民事责任。” 第 1020 条规定:合理实施下列行为的,可以不经肖像权人同意:(一)为个人学习、艺术欣赏、课堂教学或者科学研究,在必要范围内使用肖像权人已经公开的肖像;(二)为实施新闻报道,不可避免地制作、使用、公开肖像权人的肖像;(三)为依法履行职责,国家机关在必要范围内制作、使用、公开肖像权人的肖像;(四)为展示特定公共环境,不可避免地制作、使用、公开肖像权人的肖像;(五)为维护公共利益或者肖像权人合法权益,制作、使用、公开肖像权人的肖像的其他行为。第 1025 条规定:行为人为公共利益实施新闻报道、舆论监督等行为,影响他人名誉的,不承担民事责任,但是有下列情形之一的除外:(一)捏造、歪曲事实;(二)对他人提供的严重失实内容未尽到合理审查义务;(三)使用侮辱性言辞等贬损他人名誉。

[2] 涂龙科:《论网络空间盗窃罪的限制适用——基于司法案例的实证分析》,载胡云腾主编:《新时代的案例研究与案例法学研究——中国法学会案例法学研究会学术年会优秀论文集》(第 1 辑),法律出版社 2020 年版,第 480 页。

[3] 《民事诉讼法》第 52 条规定:当事人一方或者双方为二人以上,其诉讼标的是共同的,或者诉讼标的是同一种类、人民法院认为可以合并审理并经当事人同意的,为共同诉讼。共同诉讼的一方当事人对诉讼标的有共同权利义务的,其中一人的诉讼行为经其他共同诉讼人承认,对其他共同诉讼人发生效力;对诉讼标的没有共同权利义务的,其中一人的诉讼行为对其他共同诉讼人不发生效力。

称的“串案”,既可以归入关联案件,也可以归入类案。对于这样的“串案”,法官应当进行检索,在发现此类案件后应当及时向院长、庭长报告,如果是适用独任制审理的,可以考虑由一名承办法官审理相关案件;如果是适用合议制审理的,可以考虑由不同的承办法官组成合议庭,统一合并审理这些“串案”。这样既可以提高审判效率,又可以保持同类案件裁判标准的统一。

如果承办法官未能及时发现“串案”,且未提交法官会议研究就径行作出裁决,可能导致比较被动的局面。例如,某出借人在同一时期分别在某一法院向十余名借款人提起民间借贷诉讼,要求十余名借款人偿还借款。一审法院分别由不同的法庭、不同的法官审理这些案件,均认定借款合同有效并按照《民间借贷司法解释》规定的利率上限标准,判决十余名借款人分别向该出借人偿还借款。一审作出这些判决后,部分借款人未提起上诉,该部分判决生效,部分借款人提起上诉。二审法院认为,该出借人以营利为目的,在一定时期内向不特定的十余名借款人放贷且总体金额巨大,属于“职业放贷人”,该类借款合同应属无效。二审法院对上诉的案件进行了改判,判决借款合同无效,借款人偿还借款本金并按照人民银行同期贷款利率的标准偿还利息。这就出现了同一批“串案”,由于承办法官未进行关联案件检索,未在一审审理时发现出借人存在职业放贷的情形,再加上一审判决后部分当事人上诉、部分当事人未上诉的情形,最终导致了同一批“串案”一审法院生效判决和二审法院生效判决裁判结果冲突的情况。后续,已经生效的一审判决书中的借款人可以考虑以生效的二审判决书为新证据申请对一审判决进行再审,抑或由一审法院主动对生效的一审判决书提起再审,以保持类案裁判标准的统一。

除了上述的“串案”之外,还有几种比较典型的关联案件:

(1)本诉与反诉

《民事诉讼法》第 140 条规定了反诉、第三人提出与本案有关的请求的,可以合并审理。[1] 例如,在租赁合同纠纷中,原告出租人诉请被告承租人解除租赁合同,支付欠付的租金并承担违约责任。承租人却另行提起诉讼,诉请法院确认租赁合同无效。此种情形下,法官应当释明承租人在出租人提起的租赁合同纠纷中提起反诉确认合同无效,本诉与反诉合并审理以提高审判效率,而且在出

[1] 《民事诉讼法》第 140 条规定:原告增加诉讼请求,被告提出反诉,第三人提出与本案有关的诉讼请求,可以合并审理。

租人提起的租赁合同纠纷中，法院依职权首先应当审查的就是租赁合同的效力问题。如果承租人坚持另行起诉确认合同无效，出租人提起的解除租赁合同纠纷如果要等待租赁合同无效之诉判决生效之后再行审理，出租人的合法权利将得不到及时的保障和救济。此时，可以考虑两案调整为同一法官承办，同时作出两份对租赁合同效力一致认定的判决，以提高审判效率。

在第三人提起与本案有关诉讼请求的情形下，可以合并审理，或者说以合并审理为宜。例如，夫妻双方离婚后，男方未经女方同意将夫妻共有的房屋出售给他人。买房人提起诉讼，要求出卖人（夫妻中的男方）履行房屋买卖合同，将房屋交付并协助办理房屋所有权变更登记。夫妻中的女方知悉该案后，向受案法院另行提起诉讼，要求确认涉案房屋归其所有。这里的两个案件即为关联案件，按照《民事诉讼法》第140条规定，可以合并审理而且以合并审理为宜。如果女方以有独立请求权第三人的身份要求加入买房人提起的房屋买卖合同纠纷一案但未获法官准许，后续可能还会衍生出第三人撤销之诉，既不利于纠纷的一次性解决，又浪费了司法资源。

(2)民行交叉案件

民事诉讼和行政诉讼之间缺乏完备的衔接机制，导致司法实践中对涉及不动产登记的诉讼出现了一定的混乱局面，甚至出现了“一个纠纷，两种诉讼，三级法院，十年审理，十八份判决”的“高某某诉焦作市影视器材公司房产纠纷案”。[1] 针对此种情况，《最高人民法院关于适用〈中华人民共和国物权法〉若干问题的解释(一)》第1条作出了规定：“因不动产物权的归属，以及作为不动产物权登记基础的买卖、赠与、抵押等产生争议，当事人提起民事诉讼的，应当依法受理。当事人已经在行政诉讼中申请一并解决上述民事争议，且人民法院一并审理的除外。”本条是关于审查基础关系或确认权属属于民事诉讼受案范围的规定，该条与2015年5月1日起施行的《行政诉讼法》第61条规定相互呼应。[2] 《最高人民法院关于审理房屋登记案件若干问题的规定》(2010年11月5日发布)对于此类问题也作过相应的规定：“当事人以作为房屋登记行为基础的买卖、共有、赠与、抵押、婚姻、继承等民事法律关系无效或者应当撤销为由，对

〔1〕 参见王贵松：《行政与民事交织的难题——焦作房产纠纷案的反思与展开》，法律出版社2005年版。

〔2〕《行政诉讼法》第61条规定：在涉及行政许可、登记、征收、征用和行政机关对民事争议所作的裁定的行政诉讼中，当事人申请一并解决相关民事争议的，人民法院可以一并审理。

房屋登记行为提起行政诉讼的,人民法院应当告知当事人先行解决民事争议,民事争议处理期间不计算在行政诉讼起诉期限内;已经受理的,裁定中止诉讼。”与该条相比较,《行政诉讼法》第 61 条关于在行政诉讼中可以一并审理民事争议的规定是一大进步。法院在处理涉及不动产登记案件时,应当注意民事诉讼和行政诉讼的关联性,能够在一个诉讼中一并解决相关争议的,尽量一并解决。

(3)民刑交叉案件

民事案件和刑事案件相互交织时,如何在程序上高效运行并有效衔接,这个问题已经困扰了司法实务界很多年,最高人民法院也在起草民刑交叉案件的司法解释。目前,关于民刑交叉案件的处理程序问题,在以下几个方面是有明确的法律依据的,或者是已经达成了共识:(1)根据《民间借贷司法解释》第 5 条的规定,民间借贷行为本身涉嫌非法集资犯罪的,应当裁定驳回民事起诉,并将涉嫌非法集资犯罪的线索、材料移送公安或者检察机关。[1] “之所以如此规定,是因为非法集资案件涉及不特定的多数人的利益,在处理上应当坚持一体化解决的原则,防止有的受害人获得足额清偿而有的受害人却根本不能得到补偿的现象发生。因此,只要是涉及非法集资犯罪的案件,民事案件审理中发现了就要移送,法院就不再审理了,这是一种处理方式。”[2](2)《全国法院民商事审判工作会议纪要》(法〔2019〕254 号,以下简称《九民会会议纪要》)第 128 条规定了同一当事人因不同事实分别发生民商事纠纷和涉嫌刑事犯罪,民商事案件与刑事

〔1〕《民间借贷司法解释》第 5 条规定:人民法院立案后,发现民间借贷行为本身涉嫌非法集资犯罪的,应当裁定驳回起诉,并将涉嫌非法集资犯罪的线索、材料移送公安或者检察机关。公安或者检察机关不予立案,或者立案侦查后撤销案件,或者检察机关作出不起诉决定,或者经人民法院生效判决认定不构成非法集资犯罪,当事人又以同一事实向人民法院提起诉讼的,人民法院应予受理。

〔2〕杜万华主编:《最高人民法院民间借贷司法解释理解与适用》,人民法院出版社 2015 年版,第 25 页。

案件应当分别审理的五种情形。[1] 审判实践中出现的问题是，在上述情形下，有的法院仍然以民商事案件涉嫌刑事犯罪为由不予受理，已经受理的，裁定驳回起诉。对此，应予纠正。

(4)涉及中止的相关案件

根据《民事诉讼法》第150条第5项的规定，本案必须以另一案的审理结果为依据，而另一案尚未审结的，本案应当中止诉讼。上述本诉与反诉、有独立请求权第三人提起诉讼、民行或民刑交叉案件，都会涉及案件中止审理的问题。例如，《九民会会议纪要》第129条规定："正在审理民商事案件的人民法院发现有上述涉众型经济犯罪线索的，应当及时将犯罪线索和有关材料移送侦查机关。侦查机关作出立案决定前，人民法院应当中止审理；作出立案决定后，应当裁定驳回起诉；侦查机关未及时立案的，人民法院必要时可以将案件报请党委政法委协调处理。"

(二)类案检索的规则

近年来，最高人民法院及地方各级人民法院相继出台类案检索的有关规定。就最高人民法院层面而言，2017年5月1日发布的《最高人民法院完善审判监督意见》，规定了各级人民法院要建立类案及关联案件强制检索机制。2017年8月1日，《最高人民法院司法责任制实施意见》将制作类案与关联案件检索报告规定为案件审理流程中的一个环节，并对类案检索所依托的平台、检索范围、检索结果的运用等进行了规定。2018年12月4日发布的《最高人民法院关于进一步全面落实司法责任制的实施意见》(法发〔2018〕23号)，明确提出了对存在法律适用争议或者"类案不同判"可能的案件，承办法官应当制作关联案件和类案检索报告，并在合议庭评议或者专业法官会议讨论时说明。《最高人民法院类案检索指导意见》确定了类案检索报告的制作前提、检索平台、检索范围和检

〔1〕《九民会会议纪要》第128条规定：同一当事人因不同事实分别发生民商事纠纷和涉嫌刑事犯罪，民商事案件与刑事案件应当分别审理，主要有下列情形：(1)主合同的债务人涉嫌刑事犯罪或者刑事裁判认定其构成犯罪，债权人请求担保人承担民事责任的；(2)行为人以法人、非法人组织或者他人名义订立合同的行为涉嫌刑事犯罪或者刑事裁判认定其构成犯罪，合同相对人请求该法人、非法人组织或者他人承担民事责任的；(3)法人或者非法人组织的法定代表人、负责人或者其他工作人员的职务行为涉嫌刑事犯罪或者刑事裁判认定其构成犯罪，受害人请求该法人或者非法人组织承担民事责任的；(4)侵权行为人涉嫌刑事犯罪或者刑事裁判认定其构成犯罪，被保险人、受益人或者其他赔偿权利人请求保险人支付保险金的；(5)受害人请求涉嫌刑事犯罪的行为人之外的其他主体承担民事责任的。

索结果运用的总体框架,具有一定的指引作用。

就地方高级人民法院层面而言,多地提出了建立类案检索机制的要求。如《北京市高级人民法院关于规范民事案件自由裁量权行使保障裁判尺度统一的工作意见(试行)》《北京高院类案检索办法》,将类案检索融于裁判尺度统一工作中,从检索条件、检索方法、检索范围以及检索结果应用等方面对类案检索工作进行了规定[1],《辽宁省高级人民法院关于进一步加强审判管理全面提升审判质效的意见(试行)》明确要求完善类案参考、裁判指引等工作机制,江苏省高级人民法院制定了《江苏省高级人民法院关于建立类案强制检索报告制度的规定(试行)》(以下简称《江苏高院类案检索规定》)等。

就地方中级人民法院层面而言,多地依照上级法院的规定出台了更具细节的操作性规范。北京市第三中级人民法院制定了《关于开展类案及关联案件检索工作的实施办法(试行)》,对类案检索报告的制作条件、类案的判断方法、类案检索的途径、类案检索报告的应用以及类案裁判规则的公布与备案等关键问题进行了规范。上海市第一中级人民法院制作了《强制类案检索报告样式》,重庆市第一中级人民法院制作了《检索报告普通模板》和《检索报告量刑模板》,将基本案情、检索要点、法条与观点检索情况、案例检索情况、对法律适用及案例检索的分析结论列为检索报告的要素。

以上各级人民法院制定的类案检索办法规定了相应规则,这些规则体现了以下特点:

1. 明确类案检索主体

《最高人民法院类案检索指导意见》第 3 条规定:"承办法官依托中国裁判

---

〔1〕《北京市高级人民法院关于规范民事案件自由裁量权行使保障裁判尺度统一的工作意见(试行)》第 8 条规定:民事审判中,法官应注重通过类案检索分析发现自由裁量权行使中存在的裁判尺度不统一问题。法官提交涉及自由裁量权行使疑难问题的案件审理报告,应包括类案检索部分。对于当事人提交的类案检索材料显示可能涉及自由裁量权行使不统一问题的,法官应认真甄别是否可作为裁判参考,无需在裁判文书中回应的,应在合议笔录或工作记录中载明,法官认为有必要的,可释明当事人提交类案检索结果作为裁判参考。第 9 条规定:民事类案检索时应依次检索最高人民法院发布的指导性案例、市高院发布的参阅案例、本院院级法官会议或审判委员会讨论的案例。如在上述范围无法查找到类案,可对所在辖区的中、高级法院、全国法院其他生效案件进一步检索。法官可依托北京法院办案系统、中国裁判文书网、专业性商业网站等信息平台,以案由、关键词、当事人、法律关系等为要素对类案进行检索。第 19 条规定:下级法院提请个案法律适用请示,应当撰写书面请示报告。请示报告应当包括略去可识别信息的案情简介、争议焦点、待请示问题、法官会议不同观点及形成的倾向性意见、类案检索报告等内容。

文书网、审判案例数据库等进行类案检索,并对检索的真实性、准确性负责。”该条明确了类案检索的主体是承办法官,所谓承办法官就是指承办具体案件的员额法官。在以独任制审理案件时,承办法官一人即可作出裁判;在合议制审理案件时,承办法官需要向合议庭介绍案件情况,经过合议庭合议后按照少数服从多数的原则作出裁判。无论是独任制还是合议制,均应当由承办法官或者由其指导法官助理进行类案检索,同时应当对检索的真实性、准确性负责。除此之外,承办法官应当将待决案件与检索结果进行相似性识别和比对,确定是否属于类案。

上述规定中的承办法官职责,与合议庭合议时承办法官的职责略有不同。根据《最高人民法院关于人民法院合议庭工作的若干规定》第 4 条、第 10 条的规定,合议庭全体成员共同对案件认定事实和适用法律负责,合议庭评议案件时,先由承办法官对认定案件事实、证据是否确实、充分以及适用法律等发表意见,审判长最后发表意见,审判长应当根据评议情况总结合议庭评议的结论性意见。在合议制的模式下,鉴于承办法官最熟悉和了解案件情况,所以一般由承办法官向合议庭介绍案情和法律适用的意见,但是,最终还是由合议庭全体成员共同对案件认定事实和法律适用负责。在类案检索的过程中,承办法官本人或者其委托法官助理进行了类案检索工作,承办法官需要对其提交的类案检索情况的真实性、准确性负责。如果承办法官提供的类案检索材料不真实、不准确或者说不全面,可能会给合议庭成员评议案件带来误导,进而可能导致最终对案件的误判。

2. 规定类案检索范围

从案例来源和形式角度划分,类案涉及的案例包括以下几类:最高人民法院发布的指导性案例、最高人民法院发布的其他案例、最高人民法院审结的其他已生效案件;所在地区高级人民法院发布的参阅案例、所在地区高级人民法院审结的已生效案件;所在地区中级人民法院审结已生效案件、本院已生效案件;其他法院已生效案件,等等。《最高人民法院类案检索指导意见》第 4 条规定,类案检索范围一般包括:(一)最高人民法院发布的指导性案例;(二)最高人民法院发布的典型案例及裁判生效的案件;(三)本省(自治区、直辖市)高级人民法院发布的参考性案例及裁判生效的案件;(四)上一级人民法院及本院裁判生效的案件。除指导性案例外,优先检索近三年的案例或者案件;已经在前一顺位中检索到类案的,可以不再进行检索。《江苏高院类案检索规定》中的类案检索范围和顺序,与最高人民法院的上述规定基本一致。[1] 除最高人民法院发布的指导性案例已明确具有“应当参照”适用的地位外,其他案例的效力层次颇存争议。实践中,因欠缺专门的参阅案例库以及检索平台对案例性质缺乏准确标识,除了最高人民法院的指导性案例之外,裁判者多倾向于优先检索本院及其上一级人民法院的生效判决以供办案参考。

3. 强调裁判文书对类案回应

《最高人民法院类案检索指导意见》第 10 条规定:“公诉机关、案件当事人及其辩护人、诉讼代理人等提交指导性案例作为控(诉)辩理由的,人民法院应当在裁判文书说理中回应是否参照并说明理由;提交其他类案作为控(诉)辩理由的,人民法院可以通过释明等方式予以回应。”该条规定对于类案的回应作了区分处理,对于应当参照的最高人民法院指导性案例,人民法院应当在裁判文书说理中回应是否参照并说明理由,这是强制性要求。对于其他类案的,人民法院可以通过释明等方式予以回应,可以同时记录庭审笔录,主要起到辨法析理或者判后答疑的作用,避免当事人对裁判的公正性产生怀疑。当然,法官亦可在判决书中对当事人提交的类案进行回应,此时,需要阐明是否属于类案、是否具有参照性。

从材料属性上看,当事人提交的类案及关联案件的材料不属于诉讼法规定的证据的范畴,而是法院审理过程中的参考资料。如果是当事人提交的材料,可以将其归入当事人意见的一部分,法官可结合案件情况以及具体需要,自行掌握是否向对方当事人出示并征询意见。但是,如果当事人明确表示将类案及关联案件的材料作为证据提交的,法官应当询问当事人该材料是否符合证据真实性、关联性及合法性的要求,并向对方当事人出示,由对方当事人发表质证意见。针对当事人提交的类案及关联案件的材料,合议庭评议决定是否在裁判文书中予以回应;如无须在裁判文书中回应的,可作为评议内容在合议时记录在案。

---

[1] 《江苏高院类案检索规定》第 4 条规定,类案检索可以依照下列顺序进行:(1)最高人民法院发布的指导性案例;(2)《最高人民法院公报》刊登的案例、裁判文书;(3)最高人民法院及其相关业务部门发布的典型案例、作出的生效裁判;(4)《江苏省高级人民法院公报》刊登的参阅案例、长三角四地高级人民法院联合发布的典型案例;(5)上级法院及本院作出的其他生效裁判。按照前款规定进行类案检索,已在前一顺位检索到类案的,可以不再进行后续顺位的检索。

4. 确立类案法律适用冲突解决机制

《最高人民法院类案检索指导意见》第 11 条规定:“检索到的类案存在法律适用不一致的,人民法院可以综合法院层级、裁判时间、是否经审判委员会讨论等因素,依照《最高人民法院关于建立法律适用分歧解决机制的实施办法》(法发〔2019〕23 号,以下简称《最高人民法院法律分歧解决办法》)等规定,通过法律适用分歧解决机制予以解决。”在类案检索中,如发现本院同类生效案件的裁判尺度存在重大差异,《最高人民法院司法责任制实施意见》规定的办法是将相关法律适用问题梳理后提交审判委员会讨论[1],该办法通过集体研究决策的方式解决本院裁判尺度的差异具有一定的合理性。[2]

《最高人民法院法律分歧解决办法》规定了法律适用分歧解决机制的流程,大体包括如下环节:

第 1 步:最高人民法院各业务部门、各高级人民法院、各专门人民法院提出法律适用分歧解决的申请,最高人民法院审管办接收申请并审查材料;

第 2 步:最高人民法院审管办立项并将有关材料送交法研所;

第 3 步:法研所形成初审意见后送交最高人民法院审管办;

第 4 步:最高人民法院审管办将初审意见送交相应业务部门进行复审;

第 5 步:最高人民法院相应业务部门形成复审意见后送交审管办,必要时可以组织专家进行论证;

---

〔1〕《最高人民法院司法责任制实施意见》第 40 条规定:“发现本院同类生效案件裁判尺度存在重大差异的,报请庭长研究后通报审判管理办公室,由审判管理办公室配合相关审判业务庭室对法律适用问题进行梳理后,呈报院长提交审判委员会讨论。”

〔2〕《最高人民法院法律分歧解决办法》第 2 条规定,最高人民法院各业务部门、各高级人民法院、各专门人民法院在案件审理与执行过程中,发现存在以下情形的,应当向审管办提出法律适用分歧解决申请:(一)最高人民法院生效裁判之间存在法律适用分歧的;(二)在审案件作出的裁判结果可能与最高人民法院生效裁判确定的法律适用原则或者标准存在分歧的。第 5 条规定,审管办收到法律适用分歧解决申请后,应当及时进行审查。符合立项条件的,应当立项并将有关材料送交法研所。第 6 条规定,法研所收到审管办送交的材料后,应当在五个工作日内对申请书中涉及的法律适用分歧问题进行研究,形成初审意见后送交审管办。第 7 条规定,审管办收到法研所送交的初审意见后,应当按照最高人民法院审判执行工作职能分工,将初审意见送交相应业务部门进行复审。第 8 条规定,最高人民法院相应业务部门收到上述材料后,应当及时组织研究,形成复审意见后送交审管办。必要时可以组织专家进行论证。第 9 条规定,审管办收到业务部门的复审意见后,应当及时报请院领导提请审委会就法律适用分歧问题进行讨论。第 10 条规定,审委会对法律适用分歧问题进行讨论,作出决定后,审管办应当及时将决定反馈给法律适用分歧解决申请报送单位,并按照法律适用分歧问题及决定的性质提出发布形式与发布范围的意见,报经批准后予以落实。

第 6 步:最高人民法院审管办收到业务部门的复审意见后报请院领导提请审委会讨论;

第 7 步:最高人民法院审委会讨论决定;

第 8 步:由最高人民法院审管办将审委会决定反馈给法律适用分歧解决的申请报送单位。

实际上,在上述流程之外还有一部分流程,即基层法院在审理案件中发现了类案裁判标准不统一的情况,需要层报中级人民法院,由中级人民法院研究后再层报高级人民法院,然后由高级人民法院决定提交最高人民法院审管办。可见,类案法律适用分歧解决机制是一个完整的过程,同时也会是一个漫长的过程。

《最高人民法院法律分歧解决办法》第 11 条规定:"审委会关于法律适用分歧作出的决定,最高人民法院各业务部门、地方各级人民法院、各专门人民法院在审判执行工作中应当参照执行。"由于最高人民法院是我国司法裁判中的最高机构,因此,其审委会关于法律适用分歧作出的决定对于全国各级法院均具有约束力。但是,国内其他同一层级的地方法院之间并不具备这样的约束力。对于不同法院作出的不同标准的类案判决,因难以查询其他法院在作出类案判决时是否经过内部"集体研究决策"而采用某一裁判标准,故以本院的"集体研究决策"否决某一可能经过其他法院内部"集体研究决策"的裁判标准,可能产生不同区域之间法律适用上的冲突。

(三)类案检索的平台及其路径

1. 社会共享共用的数据平台

目前,检索平台形成了最高人民法院平台、地方各级法院平台和商业平台并存的局面。最高人民法院平台主要有中国裁判文书网和法信平台[1]等,中国裁判文书网主要目标定位于文书公开平台,目前能实现与字段或句段精确匹配的机械检索功能,尚不具备类案智推功能,对类案的检索取决于检索人对案由或关键词的选取。法信平台具备"类案检索"和"同案智推"功能,在"类案检索"板块,提供字段和句段的模糊检索功能,且全文检索支持案由、案号、标题、当事人、

---

〔1〕 法信平台由最高人民法院主管的人民法院电子音像出版社承建,是中国先进深度融合法律知识服务与案例大数据服务的数字化网络平台,载 https://www.faxin.cn/html/about/about.aspx,2020 年 3 月 3 日访问。

争议焦点、法律依据、本院认为、裁判结果、本院查明、审理经过、原告诉称、被告辩称等字段或句段的检索,综合使用字段/句段+案由的检索方式,检索效率较高。“同案智推”功能支持通过输入全部案情,系统自动识别案由、案情特征、争议焦点、案件类型等并提取相应标签作关联检索,检索方式相对便捷。

其他商业检索平台包括无讼、Open Law、北大法宝等,无讼和 Open Law 目前支持与字段或句段精确匹配的机械检索功能,尚不具备类案智推功能;北大法宝除支持机械检索功能外,还具备智能检索功能,通过输入不超过一千字的检索内容,系统可检索出关联案件,并将结果按照参照级别、文书类型、法院级别等因子进行分组呈示,智能化程度相对较高。

2. 法院内部使用的数据平台

据媒体报道,最高人民法院推动建设类案智能推送系统。该系统由中国司法大数据研究院联合中国电科共同研制开发,提供类案推送服务,目前已覆盖全部 1330 个案由,通过机器自动学习构建出超过 10 万个维度的特征体系,在业界率先从案情特征、争议焦点、法律适用、案件性质 4 个方面进行多维类案要素匹配,进而帮助法官找到类似案例。在精准高效方面,做到全案由文书数据整体搜索推送准确率达到 63.7%,民事、刑事排名前十位的案例类型的准确率达到 85.5%,其中以文检索全案由整体准确率 61.6%,热门类型案由整体准确率 81.8%。[1] 目前,该类案智能推送系统尚未推广至全国各级人民法院使用。

部分地方各级法院也对类案检索系统的开发进行了探索。例如,北京市高级人民法院开发了睿法官系统和办公平台的智能搜索。安徽省高级人民法院与安徽富驰信息技术有限公司合作开展了“类案指引项目”,该项目旨在以大数据挖掘分析为前提,开展同类案件分析研究,为法官提供多维度、多案件的分析场景,实现了涵盖离婚纠纷、民间借贷纠纷、机动车交通事故责任纠纷、盗窃罪、诈骗罪以及交通肇事罪六大案由的软件试用版功能设计与开发。[2] 重庆市江北区人民法院自 2017 年 4 月运行了金融案件“类案智能专审平台”,利用该平台自动向法官推送相似度较高的案例,并对法官拟作出的裁判进行智能评析。[3] 贵

---

[1] 参见王雪娇:《熊群力:类案智能推送系统上线,为“智慧法院”建设保驾护航》,载中国电科网:http://www.yidianzixun.com/article/0I5Y6bvt,2020 年 5 月 12 日访问。

[2] 参见李忠好、姜浩:《安徽研发类案指引项目并试用》,载《人民法院报》2016 年 6 月 21 日。

[3] 参见刘政宁:《重庆法院打造类案智审平台 审理周期平均少 27 天》,载人民网:http://cq.people.com.cn/n2/2017/0831/c365401-30680297.html,2020 年 2 月 6 日访问。

州省高级人民法院以大数据挖掘分析为前提,建立类案裁判标准数据库,建立类案及关联案件强制检索机制,为法官提供多维度、多层面的分析场景,通过自动检索、类案推送、裁判文书语义分析、对比分析等大数据方法避免类案非类判现象。[1]

上述部分技术平台"搜"的功能强大,但类案"匹配"的广度和精度不够,进而导致法官需要进行多次的筛选,故在供需契合度以及平台协调统一等方面依然存在很大的改善空间。

3. 知识产权案件专业数据平台

北京知识产权法院积极探索知识产权案件审理与现代化科技的深度融合,依托互联网技术积极建设"智慧法院",为当事人提供便捷、友好、低成本、高品质的在线诉讼服务。旨在提高对大数据和人工智能的应用,研发符合知识产权案件特点的智能辅助办案系统,为法官提供法条检索、类案推送、裁判比对等服务,让法官从大量重复性劳动中解脱出来。通过对在先诉讼案例的数据分析,为当事人提供类案检索服务,引导当事人对裁判结果形成理性预期,为知识产权社会治理提供预警、预测和评估支持。北京知识产权法院与国内知名院校、科研机构和大数据公司合作开发了"出释入典"知识产权案例指导服务平台,初步建设完成并进入试运行阶段。该案例服务平台是国内第一个知识产权案例服务平台,有机融合了"三库一系统"(基础案例库、典型案例库、知识库和专家评审系统),通过独特的知识产权"码体系"实现司法案例、法规、学术知识的智能关联,提供案例评审、查询、智推、指导等服务。[2] 案例在全国被援引的情况,系统会自动识别出来,还可以通过可视化方式直观展示,一目了然地显示某一案例在全国范围内被援引的情况和效力状态,辅助案件审理。案例服务平台有一支专业案例编辑团队,对典型案例深入加工编辑,提取裁判要旨,总结司法规则,确保对典型案例理解和援引的准确性。案例服务平台建立了"码"体系,实现典型案例、基础案例、法律法规和学术文章之间的智能关联。案例服务平台使用人民法院出版社"法信"码和北京大学法学院开发的"国双"码,两套"码体系"互相独立

---

〔1〕 参见贵州省高级人民法院:《探索"类案类判"机制 确保法律适用统一》,载《人民法院报》2018 年 1 月 26 日。

〔2〕 陈栋:《案例基地基本情况介绍》,载宿迟主编:《知识产权案例指导新探索》,人民法院出版社 2018 年版,第 5 页。

且互相补充。[1]

在案例服务平台的显示页面上可以看出不同的栏目：先例(547)、裁判文书(242,616)、法律法规(238,503)、知产码(17,841)、观点(3022)、图书(58)、期刊(9908)、两委文书(132)等。在“先例”一栏又可以细分为两类，一类以案件类型区分为民事(451)、刑事(0)、行政(96)，一类以效力等级区分为最高人民法院指导性案例(11)、最高人民法院公报案例(97)、最高人民法院典型案例(336)、高级人民法院参阅案例(10)、高级人民法院典型案例(39)、高级人民法院的其他案例(4)、中级人民法院先例(47)、基层人民法院先例(3)。从上述分类和数据可知，经过专家评审通过的先例共计 547 个，其中数量最多的是最高人民法院典型案例 336 个，其次是最高人民法院公报案例 97 个，高级人民法院、中级人民法院和基层人民法院的先例数量逐级递减。[2]

在“检索范围”一栏可以选取不同的部分：全文、案件标题、案例要旨、知产码、文书关键词、诉请段落、抗辩段落、事实认定段、本院认为段、判决如下段、审级、法院层级、文书类型、当事人、安好、案由、法院、地域、法官、律师。上述检索范围既有通过法院、当事人等主体进行检索的功能，又有区分裁判文书不同段落的功能，而这都依赖于自然语言处理技术和机器学习技术的应用。

例如，在丹赛尔巴黎国际集团有限公司与中华人民共和国国家工商行政管理总局商标评审委员会商标异议复审行政纠纷案中，案例要旨如下：2014 年《商标法》第 32 条保护的姓名权的本质是在先权利人姓名的商品化权，判断诉争商标是否损害他人在先姓名权的要件有以下三点：一是在先姓名有一定知名度；二是诉争商标指定使用商品或服务所属的领域与该姓名知名的领域相关联；三是在诉争商标与姓名之间能够使相关公众产生联想。该案例展现出来的“法信码”是“行政法、行政管理范围、商标、商标异议复审行政纠纷、商标异议的提出和处理、异议理由、初步审定公告的商标损害他人现有的在先权利、损害他人在先权利的认定、损害在先姓名权的认定”，展现出来的“国双码”是“中华人民共和国商标法、第 32 条在先权利与恶意抢注、在先权利”。展现出来的“文书关键

---

〔1〕 陈栋、王锰：《案例服务平台介绍》，载宿迟主编：《知识产权案例指导新探索》，人民法院出版社 2018 年版，第 10 页。

〔2〕 上述栏目和数据来源为陈栋、王锰：《案例服务平台介绍》，载宿迟主编：《知识产权案例指导新探索》，人民法院出版社 2018 年版，第 12 ~ 13 页。

词"是"姓名权、姓名的商标化权、知名度"。

通过比较上述案例在知识产权案例服务平台上展示出来的几个关键项目可知,"案例要旨""法信码""国双码""文书关键词"四者之间相互关联、密切衔接,"案例要旨"是其他3项进行提炼的基础,"法信码"的逻辑路径更为清晰,从行政机关的审查事项、当事人的异议路径直到知识产权诉讼全流程关键词的展现,"国双码"和"文书关键词"实质都是简化版的关键词,但两者在关键词的选取上又有所不同。

知识产权案例服务平台广泛应用知识图谱技术,通过分析案件的争议焦点、裁判规则、案件要素、案件核心事实以及证据资料、法律概念、法律法规以及对应的司法解释,构建知识产权领域的知识图谱数据库。比如一个争议焦点出现,就可以根据这个案件所涉及的全部案件要素、核心事实、法律知识、法律法规司法解释以及证据材料等,找出最为类似的类案文书。此外,不同于传统的人工"贴标签"的方式,案例服务平台可以对海量裁判文书全文预先碎片化解析并提取内容,平台的文书解析功能依托自然语言处理技术和机器学习技术,其特点是对非结构化的文书进行解析并转化为结构化数据,具有覆盖维度广、解析精度高的优势。如可以自动整理生成网络著作权侵权案件中的"服务器标准"和"用户感知标准"的产生和发展脉络及相关案例,可以根据需求整理出某地区侵犯音乐作品著作权案件中每首歌的赔偿标准。[1]

上述知识产权案例指导服务平台主要还是限定在一定的范围内使用,并未对社会公众开放。知产宝在行业经验和资源积淀的基础上创建了法律数据平台,该法律数据平台可以对外开放使用。在知产宝的数据搜索平台上,其检索范围区分为"全库检索"和"全文检索"两类,在"全库检索"下又可以区分为商标、专利、著作权和不正当竞争四类,在"全文检索"下可以区分为本院认为、本院查明、裁判结果、当事人、审理经过五类。"基本信息"项下区分为案件性质(民事、刑事、行政)、文书性质(判决书、裁定书、调解书)、审判程序(一审、二审、再审)、案例级别(公报案例、指导案例、典型案例、地方案例、地方参阅、普通案例)、法院层级(最高、高级、中级、基层)、裁判日期等。"裁判结果"项下区分为一审判决、一审裁定、二审判决、二审裁定、再审裁定等。"选择案由"项下区分为民事

---

〔1〕 参见陈栋、王锰:《案例服务平台介绍》,载宿迟主编:《知识产权案例指导新探索》,人民法院出版社2018年版,第10~11页。

案由选择、行政案由选择、刑事案由选择，每类案由再进行细化分级，与最高人民法院案由的规定相互对应。除了可以用“案号搜索”进行精准搜索外，还可以用“引用法规”进行大范围搜索。此外，还有根据“涉案专利”的类型、专利申请号或者“涉案商标”的分类、商标申请号进行搜索，这也是知识产权领域的一个特点，就是围绕争议的专利或者商标将相关联的案件一并检索。

4. 刑事案件智能辅助平台

证据在诉讼中占有至关重要的作用，特别是在刑事诉讼中，关于证据标准的认定涉及公安、检察、法院三个部门，如果在这三个部门之间没有形成统一的证据标准，势必会影响刑事诉讼的进程以及实体结果。习近平总书记在党的十八届四中全会上指出：“全会决定提出推进以审判为中心的诉讼制度改革，目的是促使办案人员树立办案必须经得起法律检验的理念，确保侦查、审查起诉的案件事实证据经得起法律检验……有效防范冤假错案产生。”

目前，大数据技术在刑事诉讼领域推动证据标准化的适用逐步成为现实。2017 年 5 月，“上海刑事案件智能辅助办案系统”在上海诞生，由于交办日期是 2017 年 2 月 6 日，因此其也被称为“206 系统”。该系统通过对上海市大量的刑事案件进行分析，可以初步具备证据分析、校验和抓取能力，并于 2019 年 1 月 23 日正式用于庭审。该系统要解决的主要问题之一便是证据标准适用不统一的问题。通过对上海市大量刑事案件的分析，该系统已经实现了对常见罪名的百分百证据标准指引。除此之外，大数据技术在证据标准化中的适用还表现在证据的合法校验功能、证据之间的相互印证功能以及证据之间逻辑判断的功能。这三种功能都可以通过系统学习，来达到证据标准的统一，防止审判案件出现因证据认定标准不同而导致判决不同的现象。证据标准指引是“206 系统”的核心内容，具体指办理不同类型刑事案件过程中应当收集哪些证据及如何收集证据的规范；是“犯罪事实清楚，证据确实、充分”的法定证明标准的具体化与规范化。通过该系统及时发现、及时提示进入系统的刑事案件中的证据标准不统一，办案程序不统一，证据中存在的瑕疵以及证据之间的矛盾等问题，由办案人员决定是否补正或者作出说明。[1]

“上海刑事案件智能辅助办案系统”是建立在类案分析的基础上的，并进一

---

〔1〕 参见崔亚东：《司法科技梦：上海刑事案件智能辅助办案系统的实践与思考》，载《人民法治》2018 年第 18 期。

步为类案裁判标准统一提供服务的系统,其研发和运行过程体现了人工和智能的互动。这种互动体现在以下几个方面:一是人工发挥基础作用,通过对大量司法案例的研究确定刑事诉讼中常见罪名的证据标准,然后将其嵌入数据系统;二是智能发挥推动作用,通过智能识别、信息提取、证据自检等技术发挥作用;三是在智能发挥识别、比对的技术上,最终要由人工来确定关于证据的最终方案,体现出了智能办案系统的辅助性和人工的最终决定性作用。

5. 欧美法学数据平台

Westlaw 和 Lexis Nexis 是目前欧美法学界最主流的两大数据库,两者在结构上各有不同。

Westlaw 判例摘要系统的整体理念是将不同案例根据关键词进行分类,具体步骤如下:第一,构建树状分类模型:即通过设立层级标题将整个法律体系块状化。其中第一层为按照主题对整个法律体系进行划分,比如分为“知识产权”“商标”“收养”“逮捕”等集合;第二层为在各大类下进行细分,如“知识产权”可细分为“专利权人”“专利申请”“专利权”等子集,以此类推,视实际需求不断细分。第二,在树状分类模型构建完毕以后,赋予每一个主题和其子集各自的编号,以便查询。第三,每一个新案例入库后,都会撰写法律争点之意见概要,再根据争点将案件分入其所属的子集下。当一个案件包含多个争议点时,其可能同时被收入多个子集中。

Westlaw 在判决中链接了案件的评价,被引用情况以及其他文献的印证分析等相关资料,在每个案例前面还有反映本案评价以及被引用情况的符号——红色旗帜表示警告(强烈负面评价,如此案已被推翻)、黄色旗帜表示小心(可能是负面评价,如其他法院作出不同判决)以及绿色旗帜表示正面评价。这种符号提醒查询者该案例所处的状态,提供重要参考。Lexis Nexis 的整体建构理念与 Westlaw 大体相同,只是在树形架构上分类的精细化程度有所不同,在个案争议点的解决上,Lexis Nexis 直接援引判决书语句在个案判决书末尾列举争议点。[1]

Westlaw 和 Lexis Nexis 数据库的建库模式,可供我国数据库建设参考:一是树状结构符合法律体系的思维,层次清晰明确,查询方便快捷。我国的法律体系

---

〔1〕 参见刘晓海、陈炽等:《主要国家案例指导制度调研报告》,载宿迟主编:《知识产权案例指导新探索》,人民法院出版社 2018 年版,第 205 ~ 206 页。

在区分上有共同之处,按此分类架构明晰。二是通过旗帜标识出案例的援引情况,展现出该案例的影响力。我国的裁判文书库目前无法直接查询出该裁判文书是否是生效文书,即便是二审的裁判文书也无法判断其是否被再审改判,在文书的终局效力标注上应当改进。三是人工编辑的基础作用,无论是从案例中提出裁判要旨还是抓取关键词,都需要专业人员的人工编辑。编辑得越专业、越科学,其智能作用才能越明显。Lexis Nexis 数据库直接援引判决书语句在个案判决书末尾列举争议点的模式相对节省人工成本,但是其发挥作用的前提是判决书中的论理和裁判规则相当清晰,如果论理和裁判规则是模糊的,那么这种直接援引的方式将变得同样模糊而无法对其他案件产生借鉴意义。

第二章
类案检索报告的制作和运用*

在完成类案检索之后,需要根据类案检索的情况制作类案检索报告,以便合议庭合议或者提交法官会议、审判委员会讨论时使用。通过制作类案检索报告,能够梳理出同类案件的不同裁判思路,为待决案件的处理提供参考,类案检索报告也能够为培育典型案例、统一类案裁判规则发挥重要作用。

一、类案检索报告的制作

类案检索报告的制作主要分为两个层面:一是要明确类案检索报告的构成要素,即类案检索报告主要包括哪些内容;二是要明确类案检索报告的呈现形式,即类案检索报告以何种形式对外展示。

(一)类案检索报告的构成要素

1. 待决案件的基本事实和争议问题

制作类案检索报告,应当先梳理待决案件的基本事实,基本事实并非案件的

* 本章部分内容来源于最高人民法院 2019 ~ 2020 年度司法改革专项调研课题《类案检索报告制作和运用机制研究》的成果,课题主持人为北京市第三中级人民法院党组书记、院长安凤德,课题组成员包括北京市第三中级人民法院党组成员、副院长吴兆祥、薛强,审委会专职委员次仁卓嘎等,课题主要执笔人是齐晓丹、史智军、王天水,课题成果曾发表于《法律适用》2020 年第 12 期。

全部事实,而是与原告的请求权基础、被告的抗辩意见密切关联并与相应的法律规范具有对应关系的事实。同时,根据双方当事人的诉辩意见,明确待决案件的争议问题。

2. 类案检索的平台

承办法官在审理案件时,可以依托办案平台、电子档案系统、中国裁判文书网、法信等进行类案检索。作为类案检索的重要技术依托,在报告制作中应当明确检索的平台名称,以便后续检索人员在"复盘"时使用。

3. 类案检索的条件

类案检索的条件应当集中在"类"的角度,即相同或相似,故其检索时应当选取何种要素和要素组合就至关重要。类案检索条件应主要包含以下要素:

其一是案由,将与待决案件相同案由的案件作为优先因素。

其二是争议焦点,以争议焦点涉及的关键词或语句进行检索,进而再依据匹配度进行甄别。争议焦点所适用的法律条文,亦可以作为检索条件。

其三是核心事实,为了最大限度实现类案之间的比对,应当提炼出待决案件的关键事实,再以此为基础用关键词或语句形式进行检索。

4. 检索类案的选取

首先,应遵循一定的先后顺序。一般而言,先要检索最高人民法院发布的指导性案例、公报案例、典型案例,然后依次是所在地区的高级人民法院发布的参阅案例、本院经过院级专业法官会议或审判委员会讨论并公布的案例。在上述范围不能查找到类案,可在上级法院、同级法院乃至全国法院生效裁判文书的范围内进一步检索。

其次,应选择一定的时间范围。因类案数量可能较为庞大,应根据具体情况选择近几年的案例。

再次,选取的裁判文书应当具有充分的说理性,能够清晰展示出裁判的法理逻辑和推论过程,其结论具有明显的可证性。裁判理由部分篇幅较长,能够详细地展开案件事实与法律规范的对应关系。

最后,类案检索报告应注意涵盖不同类别的观点。为了全面、如实地展现类案检索情况,应将不同观点的类案对比呈现,避免忽略。

5. 检索类案的分析

对于检索出来的类案,要从以下五方面进行重点分析:

一是各个案件在基本事实方面是否存在区别,该区别是否会导致裁判结论的不同;

二是在当事人举证方面与待决案件是否有重大不同,因为举证是否充分直接影响着裁判结果;

三是在诉讼程序上与待决案件是否有重大不同,因为一审、二审和再审案件审理的范围和侧重点有所不同;

四是在法律适用上依据的法条是否相同,法律论证的逻辑是否存在冲突或者漏洞;〔1〕

五是必要时可以引述不同学术观点作为理论支撑。

6. 法律适用的结论

裁判标准不统一,既是通过类案检索要解决的问题,又是类案检索过程中必然会遇到的障碍。面对分歧,法官应当将待决案件的处理思路与类案的裁判规则进行比对分析,通过在类案的不同裁判规则中选择确定一种类案进行参照适用,并实质否定其他持不同法律适用意见的类案的参照意义。当法官认为检索出来的类案的裁判规则均不具有参考意义时,应视情况来确定是调整对于待决案件的处理意见,还是调整现有类案的裁判规则。〔2〕

(二)类案检索报告的呈现形式

在司法实践中,类案检索报告主要有两种类型:文字式(见示例 1)和图表式(见示例 2)。

在示例 1 文字式的报告中,题目为“法律适用暨类案检索报告”。因为开展类案检索并制作报告的目的在于解决法律适用上的争议问题,所以题目可以把法律适用和类案检索结合在一起,体现出类案检索的目的性和针对性。该种模式报告分六部分:

---

〔1〕“这就需要民商事法官在坚持专业判断、逻辑推理的同时,一旦发现某一裁判尺度可能有违基本常识时,要反思是否存在某一推理环节出了问题,从而主动校正,在逻辑和价值的互动中实现法律效果、社会效果和政治效果的有机统一。”参见刘贵祥:《在全国法院民商事审判工作会议上的讲话》,载《〈全国法院民商事审判工作会议纪要〉理解与适用》,人民法院出版社 2019 年版,第 69 页。

〔2〕“遵循先例和不遵循先例是遵循先例原则的一体两面。坚持适用有问题或有错误的先例,会与判例法制度所欲实现的社会正义、秩序与安全等价值目标背道而驰。”参见李桂林:《美国法中的遵循先例与推翻先例》,载陈金钊、谢晖主编:《法律方法》(第 14 卷),山东人民出版社 2013 年版,第 241 页。

第一部分为基本案情，主要是高度浓缩当事人诉辩意见及已查明的案件事实；

第二部分为检索要点，主要是拟检索的关键点或争议点；

第三部分为法条、观点检索情况，该部分包括法律、司法解释、立法释义、最高人民法院司法观点、学者观点和地方司法文件，该部分主要是从法律规定和法律解释的角度全面梳理和展示相关内容，为最后得出裁判结论作出法律规范层面的铺垫；

第四部分是案例检索情况，区分不同观点分别展示不同的案例；

第五部分是对法律适用及案例检索的分析，主要是展示承办法官的意见和理由；

第六部分是结论，根据待决案件讨论研究进程的不同，该部分的结论可以是承办法官或者合议庭拟采取的初步裁判结论，也可以是经过了合议庭、法官会议或者审委会等研究之后，案件审理者作出的最终裁判结论。

在示例2图表式的报告中，除了待决案件的基本事实和争议焦点等共性内容之外，将指导性案例的情况单列其中，突出指导性案例的重要性。在指导性案例之外的类案检索范围中，突出强调“优先选择本院生效文书”“优先选择近期生效文书”，从检索的本院的、近期的同类案件裁判文书后梳理出本院的裁判尺度，表格的最后要明确待决案件的拟判决结果与本院已有生效判决的裁判标准是否一致。从示例2图表式的报告格式可以看出，其重点在于保持本院裁判标准的统一。

示例1：文字式类案检索报告[1]

上诉人×××与被上诉人×××（案由）纠纷一案的法律适用暨类案检索报告

（2019）渝01民终6666号

一、基本案情

高度浓缩当事人诉辩意见及已查明的案件事实。

[1] 参见重庆市第一中级人民法院检索报告模板。

二、检索要点

拟检索的关键点或争议点。

三、法条、观点检索情况

(一)法律法规、司法解释

(二)立法释义、最高法院司法观点

(三)学者观点

(四)地方司法文件

……

四、案例检索情况

(一)持某种观点的案例

(二)持另一种观点的案例

五、对法律适用及案例检索的分析

分析观点,承办人赞成哪一种观点,主要理由是什么。

六、结论

检索人:

年　　月　　日

示例2:图表式类案检索报告[1]

<table>
<tr><td>待判案件案号</td><td></td><td>案由</td><td></td><td>争议焦点</td><td></td></tr>
<tr><td rowspan="3">待判案件关键事实</td><td colspan="4">1</td><td rowspan="3">备注:此部分描述尽可能简明扼要,紧扣争议焦点</td></tr>
<tr><td colspan="4">2</td></tr>
<tr><td colspan="4">3</td></tr>
<tr><td>指导性案例</td><td>案号</td><td colspan="3">裁判要点与理由</td><td rowspan="3">备注:优先检索与待判案件相关的指导性案例</td></tr>
<tr><td>1</td><td></td><td colspan="3"></td></tr>
<tr><td>2</td><td></td><td colspan="3"></td></tr>
</table>

[1] 参见上海市第一中级人民法院类案检索报告样式。

续表

类案案号	案由	争议焦点	关键事实	裁判结果
1. 优先选择本院生效文书	1. 优先选择与待判案件案由相同的案件	优先梳理与待判案件类似的争议焦点	简明罗列与前述争议焦点紧密联系的关键事实	摘取与待判案件争议焦点密切联系的裁判结果
2. 优先选择近期生效文书	2. 相同案由下类似案件较少或新类型案件可放开案由检索条件,结合争议焦点检索			
裁判尺度			备注:依据前述类案裁判结果整理裁判尺度	
拟作出判决结果				
本院同类生效案件与裁判尺度 * 一致(　　)较小差异(　　)重大差异(　　)形成新的裁判尺度(　　)				

二、类案检索报告的运用

(一)类案检索报告的运用范围

2017 年 10 月 26 日,中共中央办公厅印发的《关于加强法官检察官正规化专业化职业化建设　全面落实司法责任制的意见》,要求依托大数据技术,完善智能辅助办案系统的类案推送、结果比对、数据分析等功能,促进法律适用统一。在司法审判工作中,类案检索逐步成为法院审判工作流程中的一个重要环节。制作类案检索报告是法官进行类案检索的成果化表达,是法官的一项必备技能。类案检索报告是法官对类案进行研究分析的成果,也是法官将类案提交合议庭、法官会议以及审判委员会研究的基础。

将类案检索纳入审判流程,是对现有案例指导制度的有益补充,但制作类案检索报告并非所有案件审理的必要环节。一方面,考虑到并非所有的案件均存在法律适用上的重大争议,并非所有的案件均具有制作检索报告的必要性。另一方面,在当前法院受理的案件量剧增、法官的办案压力不断加大的背景下,对所有的案件均制作类案检索报告并不现实。因此,为了实现审判质效的统一,确保类案检索机制的运行合理有效,类案检索报告的制作应当以法官的实际办案需要为导向,将类案检索报告的适用限缩在一定范围内。对可能存在法律适用争议或者裁判标准不统一的案件,强制启动类案检索报告制度,可以有效化解案件的裁判困局。对法官经常审理的法律适用无争议的案件、法律认识基本统一的案件及其他简单案件,无须进行类案检索,更无须制作类案检索报告。

在法官及助理作为类案检索及检索报告制作的主体之外,鼓励诉讼当事人提供类案材料,作为法官类案检索以及案件研究的参考,有利于类案检索制度的运行。部分地方法院对此作出了探索,例如,深圳市南山区法院立案庭向前来立案的当事人发放《提供类似案例的温馨提示》,规范当事人提供类似案例的操作流程、明确当事人提供类似案例的可选范围、告知当事人提供类似案例的有限作用。[1]

当事人为了维护自己的诉讼利益,具有类案检索的积极主动性,会大量检索类似案例以支持己方主张,但其检索范围常与法院对于类案检索的要求不一致。因此,鼓励当事人提供类案并指引其形成规范的类案检索报告,可在一定程度上减轻法官在类案检索中的工作压力,有助于法官将精力集中于对类案的分析、对裁判要点的归纳和类案裁判规则梳理及认定。同时也需要注意,当事人对于类案的搜集必然带有较强的主观性和片面性,故其提供的类案检索报告的参考价值具有局限性,法官在使用时应当谨慎甄别。

(二)类案检索报告的运用程序

首先,承办法官在合议庭进行案件评议时对类案检索报告进行说明,提出待决案件的裁判意见。

---

〔1〕 详见 http://nsqfy.chinacourt.gov.cn/article/detail/2018/06/id/3372241.shtml。

其次,合议庭将待决案件与检索出来的类案进行比对,如能得出一致的裁判结论,则可以根据合议的结果对待决案件作出裁决。如果合议庭认为类案比对有难度、类案裁判标准差异较大或者案件类型新颖、需要明确新的裁判规则时,法官应当列明合议庭的初步处理意见,将类案检索报告提交法官会议进行讨论,必要时提交审判委员会讨论。

最后,承办法官或合议庭结合法官会议的意见进行复议或依照审判委员会的决定,作出最终的裁判结果。

对于经过专业法官会议或者审委会讨论后进行裁判的典型案件,上级人民法院在对该类典型案件发回重审或者改判时应当慎重。有观点认为,"上级人民法院对下级人民法院办理的典型案件要改判发回的,须通过审管系统征求下级人民法院意见。凡下级人民法院提出异议的,合议庭须再次评议;经再次评议后认为仍需改发的,须提交专业法官会议讨论"[1]。对于上级人民法院发改案件,上下级人民法院也应当定期交流,统一裁判标准,促进法律适用的统一。

针对本院类案讨论后形成统一意见的,可以逐级报请上级人民法院、所在地区高级人民法院统一法律适用的责任部门备案,然后将类案裁判规则在法院辖区范围内予以发布。经本院讨论无法形成统一意见的,可以采用研讨综述等形式进行整理,并报请上级人民法院、所在地区高级人民法院予以讨论解决。类案裁判规则的备案制度与公示制度同样重要,在不同法院的"集体研究决策"发生冲突的时候,上级人民法院可以统筹协调,确保辖区内法院裁判尺度的统一。畅通上下级人民法院关于类案裁判规则的交流沟通机制,逐步实现类案研讨的常态化、类案规则公示备案的有序化以及类案检索机制运行的系统化。

上海市高级人民法院主要是从三个方面开展了工作:

一是明确咨询范围和前提条件,确保问题具有研究价值和普遍指导性。基层人民法院、中级人民法院经法官会议或者审判委员会讨论后认为确属法律适用疑难复杂、具有研究价值问题的,上报上海市高级人民法院研究室。该院研究室对报送的法律适用疑难问题进行梳理,属于单独业务条线的,通过网上咨询系统发送至高级人民法院相关业务部门予以解答;属于跨业务条线的,由高级人民

---

〔1〕 孙海龙:《如何防范审判风险打造精品案例》,载胡云腾主编:《新时代的案例研究与案例法学研究——中国法学会案例法学研究会学术年会优秀论文集》(第1辑),法律出版社2020年版,第145页。

法院研究室组织相关业务条线协调处理。

二是组建以全市审判业务专家为核心的咨询小组,确保答复内容的质量。该系统集结了上海市审判业务专家、审判业务骨干及高级人民法院相关业务部门调研骨干共计133人,成立了"立案、刑事、民事、商事、知产、海事、金融、行政、执行、审管、审监、综合"12个咨询小组。咨询小组组长均由高级人民法院各业务部门负责人担任,负责答复公布前的审核工作。

三是强化相关配套工作,确保咨询系统的作用真正得以发挥。上海市高级人民法院各业务部门对通过网上咨询系统反映的法律适用问题,将在答复整理的基础上适时针对性研究制定相关的审判业务指导意见和类案审判指引。同时,上海市高级人民法院研究室将每半年对咨询与答复情况进行汇总和公布。[1]

在争议法律适用问题层报之后,由上级人民法院确定裁判规则并发布典型案例,在发布典型案例的论理部分可以阐述当前司法实践中的"类案分歧"情况,并对最终采取的观点、意见进行论证和分析,向法律职业群体以及社会各界展现法院的论证逻辑。对于分歧法律适用问题解决的典型案例,将在司法实践中备受欢迎并将发挥积极的作用。"现有的许多指导性案例缺乏对实务的指导作用,重申司法解释的案例占绝大多数,使许多指导性案例难以真正发挥指导功能。"[2]

(三)类案检索报告的影响力范畴

类案检索的落脚点在于类案参照,即参照类案中的裁判标准对于待决案件作出裁决。在司法裁判中,对于类案参照的表达方式,可分为显性表达和隐形表达。所谓显性表达,是指法官在裁判案件时,对类案的遵循以明显能被公众感知的方式表现出来。该种表达一般是通过裁判理由中的论述来表现,显性表达的另一种呈现方式是,在当事人提出以指导性案例佐证己方主张但法官不予参照时,法官对待决案件与指导性案例的不同之处进行比较和说明,进而得出不予适用的结论。所谓隐性表达,其含义与显性表达相反,即法官在裁判案件中虽遵循

〔1〕参见《上海市高级人民法院建设统一法律适用专门化系统 完善法律适用分歧解决机制》,载《人民法院报》2020年7月16日。

〔2〕参见周光权:《判决充分说理与刑事指导案例制度》,载《法律适用》2014年第6期。

了类案的裁判规则,但并未以公众可感知的方式表现出来,而是将其裁判规则融入裁判说理部分,公众通过判决书并不知道裁判者遵循了何种类案。在对于未涉及指导性案例的类案参照中,对于案例裁判规则的参照一般都采用了隐性的表达方式。

类案检索报告在必要情况下可对外展示,对当事人进行释明与指引。类案检索报告系法官对于类案的客观的分析评述,一般放入案件的副卷备查,不属于当事人可以阅卷查看的范围。但在法官检索到的类案裁判标准高度统一的情况下,可以将检索报告放入正卷中,作为法官审判思路的基础供当事人查阅,增强并彰显司法的公信力,达到定纷止争的目的。尤其是对于当事人一方相同、法律关系相同、争议焦点相同的群体性案件,类案检索报告可以给当事人清晰展示在先同类案件生效判决的处理情况,明确示范判决的指引作用,帮助当事人选择对自己更加有利的纠纷解决途径,也有助于当事人之间达成调解。

(四)类案检索报告的辅助性定位

类案检索是辅助法官办案的机制,同类案件在先生效判决对待决案件的裁判一般具有参考作用,但不能代替法官在个案中的价值判断及利益衡量。“司法的本质决定了思辨和整合化作业不仅无法排除,甚至还有必要在社会日益复杂化、动态化以及价值观越来越多元化的背景下有所加强。假如在这样的状态下就通过机器把法庭内外的对话和沟通加以格式化、固定化,很可能会阻碍法律解释学、推理技术、专业化教育以及审判者伦理人格的发展和提高,使司法流于一种检索和推测的简单智能游戏。既然电脑软件已经预定唯一正确的答案,那么通过法庭沟通活动寻求更好解答的意义就几乎不存在了,判决理由也成为某种可有可无的附属物,甚至上诉制度都会逐步形骸化。”[1]

法官对于检索类案的裁判标准进行遵循的程度,依然享有一定的自由裁量权。法官需发挥主观能动性,对于待决案件是否遵循在先类案的裁判标准综合分析作出判断。在某些情形下,应当允许法官作出与类案裁判不一致的裁判结果。对此,可借鉴英美法系推翻先例的理由。布莱恩 · A. 加纳提出了6种可能性理由,包括:第一,先例判决与明确的法律原则出现冲突;第二,先例裁决是单

---

〔1〕 季卫东:《法治秩序的建构(增补版)》,商务印书馆2019年版,第352页。

个的,作出后一直未被适用或参照过;第三,法院对某个重要问题的判决现在遭到了严重的质疑;第四,先例裁决作出时的客观情形发生了根本性变化;第五,被推翻的先例尚未建立起重要的信赖利益;第六,尽管推翻先例可能会影响一些个体的或私人的权利,但是它出现了错误,产生了普遍的不正义。[1]

我国也有学者认为,偏离类案裁判结果的情形具体可包括:一是待决案件与类案的不同点具有实质重要性。"当不同点无法化解且是必要、有重要意义时,此时不同点具有使待决案件突破先前案例的约束的力量。"[2]二是社会及经济情况发生变化、判决可在不同背景下进行解释。"由于时代的进步和发展,类案中的共性事实发生了变化或者有额外的事实发生,先前判例所确立的裁判规则无法适应司法现状。"[3]三是先例的规则存在缺陷。"如先例错误、过时、缺少理由或先例之间存在冲突等。"[4]因此,法官经分析判断认为案例的裁判规则不宜用于待决案件的处理,抑或根据社会背景的变化、价值取向的调整,既定的类案裁判尺度需要改变时,则不再参照在先生效判决的裁判规则,但在该种情况下,法官应在类案检索报告中进行充分的实质性说理论证。

(五)类案裁判与价值判断

案例在确定规则和价值引领方面发挥着积极作用,同时,价值判断会随着经济社会发展和人们的认识程度而发生相应的变化,此时,案例确定的裁判规则也会发生微妙的抑或重大的变化。

在商事审判领域,裁判规则发生变化比较常见。例如,关于公司清算责任的承担问题,对于相关法条的理解不同就导致了相关裁判规则的变化。《最高人民法院关于适用〈中华人民共和国公司法〉若干问题的规定(二)》(以下简称《公司法司法解释(二)》)[5]第 18 条规定:"有限责任公司的股东、股份有限公

---

〔1〕 See Bryan A. Garner eds., Law of Judicial Precedent, Thomson West, 2016, pp. 396 – 401.

〔2〕 邓矜婷:《确定先例规则的理论及其对适用指导性案例的启示》,载《法商研究》2015 年第 3 期。

〔3〕 谢春晖、何依然:《"智慧司法"融合"司法智慧":类案及关联案件检索机制的实践路径——基于 SWOT 分析视角》,载《司法体制综合配套改革与刑事审判问题研究——全国法院第 30 届学术讨论会获奖论文集(上)》,第 677 页。

〔4〕 于同志:《论指导性案例的参照适用》,载《人民司法》2013 年第 7 期。

〔5〕 2008 年 5 月 5 日,最高人民法院审判委员会第 1447 次会议通过该司法解释,后根据 2014 年 2 月 17 日最高人民法院审判委员会第 1607 次会议《关于修改关于适用〈中华人民共和国公司法〉若干问题的规定的决定》修正。

司的董事和控股股东未在法定期限内成立清算组开始清算,导致公司财产贬值、流失、毁损或者灭失,债权人主张其在造成损失范围内对公司债务承担赔偿责任的,人民法院应依法予以支持。有限责任公司的股东、股份有限公司的董事和控股股东因怠于履行义务,导致公司主要财产、账册、重要文件等灭失,无法进行清算,债权人主张其对公司债务承担连带清偿责任的,人民法院应依法予以支持。上述情形系实际控制人原因造成,债权人主张实际控制人对公司债务承担相应民事责任的,人民法院应依法予以支持。"《最高人民法院关于债权人对人员下落不明或者财产状况不清的债务人申请破产清算案件如何处理的批复》(法释〔2008〕10 号,以下简称《最高人民法院破产清算案件批复》)第 3 项规定:"债务人的有关人员不履行法定义务,人民法院可依据有关法律规定追究其相应法律责任;其行为导致无法清算或者造成损失,有关权利人起诉请求其承担相应民事责任的,人民法院应依法予以支持。"《最高人民法院关于审理公司强制清算案件工作座谈会纪要》(法发〔2009〕52 号,以下简称《最高人民法院公司强制清算案件纪要》)第 29 条规定:"债权人申请强制清算,人民法院以无法清算或者无法全面清算为由裁定终结强制清算程序的,应当在终结裁定中载明,债权人可以另行依据公司法司法解释二第十八条的规定,要求被申请人的股东、董事、实际控制人等清算义务人对其债务承担偿还责任。"

由于《最高人民法院破产清算案件批复》第 3 项规定比较模糊,其中的"有关人员""相应民事责任"等概念指向不清,实践中对其理解并不一致。在《最高人民法院公司强制清算案件纪要》出台后,关于债务人相关人员下落不明或者财产状况不清的破产案件应当如何审理、相关人员如何承担民事责任的问题,许多法院按照《最高人民法院公司强制清算案件纪要》第 29 条的指引,适用《公司法司法解释(二)》第 18 条的规定,由有限责任公司的股东、股份有限公司的董事和控股股东承担连带清偿责任。"上述适用情形客观上导致一个破产案件终结后,又衍生出众多个别诉讼,本应在破产程序中对债权债务统一概括清理的制度目标无法实现,公司有限责任制度被不当突破,并在一定程度导致强制清算与破产清算制度适用的混乱。"[1]

因此,《九民会会议纪要》第 118 条明确规定:"人民法院在审理债务人相关

---

〔1〕 最高人民法院民事审判第二庭编著:《〈全国法院民商事审判工作会议纪要〉理解与适用》,人民法院出版社 2019 年版,第 593 页。

人员下落不明或者财产状况不清的破产案件时，应当充分贯彻债权人利益保护原则，避免债务人通过破产程序不当损害债权人利益，同时也要避免不当突破股东有限责任原则。人民法院在适用《最高人民法院破产清算案件批复》第 3 项的规定，判定债务人相关人员承担责任时，应当依照企业破产法的相关规定来确定相关主体的义务内容和责任范围，不得根据《公司法司法解释(二)》第 18 条第 2 款的规定来判定相关主体的责任。"公司强制清算程序与公司破产程序属于截然不同的两种程序类别，有不同的价值判断和裁判规则导向，在法律适用上也不能混淆《公司法》与《企业破产法》适用的界限，否则将会影响不同程序制度的功能，也会进一步损害相关主体的合法权利。

在知识产权领域，关于卡拉 OK 经营者主观过错的认定问题发生过一定的变化。针对未加入著作权集体管理组织的著作权人或与著作权有关的权利人(以下简称权利人)起诉卡拉 OK 经营者侵害著作权的案件，法院在初期审理该类案件时一般认为，卡拉 OK 经营者在与著作权集体管理组织签订许可使用合同并支付费用后，因使用作品被未加入著作权集体管理组织的权利人起诉侵权，并要求承担赔偿责任的，可以认定该卡拉 OK 经营者没有过错，不承担赔偿责任，但应承担停止侵害的民事责任。该种认定有一定的特殊因素，一方面考虑避免大量卡拉 OK 经营者被诉侵权从而造成社会不稳定因素，另一方面也考虑到著作权集体管理组织，特别是音集协还处于起步发展阶段，应当留待发展的空间和时间。根据侵权责任法的基本原理，行为人违反了注意义务即存在过错，在主观上存在过错的前提下侵害了他人合法权益应当承担侵权责任。关于卡拉 OK 经营者的注意义务也应当随着人们权利意识的增强、卡拉 OK 行业不断规范发展而不断强化。卡拉 OK 经营者在与著作权集体管理组织签订许可使用合同并支付费用的同时，也应当审查获得授权使用的作品范围。卡拉 OK 经营者已向著作权集体管理组织交纳许可使用费，但著作权集体管理组织未获得涉案作品授权的，卡拉 OK 经营者主观上仍具有过错，应承担损害赔偿责任。

在刑事审判领域，部分行为是否构成犯罪需要结合行政监管措施作出适当调整。例如，互联网金融犯罪领域就是典型的示例。《刑法》第 96 条明确规定，"违反国家规定"是指"违反全国人民代表大会及其常务委员会制定的法律和决定，国务院制定的行政法规、规定的行政措施、发布的决定和命令"，该条规定得非常明确具体，实际上排除了部门规章及以下的一些规范性文件。根据《最高人民法院关于审理非法集资刑事案件具体应用法律若干问题的解释》第 1 条的规定,违反国家金融管理法律规定,向社会公众(包括单位和个人)吸收资金的行为,同时具备下列四个条件的,除《刑法》另有规定的以外,应当认定为《刑法》第 176 条规定的“非法吸收公众存款或者变相吸收公众存款”。[1] 该条文中的“违反国家金融管理法律规定”与《刑法》第 96 条规定的“违反国家规定”不同,其违反的规定还包括部门规章等金融管理法律规定。行政法律规范经常随着经济社会发展变化而不断调整,关于互联网金融的监管规定、标准和限度也在进行动态的调整,因此,关于互联网金融犯罪在定罪量刑时应动态把握具体行政法律规范内容:“(1)行为发生时,行政法律规范明确禁止该行为,但案件审理过程中该禁止性规定已取消的,应当不予追究刑事责任。(2)行为发生时,行政法律规范未对该行为作出禁止性规定,但案件审理过程中明确禁止的,也不应追究刑事责任。(3)行为发生时,对行政法律规范中确立的监管标准比较严格,但监管部门在执法时普遍放宽标准的,应当按照实际的执法标准来判断。(4)行为发生时,如果互联网金融法律规范正处于修订之中,一般来说,在旧法没有被依法修改或废止的情形下,应当使用旧法。但是,旧规定和新方案之间的冲突亦会造成市场主体对政策走向的误判,特别是对已经公开征求意见或者即将公布实施的行政法律规范的适用,应当征询主管部门的意见。主管部门对相关行为明确暂时不作处理的,不应追究刑事责任。”[2]

---

[1] 《最高人民法院关于审理非法集资刑事案件具体应用法律若干问题的解释》第 1 条规定:违反国家金融管理法律规定,向社会公众(包括单位和个人)吸收资金的行为,同时具备下列四个条件的,除刑法另有规定的以外,应当认定为刑法第 176 条规定的“非法吸收公众存款或者变相吸收公众存款”:(一)未经有关部门依法批准或者借用合法经营的形式吸收资金;(二)通过媒体、推介会、传单、手机短信等途径向社会公开宣传;(三)承诺在一定期限内以货币、实物、股权等方式还本付息或者给付回报;(四)向社会公众即社会不特定对象吸收资金。未向社会公开宣传,在亲友或者单位内部针对特定对象吸收资金的,不属于非法吸收或者变相吸收公众存款。

[2] 陈鹭成等:《互联网金融犯罪典型案例评析》,载胡云腾主编:《新时代的案例研究与案例法学研究——中国法学会案例法学研究会学术年会优秀论文集》(第 1 辑),法律出版社 2020 年版,第 440 页。

三、类案检索报告的成果转化

(一)创设高效力层级的案例

案例因审判或者发布法院的不同而效力不同,一般可以区分为具有“刚性约束力”的案例和具有“柔性约束力”的案例,这种效力上的差异影响到类案的检索顺序和参照程度。

指导性案例因其被赋予的法定身份属于法官在类案审理中应当参照的对象,属于约束力最强的案例。地方高级人民法院的参阅案例也具有一定的“刚性”约束,下级人民法院的法官在处理类似案件时,通常会予以参考。除了上述案例,其他案例在参考性上更加柔性。一般来说,如果在层级效力较高的案例中能够检索到类案,则无须再扩大检索范围。因此,应鼓励法官在类案检索报告的基础上撰写典型案例,拓宽典型案例的评选渠道,由最高人民法院及省高级人民法院分别评选公布,为之后的类案处理作出更明确的示范及指引,便于提升之后类案检索的效率。

2018 年 6 月,最高人民法院印发了《关于加强和规范裁判文书释法说理的指导意见》(法发〔2018〕10 号),该意见第 3 条规定:“裁判文书释法说理,要立场正确、内容合法、程序正当,符合社会主义核心价值观的精神和要求;要围绕证据审查判断、事实认定、法律适用进行说理,反映推理过程,做到层次分明;要针对诉讼主张和诉讼争点、结合庭审情况进行说理,做到有的放矢;要根据案件社会影响、审判程序、诉讼阶段等不同情况进行繁简适度的说理,简案略说,繁案精说,力求恰到好处。”

对于典型案例的筛选,重要标准就是其文书的撰写质量。出于审判效率的考虑,裁判文书的撰写可以进行繁简分流,但要注意常规案件也不能一味简单化处理或按惯性思维处理,应当及时保持专业上的敏感性,及时发现案件中出现的新问题。针对简单、类型化案件,要进一步探索和规范要素式文书撰写方式,在简化说理的同时,不能遗漏关键事项和主要事实。针对复杂案件,裁判文书要围绕争议焦点进行有针对性的说理，回应当事人的诉辩意见，提高裁判的社会公信力和认可度；针对新类型、具有典型意义的案件，要注意总结、提炼规则，发挥引导和指引作用。尤其要求注意案件事实的准确查明，重视对当事人提交的关键性证据的认证和回应，全面查清和认定案件主要事实，避免简单描述、语焉不详或简单罗列证据等现象，造成出现事实认定上的盲区，引发当事人对判决书的不信服和对法院裁判公正性、专业性的质疑。

对于疑难复杂、新类型案件，在当事人之间产生巨大的争议以及合议庭成员之间产生分歧也是普遍的，关于合议庭成员之间的分歧意见也可以适当在裁判文书中予以展现和说理，这样既做到了在更大程度上的司法公开，又能提升司法的公信力。

例如，在原告李某诉被告大连三生交易所、友谊万岁公司、友利公司期货交易纠纷案中，法院判决书在“本院认为”部分对合议庭成员之间的分歧进行了展示和论理：“本案的交易模式符合期货交易的目的与形式构成要件，鉴于大连三生交易所系现货商品交易场所，未取得期货交易场所的资质，故本案交易模式构成非法期货交易。关于大连三生交易所应否就投资者的交易亏损承担侵权责任，合议庭存在两种意见。合议庭多数意见认为，大连三生交易所组织非法期货交易的行为与投资者交易亏损存在法律上的因果关系，大连三生交易所应当承担侵权责任。合议庭少数意见认为，大连三生交易所组织非法期货交易的行为与投资者交易亏损不存在法律上的因果关系，大连三生交易所无须对此承担侵权责任。经评议表决，合议庭的最终意见为：鉴于大连三生交易所组织非法期货交易的行为违法性较为突出、主观故意明显，在因果关系的判断中应当综合考虑法规目的、社会效果等因素，故认定大连三生交易所应当对投资者的交易亏损承担相应的侵权责任。”〔1〕

在裁判文书的“原告诉称”“被告辩称”部分，已经清晰地展现了双方的争议焦点和意见分歧，裁判文书在“本院认为”部分没有回避争议问题，在展现合议庭成员之间裁判分歧的基础上，通过说理和论证作出了最终裁判结论。这种裁判文书的写作方式，更能全面展示争议问题和论证过程，在类案检索的参照适用方面更具有指导意义。

〔1〕 北京市第三中级人民法院(2017)京03民初81号民事判决书。

(二)统一类案裁判规则并整理入库

各级人民法院针对特定的法律问题在充分讨论的基础上形成研究意见,出台会议纪要或者问题解答等文件,明确疑难法律问题的审判思路,这是司法实践中的惯例。例如,《九民会会议纪要》针对公司纠纷、合同纠纷、担保纠纷等问题给出处理意见及裁判思路。在类案检索制度的实施过程中,要延续上述发布规范性文件的惯例。此外,还应着重针对典型类案裁判思路形成专门的类案指引性文件,并在辖区范围内予以定期化、格式化、体系化的发布,明确裁判规则,进行裁判指引,助力类案检索机制的良性运转以及有效推进。

在以大数据为依托的信息化时代,应当充分利用数据资源和科技手段,使类案检索机制的运行更加便捷化、系统化和智能化。可以考虑通过以下的路径,加强类案数据库的建设:

首先,在现有的裁判文书数据库的基础上,搭建全国法院系统内部的统一的类案专项数据库。各地人民法院将确立的类案裁判规则上传到数据库,供法官办案时查看和参考。

其次,倡导法官将类案检索报告上传到数据库,便于其他法官在类案检索中"复盘"类案规则的确立过程,并可提高类案检索报告的可重复利用性,将在先类案检索报告中已经作出的研究成果引入待决案件的检索报告之中。

最后,类案数据信息的填报和上传应当要素化、标准化。便于系统管理方通过司法大数据手段,对类案检索中的关键数据及要素进行分析和提取,及时发现类案裁判标准不统一的问题,从更高层面推动法律适用统一问题的有效解决。典型案例和裁判规则成体系、成规模,才能发挥更好的指导作用。

四、类案检索工作的保障和监督

(一)办案规则重构

类案检索制度系大数据时代背景下人们行为方式的变化在司法工作中的重

要体现,其意义不仅是工作制度的建立,更是法官办案规则的重构。与传统审判中以找法、适法为主要审判思路的办案方式不同,类案检索制度下,法官在找法与适法之间增加了类案检索,以类案为纽带来准确适法。因此,需要以适应类案检索制度为导向重构法官的办案规则,通过建章立制、明确规则、出台范例,引导法官形成检索习惯,让法官重视类案检索在审判中的作用,规范进行类案检索、识别、参照,并以类案检索报告作为案件评议以及案件研究的依据和基础。

(二)专项业务培训

智能化手段的发展在一定程度上为法官检索类案提供了便利,但系统推送或人工检索到的相似案例是否属于法律上的"类案",仍然需要法官运用类比推理方法进行理性判断。此时,需要法官对类案与待决案件在争议焦点、核心事实、法律关系等方面进行比对。通过开展以系统操作、个案比对、法律推理为内容的类案检索专项培训,帮助法官及法官助理掌握类案检索及报告制作的基本技能,进而促进类案检索报告制度的有效运行。

(三)院长、庭长监督管理

类案检索报告的运用中,类案的研究以及分歧类案的处理,需要借助法官会议、审判委员会以及院长、庭长行使审判监督权来实现。以案件研究制度为媒介对类案检索进行专项监督管理,能够发挥调控及纠错作用。第一,能够督促法官按照要求开展类案检索和制作检索报告,以落实类案检索制度,并形成对法官自由裁量权的有效规制;第二,能够对类案的适用进行监督,防止法官在个案裁判过程中选择性找寻与自己审判思路相同的类案作为自己判决的支撑,而忽视其他分歧类案,使得类案检索流于形式;第三,能够对类案裁判标准全面的掌控和调整,实现类案裁判法律效果、社会效果和政治效果的有机统一。

(四)案件倒查机制

类案裁判标准不统一会引申出一个法律问题,即相关案件的法律适用出现了问题,但是否能得出法律适用出现了错误的结论尚不确定。这里面的情况可能是多样的:一是相关判决均不属于"适用法律错误",例如,甲、乙法院因对《刑法》第239条“杀害被绑架人”作出不同的理解(甲法院理解为杀死被害人,乙法院理解为所有杀害的行为,即并不一定要杀死)而对相同的绑架案件作出不同的宣告刑;二是两个判决均属于“适用法律错误”,例如,甲、乙法院对相同的为索取赌债等非法债务案件,甲法院适用了绑架罪条款作出判决,乙法院适用抢劫罪条款作出判决;三是只有一个判决属于“适用法律错误”,例如,甲、乙法院对相同的盗窃金融机构案件,甲法院适用了《刑法》第63条第2款的规定逐级报请到最高人民法院处法定刑以下刑罚,而乙法院直接在法定刑以下判处刑罚但没有逐级报送。与此相对应,“同案同判”也并不意味着不属于“适用法律错误”,而可能两个案件的判决均属于“适用法律错误”。[1]

将类案检索及报告制作情况纳入案件评查机制,并将其作为一项重要的考评要素,可对类案检索报告的制作和运用情况进行有效监督。可将因类案裁判标准不统一引发舆情、造成负面影响的案件,以及二审法院因一审法院裁判标准不统一而改判发回的案件,作为重点案件评查的对象。对法官类案检索工作的评查应重点包括两个方面:一是针对应当适用类案检索机制的案件,评查该案的承办法官是否进行了类案检索工作;二是承办法官进行类案检索工作后,是否根据类案检索结果进行了分类处理,是否在参照过程中出现了错误。[2] “上级人民法院要加大审判监督力度,对于同类案件未按照典型案例所确立的规则办理的,应当依法予以改判;明显属于违法裁判的,应当依法追究相关法官的违法办案法律责任,切实维护人民法院依法公正审判的权威。”[3]需要注意的是,案件评查工作重点在于强化类案检索机制运行的监督,强调的是法院对于法官办案模式的管理,在法官不存在故意违反法律法规办理案件或者因重大过失导致裁判结果错误并造成严重后果等行为时,不宜仅以该项评查结果作为向法官追责的依据。

---

[1] 参见刘树德:《刑事司法语境下的“同案同判”》,载《中国法学》2011年第1期。

[2] 参见孙海波:《同案同判:并非虚构的法治神话》,载《法学家》2019年第5期。

[3] 郭修江:《巡回法庭发布典型案例的实践探索》,载胡云腾主编:《新时代的案例研究与案例法学研究——中国法学会案例法学研究会学术年会优秀论文集》(第1辑),法律出版社2020年版,第82页。

第三章
民商事领域争议问题类案检索报告范例*

一、无权处分的赠与合同效力

(一)待决案件的基本案情和争议问题

1. 待决案件的基本案情

张某与王某属于夫妻关系尚未离婚,王某与李某存在不正当关系,王某用夫妻关系存续期间的共同收入100万元购买了车辆和珠宝赠与了李某,该项赠与并未获得张某的同意。现张某发现了赠与的事实提起诉讼,张某认为王某赠与车辆和珠宝的行为属于无权处分,且侵害了张某的合法利益,请求法院判决王某与李某之间的赠与合同无效,李某向张某返还车辆和珠宝。

2. 待决案件的争议问题

根据《婚姻法》的有关规定,夫妻关系存续期间的收入属于夫妻共同财产。本案的争议问题在于,王某未经张某同意向李某赠与100万元财物的行为构成无权处分,该赠与合同是否无效以及具体的法律依据。

(二)类案检索平台

法信

* 本章中关于各个法律问题的“初步结论”,仅代表个人意见。

(三)类案检索条件

1. 案由:赠与合同纠纷
2. 核心事实:夫妻共同财产　赠与
3. 争议焦点:无权处分　合同效力

(四)检索类案的选取

地域:最高人民法院、各地高级人民法院、北京各中级人民法院

时间:2016~2020 年

最高人民法院典型案例

按照上述案由、核心事实、争议焦点的关键词并未检索出最高人民法院的典型案例,以"无权处分、合同效力"作为关键词检索后,检索出相应案例,选取一例如下。

最高人民法院:(2016)最高法民再75号,王某、付某等股权转让纠纷(以下简称案例1)

最高人民法院认为,关于双方签订的《产权转让协议书》的效力问题,根据一、二审及本院再审查明事实,富业公司与王某、付某于2008年7月15日签订《产权转让协议书》,该协议书系双方真实意思表示,一、二审根据其内容中涉及的转让产权不属于富业公司所有而认定该合同属于无权处分,并认定该协议无效。最高人民法院认为,《合同法》第51条规定:"无处分权的人处分他人财产,经权利人追认或者无处分权的人订立合同后取得处分权的,该合同有效。"《买卖合同司法解释》第3条规定:"当事人一方以出卖人在缔约时对标的物没有所有权或者处分权为由主张合同无效的,人民法院不予支持。出卖人因未取得所有权或者处分权致使标的物所有权不能转移,买受人要求出卖人承担违约责任或者要求解除合同并主张损害赔偿的,人民法院应予支持。"根据前述规定,无权处分的合同并不当然无效,此类合同只要系双方真实意思表示,其买卖合同的债权行为即为有效,但卖方向买方转移标的物所有权的物权行为处于效力待定状态,在经权利人追认或事后取得处分权时,物权行为生效。本案中富业公司虽

未取得协议涉及的国有资产所有权,但王某、付某在签订合同时即已经知晓富业公司仅以"协议(预期)"的方式受让粮食储备库的股权和资产,且在转让方式的约定中也明确了王某、付某需通过直接参加拍卖合法取得,故,该协议的签订是双方真实意思表示,并不存在《合同法》第52条规定的合同无效的情形,根据《合同法》第44条"依法成立的合同,自成立时生效"的规定,本案涉案《产权转让协议书》在签订时已经生效,一、二审法院因无权处分而认定该协议无效,属于适用法律错误,应予纠正。

各地高级人民法院典型案例

(1)河北省高级人民法院:(2016)冀民再107号,张某与孙某某、任某某赠与合同纠纷(以下简称案例2)

关于任某某的赠与行为是否有效的问题,河北省高级人民法院认为,根据《婚姻法》第17条、《婚姻法司法解释(二)》第11条以及《最高人民法院关于贯彻执行〈中华人民共和国民法通则〉若干问题的意见》第89条的规定,超出日常生活需要对夫妻共同财产的处分,双方应协商一致,一方单独将大额夫妻共同财产赠与他人的行为,是无权处分行为。任某某擅自将与张某夫妻关系存续期间的共同财产653,962元为孙某某购买房产、车辆、车位等,事后张某未追认的情况下,根据《合同法》第51条的规定,该赠与行为应属无效行为。

(2)湖南省高级人民法院:(2020)湘民申1061号,王某、陈某赠与合同纠纷(以下简称案例3)

该案争议的焦点为,二审判决陈某返还王某684,250元是否正确。湖南省高级人民法院认为,夫妻财产共有的法律基础为婚姻关系,婚姻关系结束后,夫妻财产共有的基础消灭。在夫妻双方对婚姻存续期间共有财产没有明确约定的前提下,可按照按份共有的原则处理。本案中,各方对于李某向陈某支付的款项金额为1,327,823元并无争议。陈某用该赠与款项购入车辆,现已将车辆退还李某,故李某向陈某支付的赠与款应扣除购车款,还有1,140,417元(1,327,823－187,406元)。李某向陈某支付的上述赠与款1,140,417元,为李某与王某在婚姻存续期间的夫妻共同财产,现双方婚姻关系已经解除,夫妻财产共有的基础消灭,王某仅能主张属于自己的财产份额,在双方对该笔款项并未作出明确约定的情况下,原审对该笔款项予以分割并无不当。李某作为已婚人士,为了与陈某同居生活而赠与钱款,其行为有违公序良俗原则,自身存在较大过错,原审据此认定上述赠与款项,李某可分得 456,167 元(1,140,417 元的 40%),王某分得 684,250 元(1,140,417 元的 60%),并无不妥。李某已将其财产份额 456,167 元无偿赠与陈某,视为其对自身权利的处分,陈某可不予返还。因李某无权处分王某的财产份额,故其将王某的财产份额赠与陈某的行为无效,陈某应将该部分款项返还王某。综上,二审判决陈某返还王某 684,250 元正确。

北京市各中级人民法院案例

(1)北京市第一中级人民法院:(2017)京 01 民终 617 号,刘某甲等与李某某赠与合同纠纷(以下简称案例 4)

二审法院认为,无权处分的人处分他人财产,经权利人追认或者无权处分的人订立合同后取得处分权的,该合同有效。夫妻关系存续期间的共同财产,夫妻双方均享有平等权利。夫妻双方中的一方对非因生活需要对共同财产进行处置决定的,需经夫妻双方平等协商,取得一致意见。他人有理由相信其为夫妻双方共同意思表示的,另一方不得以不同意或不知道为由对抗善意第三人。反之,任何单方擅自处分夫妻共同财产,即构成法律上无权处分的人。本案中,刘某甲与刘某乙之间存在大量金钱、物品给付的事实,其中,刘某甲给付刘某乙的金钱数额、物品数量明显畸多,累计金额达 37,322.2 元,刘某甲与刘某乙均不能举证证明,涉案金额的给付行为,系因双方存在其他债权债务、合同或者其他法律关系而发生,故应视为事实上的赠与行为。刘某甲在夫妻关系存续期间的赠与财物行为,并非用于夫妻日常生活的需要,鉴于其与刘某乙之间存在的不正当男女关系,刘某乙亦不能构成取得财物的善意第三人,刘某甲作为外埠来京学习的学生,在无其他固定收入的情况下,擅自单方赠与他人财物金额,属于对夫妻共同财产的重大处置决定,在没有取得另一方追认的情况下,其行为没有法律效力。李某某从事稳定职业工作,有较为固定的收入来源,其作为夫妻关系一方的权利人,有要求受赠与人返还赠与财产的权利。刘某乙接受无权处分人刘某甲单方赠与的财产,没有法律依据,应予返还。

(2)北京市第二中级人民法院:(2018)京02民终5341号,阎某与高某等赠与合同纠纷(以下简称案例5)

一审法院认为:根据《婚姻法》第17条、第18条、第19条的规定:夫妻婚姻关系存续期间所取得的财产,除法律另有规定或夫妻另有约定外,应为夫妻共同财产。根据本案已查明事实,高某在与周某婚姻关系存续期间,陆续向阎某汇款443,100元。因没有其他证据证明该443,100元为高某个人财产,故法院认定该443,100元为高某与周某的夫妻共同财产。《婚姻法》第17条规定:夫妻对共同所有的财产,有平等的处理权。《婚姻法司法解释(一)》第17条规定:夫或妻非因日常生活需要对夫妻共同财产做重要处理决定,夫妻双方应当平等协商,取得一致意见。《最高人民法院关于贯彻执行〈中华人民共和国民法通则〉若干问题的意见(试行)》(以下简称《民通意见》)第89条规定:在共同共有关系存续期间,部分共有人擅自处分共有财产的,一般认定无效。但第三人善意、有偿取得该财产的,应当维护第三人的合法权益。根据本案已查明事实,高某就赠与阎某443,100元问题,未与周某进行协商。高某擅自处分夫妻共同财产行为,侵犯了财产共有人周某的合法权益,依据相应法律规定,应属无效法律行为,周某要求确认高某对阎某赠与行为无效的诉讼请求,法院予以支持。合同无效,阎某取得的财产应当返还。

二审法院认为,根据本案已经查明的事实,高某在有配偶的情况下与阎某保持不正当关系,对所涉夫妻共同财产的处分侵害了上述共同财产的共有人周某之合法权益。周某依法有权起诉要求确认上述赠与无效。一审法院依照婚姻法和司法解释就此所作认定并无不当。

(五)检索类案的分析

1. 比对案件基本事实

上述检索出的类案,除最高人民法院案例中的基本事实是股权转让的无权处分之外,其他类案中的基本事实都是夫妻一方未经另一方同意将夫妻共同财产赠与第三人。

2. 比对案件诉讼程序

上述检索出的类案,案例1、案例2、案例3属于再审程序,案例4和案例5属于二审程序。在上述程序中,合同效力问题都属于争议焦点,最终的裁判文书对于合同效力问题都作出了认定。

3. 比对法律适用意见

上述检索出的类案,在法律适用上有所不同。

案例 1 虽然为股权转让纠纷,但是参照适用了《买卖合同司法解释》第 3 条的规定,认定协议的签订是双方真实意思表示,并不存在《合同法》第 52 条规定的合同无效的情形,在签订时已经生效,一、二审法院因无权处分而认定该协议无效,属于适用法律错误,应予纠正。根据《合同法》第 175 条的规定,当事人约定易货交易,转移标的物的所有权的,参照买卖合同的有关规定。股转转让协议转让的标的物为股权,同样可以参照买卖合同的法律和司法解释的相关规定。

在案例 2 中,法院认为,一方单独将大额夫妻共同财产赠与他人的行为是无权处分行为,在事后未经追认的情况下,根据《合同法》第 51 条的规定,该赠与行为应属无效行为。《合同法》第 51 条规定:“无处分权的人处分他人财产,经权利人追认或者无处分权的人订立合同后取得处分权的,该合同有效。”《合同法》第 51 条并未明确规定,在未获得权利人追认的情形下合同是否无效的问题。在案例 2 中,法院采取了反面解释的方法,得出了未经权利人追认则无处分权人作出的赠与合同归于无效的结论。

在案例 3 中,鉴于李某与王某已经离婚,为了便于纠纷的一次性解决,法院对于李某与王某的夫妻财产进行了分割。对于李某未经王某同意将王某财产赠与陈某的行为,法院认定为无权处分行为,该行为侵害了王某的财产权益,且该行为有违公序良俗原则,该部分财产应当由陈某返还给王某。该案中,法院虽然认定无权处分行为无效,但其法律依据并非《合同法》第 51 条,实际上依据的法条应当是《民法总则》第 153 条第 2 款的规定,违背公序良俗的民事法律行为无效。

在案例 4 中,法院认为无处分权人作出的赠与行为没有法律效力,作为夫妻关系一方的权利人,有要求受赠与人返还赠与财产的权利,接受无权处分人单方赠与的财产,没有法律依据,应予返还。该案中,法院作出了返还无权处分财产的判定,但是在论理过程中并未直接明确法律依据。

在案例 5 中,法院认定无权处分的赠与合同无效,法律依据为《婚姻法司法解释(一)》第 17 条和《民通意见》第 89 条的规定。

(六)初步结论

《民通意见》(1990年12月5日修改稿)第95条规定:"共同共有人对共有财产享有共同的权利,承担共同的义务。在共同共有关系存续期间,部分共有人擅自处分共有财产的,一般认定无效。其他共有人明知而未提出异议的,可以认定有效。"(修改之前为第89条)许多案例依据该条认定,无权处分的合同无效。但随着法学理论和司法实践认识的发展,已经逐步将物权变动与合同效力区分、无权处分与合同效力区分。[1] 因此,对于上述第95条的解读可以考虑作出区分,将该条中的"一般认定无效"解读为不产生物权变动的效力。

关于《合同法》第51条能否进行反面解释的问题。关于反面解释,学者认为,"反面解释只有在封闭的文义之下,才能从正面推测立法者的反面意思。如果立法者本身的意思具有开放性,就无从把握哪些属于反面的意思"[2]。因此,对于《合同法》第51条能否进行反面解释的问题,需要考量立法者的立法目的和相关的司法解释。特别是在无权处分的买卖合同不能因无权处分认定为无效的司法解释出台之后,再将无权处分的合同依据《合同法》第51条通过反面解释的方法认定为无效,似有与法律解释和立法精神冲突之嫌。《民法典》没有将《合同法》第51条的内容吸纳进去,这意味着在《民法典》正式施行之后,《合同法》第51条的内容将不再适用。

关于依据公序良俗认定合同效力的问题。《民法通则》第7条规定:"民事活动应当尊重社会公德,不得损害社会公共利益,扰乱社会经济秩序。"《合同法》第7条规定:"当事人订立、履行合同,应当遵守法律、行政法规,尊重社会公德,不得扰乱社会经济秩序,损害社会公共利益。"《民法总则》第153条第2款规定:"违背公序良俗的民事法律行为无效。"[3]通过上述规定可以看出,遵守社

---

[1] 《物权法》第15条规定:当事人之间订立有关设立、变更、转让和消灭不动产物权的合同,除法律另有规定或者合同另有约定外,自合同成立时生效;未办理物权登记的,不影响合同效力。该条将物权变动与合同效力进行了区分。《买卖合同司法解释》第3条规定:当事人一方以出卖人在缔约时对标的物没有所有权或者处分权为由主张合同无效的,人民法院不予支持。出卖人因未取得所有权或者处分权致使标的物所有权不能转移,买受人要求出卖人承担违约责任或者要求解除合同并主张损害赔偿的,人民法院应予支持。该条将无权处分与合同效力进行了区分。

[2] 王利明:《法学方法论》,中国人民大学出版社2012年版,第409~410页。

[3] 该条款被《民法典》完整编入,内容未作改变。

会公德和公序良俗是民事法律行为的基本准则，违反公序良俗的法律行为应当受到法律的规制，在《民法总则》出台之后规定更加明确。因此，对于夫妻一方未经另一方允许将夫妻共同财产赠与有不正当关系第三人的行为，由于违反了公序良俗原则而归于无效。

《民法典》关于无权处分的最新规定。《民法典》第 311 条规定："无处分权人将不动产或者动产转让给受让人的，所有权人有权追回；除法律另有规定外，符合下列情形的，受让人取得该不动产或者动产的所有权：（一）受让人受让该不动产或者动产时是善意；（二）以合理的价格转让；（三）转让的不动产或者动产依照法律规定应当登记的已经登记，不需要登记的已经交付给受让人。受让人依据前款规定取得不动产或者动产的所有权的，原所有权人有权向无处分权人请求损害赔偿。当事人善意取得其他物权的，参照适用前两款规定。"依据该条规定，在无权处分赠与合同关系中，由于并无合理的转让价格，因此受赠人不能以善意取得获得赠与财产的所有权，原所有权人可以依据上述规定追回所有权，此时无权处分合同的效力问题并不影响所有权的追回。

二、违反规划用途的租赁合同效力

（一）待决案件的基本案情和争议问题

1. 待决案件的基本案情

2013 年 3 月 8 日，中银公司、宏业公司就小区的配套建筑签订《房屋租赁合同》，约定：中银公司承租诉争房屋，房屋地上共 4 层，建筑面积 7000 平方米；租赁期限为 2013 年 7 月 1 日至 2023 年 6 月 30 日。10 年期满后，如宏业公司继续出租该物业，双方按当时市场行情确定 10 年后的租赁价格，但宏业公司应给予中银公司适当优惠。2013 年 3 月 22 日，中银公司向宏业公司交纳第一年的房屋租金 50 万元，剩余租金至今未付。双方均确认合同签订后，中银公司并未实际进驻诉争房屋。法院分别向规划和教育部门进行了调查，诉争房屋系住宅项目的配套设施，规划用途为小学（已在教委备案），该地块土地使用权系以划拨方式取得,目前主体工程已经竣工,但尚未验收,经验收合格后应当移交给教委;项目住宅部分已出售完毕,此类居住区配套教育设施应当与居住区项目工程同步建设、验收,并及时移交给相关教育行政部门,不得擅自改变用途挪作他用。中银公司现将宏业公司诉至法院,要求确认合同无效并返还租金,宏业公司反诉要求解除合同并由对方支付违约金。

2. 待决案件的争议问题

租赁的土地系划拨土地,地上房屋的规划用途为小学,现宏业公司将上述土地和房屋出租用于营利,该租赁合同的效力如何确定,法律依据如何确定。

(二)类案检索平台

法信

(三)类案检索条件

1. 案由:租赁合同纠纷
2. 核心事实:划拨土地　规划用途小学　出租营利
3. 争议焦点:合同效力

(四)检索类案的选取

地域:最高人民法院、北京市高级人民法院、各地中级人民法院及基层人民法院

时间:2015～2020年

以上述案由、核心事实和争议焦点的关键词组合进行检索,由于与“规划用途小学”完全一致的案例较少,再以“规划用途”“合同效力”的关键词组合进行检索。

最高人民法院典型案例

最高人民法院:(2019)最高法民终879号,成都神旺置业有限公司、上海瑰丽酒店管理有限公司租赁合同纠纷(以下简称案例1)

一审法院判决如下:一、成都神旺置业有限公司(以下简称神旺公司)向上

海瑰丽酒店管理有限公司（以下简称瑰丽公司）发送《关于解除〈商务中心租赁合同〉的通知函》的合同解除行为无效；二、瑰丽公司与神旺公司于2017年11月15日签订的《商务中心租赁合同》继续履行。神旺公司提起上诉。

最高人民法院认为，神旺公司上诉另主张，案涉租赁合同将规划设计用途为"办公"的物业用于"酒店"商业服务，属于行政违法行为，根据《合同法》第110条第1款的规定，属于法律上不能履行的情形。经本院审查，案涉租赁合同约定租赁标的物业用于"酒店"经营，神旺公司主张该物业的规划用途为"办公"用房，其主要的依据为其单方委托并依据其单方提供资料所形成的《房屋建筑面积测绘成果报告》，本院无法从其举示的证据认定案涉物业的规划用途确定为"办公"用房。且即使案涉租赁合同对于物业的使用违反了规划用途，但并未侵害国家、集体或者他人利益，不违反效力性强制规范，合同不必然因此无效。在诉讼过程中，神旺公司亦表示有合法途径变更房屋用途，因此不能认定属于法律上不能履行的情形。至于因经营酒店需要变更房屋用途产生的相关费用，可由双方另行协商解决。

北京市高级人民法院典型案例

（1）北京市高级人民法院：（2020）京民申2099号，北京盛世隆裕商贸有限公司与北京市朝阳金东经济合作社租赁合同纠纷（以下简称案例2）

北京市高级人民法院认为，涉案租赁土地的规划用途为绿地，但双方签订的《租赁合同》约定用途为"绿色产业基地"，因改变土地规划用途，违反法律、行政法规的强制性规定，因而《租赁合同》无效。商贸公司在签订涉案《租赁合同》之时未对涉案土地性质进行核实，经济合作社一方作为出租人明知涉案土地规划用途却仍订立以"绿色产业基地"为使用目的的合同，双方对于涉案《租赁合同》无效均存在过错。

（2）北京市高级人民法院：（2017）京民再133号，朝阳农机公司与玖达宸公司租赁合同纠纷（以下简称案例3）

经审理查明，涉案土地使用权人为朝阳农机公司，用途为仓库用地，使用权类型为划拨。2009年4月7日，朝阳农机公司与玖达宸公司签订《租赁合同》，约定玖达宸公司承租涉案土地的房屋及院落，总面积约8亩，其中房屋建筑面积约1100平方米,朝阳农机公司同时将房屋的相关设施、设备交由玖达宸公司使用,租赁期限自2009年5月1日起至2012年4月30日止;朝阳农机公司同意玖达宸公司在不损坏、不改变房屋主体结构的情况下对所承租的房屋进行装修,但应在施工前将装修方案及施工单位的详细情况以书面形式报送,经朝阳农机公司书面同意后方可施工,合同终止后,装修及装饰物归朝阳农机公司所有,玖达宸公司不得自行拆除。双方签订《租赁合同》未经市、县人民政府土地管理部门及房屋管理部门批准。合同签订后,玖达宸公司重做了租赁场地的管线设施,平整了路面并新建了房屋以及其他设备设施。

一审法院认定涉案合同无效,朝阳农机公司不服一审判决,提出上诉。二审法院认为,朝阳农机公司与玖达宸公司签订的《租赁合同》的效力问题,本案涉及的租赁标的物土地使用权类型为划拨。《城镇国有土地使用权出让和转让暂行条例》第45条规定:"划拨土地使用权符合法定条件的,经市、县人民政府土地管理部门和房产管理部门批准,其划拨土地使用权和地上建筑物、其他附着物所有权可以转让、出租、抵押。"二审法院认为,法律和行政法规对转让、出租、抵押划拨土地使用权的前提和要求进行了明确的规定。而在本案中,朝阳农机公司将划拨取得的土地出租给玖达宸公司收取租金,并未取得市、县人民政府土地管理部门和房产管理部门批准,故应认定朝阳农机公司与玖达宸公司签订的《租赁合同》违反了行政法规的强制性规定,为无效合同。一审法院认定合同无效是正确的,但适用法律时引用了《划拨土地使用权管理暂行办法》属适用法律不当,二审法院予以纠正。

北京市高级人民法院再审认为,《合同法》第52条第5项规定的"强制性规定",是指效力性强制性规定,即该法律、行政法规中明确规定如果违反将导致合同无效,或者虽未明确规定违反之后将导致合同无效,但若使合同有效将损害国家利益和社会公共利益。根据原审判决中所适用的《城镇国有土地使用权出让和转让暂行条例》第44条、第45条的表述,划拨土地使用权经市、县人民政府土地管理部门和房产管理部门批准后允许出租,但并未明确未经批准将导致租赁合同无效。故《租赁合同》系双方真实意思表示,且不违反法律、行政法规强制性规定,应属合法有效,双方当事人均应按照约定履行合同义务。原审判决认定《租赁合同》未取得市、县人民政府土地管理部门和房产管理部门批准,因此违反了行政法规的强制性规定而归于无效,属于适用法律错误,本院再审予以纠正。

各地中级人民法院案例

(1)佛山市中级人民法院:(2015)佛中法民三终字第952号,佛山市南海区凯鸿金属制品有限公司与江某根租赁合同纠纷(以下简称案例4)

法院在二审期间为查明案件事实,向佛山市南海区国土城建和水务局发函调查案涉厂房的规划用地性质及是否属于违法建筑,该局于2016年2月16日向本院复函称:一、根据相关规划,临时仓库地块目前的规划用地性质为基础设施隔离带。二、经核查,我局于2001年11月23日批准了该临时仓库建设。按相关规定,临时建筑物、构筑物的工程规划许可有效期为两年,该临时仓库已超过许可期限。三、该项目除了2001年办理的临时建筑工程规划许可外,我局未核查到其他规划报批,因该工程规划许可已超过期限,所以临时仓库属于违法建筑。

法院认为:上诉人凯鸿公司与被上诉人江某根签订《租赁协议书》及《补充协议》,虽意思表示真实,但双方当事人不能提交证据证明案涉房屋经过规划报建,对案涉租赁物中的1125平方米的厂房,江某根虽提交了《南海市建设工程规划许可证报批表》,但该证据仅能证明该部分租赁物作为高速公路附属设施的临时仓库,其规划用地性质为基础设施隔离带,且已超过临时建筑的许可期限。此外,双方当事人对该租赁物约定为生产经营或商业用途,与该租赁物被规划为高速公路附属设施的用途不符,故上述《租赁协议书》及《补充协议》无效。

(2)深圳市中级人民法院:(2016)粤03民终15212号,深圳市温泉贸易有限公司、陈某与张某租赁合同纠纷(以下简称案例5)

一审法院认为,涉案土地权属情况及合同效力。涉案土地使用权人为温泉公司,"他项权利摘要及附记"载明为非市场商品房,本宗地权属来源为行政划拨,土地用途为度假村,地价为0元,暂不确认土地使用年限。本案中,温泉公司委托陈某对涉案土地进行管理,陈某将涉案土地交付张某使用并收取使用费的行为实际系对涉案土地的出租行为。根据《土地管理法》第4条规定,使用土地的单位和个人必须严格按照土地利用总体规划确定的用途使用土地。涉案土地的用途为度假村,陈某将土地出租给张某作为堆放建筑材料使用的行为违反了法律强制性的规定。《合同法》第52条规定,违反法律、行政法规强制性规定的合同无效,故张某与陈某签订的《场地使用合同》无效。

二审法院认为,陈某将涉案土地交给张某使用并收取费用的行为性质实际为租赁,因涉案土地登记的土地用途为度假村,而陈某与张某签订的《场地使用合同》中约定的用途为堆放建筑材料,改变了涉案土地的规划用途,违反了法律法规的禁止性规定,一审判决认定该合同无效于法有据,本院予以确认。

各地基层人民法院案例

(1)湖北省云梦县人民法院:(2017)鄂0923民初1589号,白某、代某与湖北华仕顿容器有限公司、吴某租赁合同纠纷(以下简称案例6)

法院认定事实如下:被告吴某系被告华仕顿公司的法定代表人。2016年6月20日,原告白某、代某(乙方)与被告华仕顿公司(甲方)签订了《合同书》一份。合同约定:甲方提供被告华仕顿公司和万众乐公司两院空地50亩以上,乙方承租上述土地用以养殖龙虾;租金五年(自2017年6月20日起至2022年6月20日止)80,000元,一次性支付;如有人阻止乙方正常运作,一概由甲方负责等。《合同书》“甲方经手人”处有被告华仕顿公司公章及被告吴某签名。《合同书》“乙方经手人”处有二原告签名。原告白某、代某于合同签订当日向被告吴某支付土地使用权租金80,000元。被告吴某收款后,即向二原告出具80,000元收条一张。后二原告将空地挖成池塘时,被相关行政单位告知不能改变土地用途,致二原告不能实现合同之目的。再查明,诉争土地规划用途为工业用地。

法院认为,被告华仕顿公司作为出租人将公司空地使用权租赁给二原告用于养殖龙虾,二原告作为承租人向被告吴某支付租金,双方为此签订土地使用权租赁合同。因租赁土地未办理土地用途变更审批手续,违反了《城镇国有土地使用权出让和转让暂行条例》第18条“土地使用者需要改变土地使用权出让合同规定的土地用途的,应当征得出让方同意并经土地管理部门和城市规划部门批准……并办理登记”的强制性规定,该合同无效。

(2)开封市禹王台区人民法院:(2017)豫0205民初431号,郑州铁路局郑州建筑段与冯某租赁合同纠纷(以下简称案例7)

经审理查明:2015年1月4日,郑州铁路局取得开封市汴房地产权证,成为涉案房屋、土地所在地的土地权利人,该土地权属性质属国有土地,批准用途为林业。2014年12月28日原告、被告签订房屋(场地)租赁合同,合同主要内容:

原告将开封市机场北路铁路林场付101号房屋12间、土地使用面积3673平方米租赁给被告废品收购使用。

法院认为,开封市房地产权证证明涉案地产权利人为郑州铁路局,系国有土地,批准用途为林业,但原告与被告签订合同的房屋、土地用途是用于废品收购,改变了土地用途;原告未取得所租赁房屋的建设工程规划许可证,依照相关的法律规定,其与被告订立的房屋租赁合同无效。综合本案,应认定原告与被告订立的房屋(场地)合同为无效合同。

(3)广州市天河区人民法院:(2013)穗天法民二初字第4522号,广州绅雅企业管理咨询有限公司与广州大剧院管理有限公司租赁合同纠纷(以下简称案例8)

原告广州绅雅企业管理咨询有限公司诉称:原告与被告于2011年3月3日,就位于广州市天河区珠江西路1号广州大剧院地下空间的房地产,签订了《房屋租赁合同》及《补充协议》。合同第2条约定:被告同意将坐落在广州市天河区珠江西路1号广州大剧院地下空间房号的房地产出租给原告商业(包括但不限于餐饮)用途使用;合同第6.2条约定:被告在交付租赁物时,保证消防验收合格,产权清晰;协议第11.2条约定:被告应按国家及地方法规规定的标准保证其出租房屋的基础设施、设备功能完好;补充协议第11.1条约定:如因被告的原因而影响原告对涉案房屋的使用,被告应赔偿因此对原告造成的一切经济损失。原告与被告签约后,进行了一系列投资建设、招商引资项目,包括2011年8月11日与关某华签订商铺租赁合同用作商业用途;2011年9月14日原告启动了安装强、弱电,建设给排水工程并于2011年10月10日竣工;2011年10月19日启动分户电源、给水工程于2011年11月7日竣工。而就在关某华进行商铺装修的过程中,2011年11月22日广州市公安消防局以穗公消(建)字[2007]第0086号建筑工程消防设计的审核意见书告知“架空疏散门厅内不应设置功能用房”。原告才得知地段属于“架空疏散门厅内”,不应设置功能用房,此种情况与原告、被告所签署的合同约定不符。被告把明知因不符合消防安全标准而不具有商业功能的涉案地下空间区域出租给原告用作商业用途且一直未告知原告此地下空间不能用于商业用途的行为属于欺诈行为,是过错方。《广州市房屋安全管理规定》第13条规定,房屋使用过程中,未报经城市规划部门批准,不得擅自改变使用性质。又根据《合同法》第52条规定,被告违反了《广州市房屋租赁管理规定》关于不符合消防安全标准的房屋,不得出租和《广州市房屋安全管理规定》关于未报经城市规划部门批准,不得擅自改变房屋使用性质的强制性规定的,合同无效。根据合同无效原则,被告应返还原告支付的相关费用并赔偿损失。

被告广州大剧院管理有限公司辩称:被告不同意原告诉讼请求,诉争场地到底属于消防空间还是其他空间,至今为止都是不清晰的,也没有有效的证据证明这个位置不能出租而导致租赁无效。原告方的诉请主要的依据是与关某华诉讼纠纷案件的未生效判决认为该场地属于消防租赁场地,所以租赁无效。但据被告取得的相关材料显示,诉争区域已经取得相关的产权确认,同时也取得消防验收合格,所以被告认为租赁合同是有效的,即便是在因为场地的性质无法继续实现其租赁目的的情况下,按照最高人民法院的规定,仅属于可解除的范围,而不能认为该合同无效。

法院认为:原告与被告签订《房屋租赁合同》及《补充协议》,约定将涉案场地出租给原告作商业使用,是双方的真实意思表示,内容亦不违反法律、行政法规的强制性规定,该租赁合同应为合法有效的合同。原告认为涉案场地在规划上禁止作商业用途,故合同应无效。对此,涉案场地在规划上的用途决定了双方签订租赁合同的目的能否实现,但并不影响合同效力,不导致合同无效的法律后果,故原告以前述理由主张涉案租赁合同无效没有法律依据,本院不予支持。

(五)检索类案的分析

1. 比对案件基本事实

在检索出来的类案中,共同的基本事实都是未按照规划用途使用土地,不同点在于不同案件中规划土地的用途有所区别。在案例 1 中,案涉租赁合同将规划设计用途为“办公”的物业用于“酒店”商业服务。在案例 2 中,涉案租赁土地的规划用途为绿地,但双方签订的《租赁合同》约定用途为“绿色产业基地”。在案例 3 中,涉案土地用途为仓库用地,使用权类型为划拨。在案例 4 中,涉案临时仓库地块的规划用地性质为基础设施隔离带,批准了临时仓库建设,涉案土地被出租用于生产经营或商业用途。在案例 5 中,涉案土地权属来源为行政划拨,土地用途为度假村,租赁合同约定的用途为堆放建筑材料。在案例 6 中,诉争土地规划用途为工业用地,出租用于养殖龙虾。在案例 7 中,涉案土地权属性质属国有土地,批准用途为林业,出租给被告废品收购使用。在案例 8 中,涉案标的物为地下空间的房产,该区域内不应设置功能用房,被告将上述房屋出租给原告作商业使用。

2. 比对案件诉讼程序

案例 1、案例 4、案例 5 为二审程序,案例 2、案例 3 为再审程序,均对合同效力进行了明确的认定。案例 6、案例 7、案例 8 为一审程序,未检索到相应的二审判决书。

3. 比对法律适用意见

经过比对上述案例的法律适用意见,认为违反土地用途规划的租赁合同并不当然无效的案例是案例 1、案例 3 和案例 8。在案例 1 中,法院认为,即使案涉租赁合同对于物业的使用违反了规划用途,但并未侵害国家、集体或者他人利益,不违反效力性强制规范,合同不必然因此无效。在案例 3 中,法院认为,《合同法》第 52 条第 5 项规定的"强制性规定",是指效力性强制性规定,即该法律、行政法规中明确规定如果违反将导致合同无效,或者虽未明确规定违反之后将导致合同无效,但若使合同有效将损害国家利益和社会公共利益。划拨土地使用权经市、县人民政府土地管理部门和房产管理部门批准后允许出租,但并未明确未经批准将导致租赁合同无效。故《租赁合同》系双方真实意思表示,且不违反法律、行政法规强制性规定,应属合法有效,双方当事人均应按照约定履行合同义务。在案例 8 中,法院认为,涉案场地在规划上的用途决定了双方签订租赁合同的目的能否实现,但并不影响合同效力,不导致合同无效的法律后果。

认为违反土地用途规划的租赁合同无效的案例是案例 2、案例 4、案例 5、案例 6 和案例 7。在案例 2 中,法院认为,涉案租赁土地的规划用途为绿地,但双方签订的《租赁合同》约定用途为"绿色产业基地",因改变土地规划用途,违反法律、行政法规的强制性规定,因而《租赁合同》无效。在案例 4 中,法院认为,规划用地性质为基础设施隔离带,且已超过临时建筑的许可期限。此外,双方当事人对该租赁物约定为生产经营或商业用途,与该租赁物被规划为高速公路附属设施的用途不符,故上述《租赁协议书》及《补充协议》无效。在案例 5 中,法院认为,因涉案土地登记的土地用途为度假村,而陈某与张某签订的《场地使用合同》中约定的用途为堆放建筑材料,改变了涉案土地的规划用途,违反了法律法规的禁止性规定,该合同无效。在案例 6 中,法院认为,因租赁土地未办理土地用途变更审批手续,违反了《城镇国有土地使用权出让和转让暂行条例》第18条的强制性规定,该合同无效。在案例7中,法院认为,土地性质批准用途为林业,但原告与被告签订合同的房屋、土地用途是用于废品收购,改变了土地用途;原告未取得所租赁房屋的建设工程规划许可证,依照相关的法律规定,其与被告订立的房屋租赁合同无效。综合本案,应认定原告与被告订立的房屋(场地)合同为无效合同。

需要注意的是,虽然案例2、案例4、案例5、案例6和案例7都最终认定涉案的租赁合同无效,但上述案例也有不同之处。由于上述案例中土地的规划用途不同(分别为绿地、基础设施隔离带、度假村、工业用地、林业),其与国家利益和社会公共利益的关联度也不同。在案例4中,法院还结合涉案建筑已超过临时建筑的许可期限等因素,综合认定租赁合同无效。在案例7中,法院结合原告未取得所租赁房屋的建设工程规划许可证等因素,综合认定租赁合同无效。

(六)初步结论

关于土地规划和用途的相关法律法规,有如下一些规定。《城镇国有土地使用权出让和转让暂行条例》(1990年国务院令第55号)第44条规定:“划拨土地使用权,除本条例第四十五条规定的情况外,不得转让、出租、抵押。”第45条规定:“符合下列条件的,经市、县人民政府土地管理部门和房产管理部门批准,其划拨土地使用权和地上建筑物,其他附着物所有权可以转让、出租、抵押:(一)土地使用者为公司、企业、其他经济组织和个人;(二)领有国有土地使用证;(三)具有地上建筑物、其他附着物合法的产权证明;(四)依照本条例第二章的规定签订土地使用权出让合同,向当地市、县人民政府补交土地使用权出让金或者以转让、出租、抵押所获收益抵交土地使用权出让金。”第46条规定:“对未经批准擅自转让、出租、抵押划拨土地使用权的单位和个人,市、县人民政府土地管理部门应当没收其非法收入,并根据情节处以罚款。”

《城市房地产管理法》第56条规定:“以营利为目的,房屋所有权人将以划拨方式取得使用权的国有土地上建成的房屋出租的,应当将租金中所含土地收益上缴国家。具体办法由国务院规定。”《土地管理法》第56条规定:“建设单位使用国有土地的,应当按照土地使用权出让等有偿使用合同的约定或者土地使用权划拨批准文件的规定使用土地;确需改变该幅土地建设用途的,应当经有关人民政府土地行政主管部门同意,报原批准用地的人民政府批准。其中,在城市规划区内改变土地用途的,在报批前,应当先经有关城市规划行政主管部门同意。”

关于民事法律行为效力,《民法典》第153条规定:“违反法律、行政法规的强制性规定的民事法律行为无效。但是,该强制性规定不导致该民事法律行为无效的除外。违背公序良俗的民事法律行为无效。”《合同法》第52条第4项规定,损害社会公共利益的合同无效,《民法典》第153条未再直接使用公共利益的表述,而是用“公序良俗”的概念包含了“公共利益”的内容。《最高人民法院关于当前形势下审理民商事合同纠纷案件若干问题的指导意见》(法发〔2009〕40号)第16条规定:“人民法院应当综合法律法规的意旨,权衡相互冲突的权益,诸如权益的种类、交易安全以及其所规制的对象等,综合认定强制性规定的类型。如果强制性规范规制的是合同行为本身即只要该合同行为发生即绝对地损害国家利益或者社会公共利益的,人民法院应当认定合同无效。如果强制性规定规制的是当事人的‘市场准入’资格而非某种类型的合同行为,或者规制的是某种合同的履行行为而非某类合同行为,人民法院对于此类合同效力的认定,应当慎重把握,必要时应当征求相关立法部门的意见或者请示上级人民法院。”

根据上述法律规范的意见,在判断管理性规定与效力性规定时,结合国家利益或者社会公共利益判断更为妥当。如果违反了法律、行政法规的规定,同时也损害了国家利益或者社会公共利益,则该法律、行政法规的规定可以认定为效力性强制性规定。有些法律、行政法规的规定难以认定为效力性规定,但在具体案件中违反了该项规定同时又损害了国家利益或者社会公共利益,就应当适用《民法典》第153条第2款的规定,违背公序良俗的民事法律行为无效。

在涉及土地性质和用途的合同效力判断上,需要结合土地性质和用途与公共利益的关联性来判断。如果当事人将农用地用于非农建设未履行批准程序,或者将规划用于绿地、林地、教育、医疗等涉及公共领域的划拨土地改变用途出租给他人经营,该行为一般可以认定损害了社会公共利益归于无效。如果当事人将规划用途为仓储的城镇建设用地出租给他人经营办公,即便该土地使用权的获得方式为划拨,但该出租行为对公共利益并无直接损害,且可以通过补缴土地出让金或者罚款等方式予以弥补,一般不宜认定该出租行为无效。

三、未经同意擅自转租的合同效力

(一)待决案件的基本案情和争议问题

1. 待决案件的基本案情

张某将城镇建设用地上的厂房租给王某,租期 10 年,自 2015 年 1 月 1 日至 2025 年 1 月 1 日,合同约定未经张某书面同意,王某不得将厂房转租。2019 年 1 月,王某未经张某同意,将厂房转租给李某,租期自 2019 年 1 月 1 日至 2029 年 1 月 1 日。2019 年 3 月,张某发现王某将厂房转租给李某的事实,张某明确表示不同意王某转租并诉至法院。张某诉请:1. 解除张某与王某之间的厂房租赁合同;2. 确认王某与李某之间签订的转租合同(包括超出原租赁合同租期的部分)无效;3. 要求王某承担违约责任;4. 要求王某、李某将厂房腾退交还张某。

2. 待决案件的争议问题

王某未经张某同意将厂房转租李某的租赁合同是否有效,转租合同租期超出原租赁合同的租期是否有效。

(二)类案检索平台

法信

(三)类案检索条件

1. 案由:租赁合同纠纷

2. 核心事实:擅自转租　转租期限　超出原合同期限

3. 争议焦点:转租合同效力　超期部分的效力

(四)检索类案的选取

地域:最高人民法院、各地高级人民法院、各地中级人民法院

时间:2017~2020年

最高人民法院典型案例

无

各地高级人民法院典型案例

(1)重庆市高级人民法院:(2018)渝民申1919号,王某与王某乙房屋租赁合同纠纷(以下简称案例1)

重庆市高级人民法院认为,王某以其与王某乙签订的《商铺转让协议》无效为由向人民法院提起诉讼,本案审查的焦点为王某与王某乙签订的《商铺转让协议》是否有效。租赁关系中,承租人未经出租人同意将租赁物转租的,转租行为无效。本案中,王某乙举示的《申请书》中明确载明商铺出租人银佳超市同意王某乙将商铺转租。该申请书上有银佳超市负责人签字并加盖了银佳超市的印章。可以认定银佳超市同意王某乙将承租商铺转租给王某,王某乙与王某的《商铺转让协议》有效。二审法院据此驳回王某相应诉讼请求并无不当。

(2)北京市高级人民法院:(2019)京民申3854号,中国石油天然气股份有限公司北京销售分公司与北京金思诚投资顾问有限公司租赁合同纠纷(以下简称案例2)

二审法院认为,本案二审争议的焦点在于出租人与承租人的租赁协议到期后,承租人与次承租人的合同效力问题。本案中,涉案场地的出租人为案外人大顺斋公司,其将涉案场地出租给金思诚公司,而后金思诚公司将涉案场地转租于中石油公司。大顺斋公司与金思诚公司之间的《场地租赁协议》的租赁期限至2018年3月21日到期,大顺斋公司亦已向金思诚公司发出收回土地的函件。但是,根据金思诚公司与中石油公司签订的《场地租赁协议》的有关约定,该协议的履行期限应延长至2020年11月21日,已经超过大顺斋公司与金思诚公司之间《场地租赁协议》约定的场地租赁期限。《租赁合同司法解释》第15条规定:承租人经出租人同意将租赁房屋转租给第三人,转租期限超过承租人剩余租赁期限的,人民法院应当认定超过部分的约定无效。但是出租人与承租人另有约定的除外。依据上述规定可以看出,金思诚公司与中石油公司之间协议的租赁期限超过2018年3月21日的应属无效。对此,一审法院认定正确。

中石油公司不服二审判决,申请再审。北京市高级人民法院认为,转租期限超过承租人剩余租赁期限的合同,超过部分无效。本案中,涉案场地的出租人为案外人大顺斋公司,其将涉案场地出租给金思诚公司,金思诚公司再转租给中石油公司。大顺斋公司与金思诚公司之间租赁合同约定租赁期限至2018年3月21日,金思诚公司与中石油公司之间租赁协议的履行期限为2020年11月21日,后者期间已经超过前者租赁期间,故超出部分应认定无效。

(3)福建省高级人民法院:(2019)闽民申309号,叶某棋、叶某英租赁合同纠纷(以下简称案例3)

福建省高级人民法院认为:1.关于应否追加福州市国有房产管理中心作为第三人参加诉讼的问题。本案是叶某英提起诉讼,请求确认叶某棋、叶某良、王某光签订的《租赁合同》无效并要求赔偿损失。福州市国有房产管理中心不是讼争《租赁合同》的当事人,且叶某英提供的其与福州市国有房产管理中心于2015年4月10日签订的《福州市直管非住宅公房租赁合同》,该合同确定了租期、租金及未经福州市国有房产管理中心批准不得转租。根据该合同,对叶某英转租给叶某棋及叶某棋再次对外转租的合同效力及相关事实可以作出认定和处理,因此,无须追加福州市国有房产管理中心作为第三人参加本案诉讼。2.关于叶某棋、叶某良、王某光签订的《租赁合同》是否有效的问题。2006年4月20日,叶某英出具《公房店面租赁转移使用承诺书》,承诺将讼争房产转移给叶某棋使用经营,今后租赁租金由叶某棋负责交纳,即叶某英将讼争房产转租给叶某棋,该转租行为违反了叶某英与福州市国有房产管理中心签订的《福州市直管非住宅公房租赁合同》第11条之约定,该条款约定非经福州市国有房产管理中心批准原则上不得转租。鉴于双方均无证据证明福州市国有房产管理中心已经批准同意叶某英对外转租,故叶某英与叶某棋之间的租赁合同应为无效,叶某棋与王某光签订的租赁合同同样应为无效,原审法院判决认定讼争合同无效并无不当。

(4)广东省高级人民法院:(2019)粤民申13474号,梁某、陈某珠租赁合同纠纷(以下简称案例4)

广东省高级人民法院认为:(一)关于电白盐场与陈某云、梁某签订的《虾塘承包合同》是否已经解除的问题。根据二审查明事实,盐业集团于2007年10月

17日与茂名市政府签订《调整国有土地使用权协议书》,将原属电白盐场的涉案虾塘土地使用权调整给茂名市政府。依据《合同法》第229条“租赁物在租赁期间发生所有权变动的,不影响租赁合同的效力”的规定,梁某、陈某云与电白盐场签订的《虾塘承包合同》的效力不受土地使用权变动的影响。茂名市政府在取得涉案虾塘土地使用权之后,并没有主张解除案涉合同。2010年2月2日,电白盐场通过特快专递将《解除合同通知书》邮寄给陈某云。根据该通知书,电白盐场提出解除合同的理由是陈某云、梁某长期拖欠租金,构成严重违约。但此后案涉土地一直由梁某等人使用,并未交还给出租人。一审、二审判决在没有查明电白盐场主张解除合同的理由是否成立、有无合同解除权的情况下,即认定《虾塘承包合同》已解除,在事实认定和适用法律上存在不当。(二)关于梁某与蔡某签订的《虾塘租赁合同书》中涉土地使用权租赁部分的效力问题。根据《合同法》第224条第2款“承租人未经出租人同意转租的,出租人可以解除合同”的规定,茂名市政府是否同意梁某、陈某珠将涉案虾塘转租给蔡某,并不影响《虾塘租赁合同书》的效力。一审、二审判决以梁某在《虾塘承包合同》解除后不再享有承包经营权,其与陈某珠将涉案虾塘转租给蔡某的行为损害了土地权属人的合法权益为由,认定《虾塘租赁合同书》中涉土地使用权租赁的部分无效,亦缺乏充分的事实和法律依据。

各地中级人民法院案例

(1)北京市第二中级人民法院:(2018)京02民终439号,北京瀚海雅苑餐饮管理有限公司与中国民族贸易促进会房屋租赁合同纠纷(以下简称案例5)

一审法院认为,瀚海公司与民族促进会之间签订的《合作协议》,双方均认可名为合作,实为租赁,所谓扶持资金即租金。承租人经出租人同意,可以将租赁物转租给第三人。出租人知道或者应当知道承租人转租,但在6个月内未提出异议,其以承租人未经同意为由请求解除合同或者认定转租合同无效的,人民法院不予支持。本案中,北京市东城区龙潭公园管理处虽曾向瀚海公司发送不允许转租的函件,但其既未向法院起诉要求解除其与瀚海公司的合同,亦未明确要求确认瀚海公司与民族促进会之间合同无效,瀚海公司与民族促进会之间《合作协议》应属有效。该协议对双方当事人均具有约束力。当事人应当按照约定履行自己的义务，不得擅自变更或者解除合同。

二审法院认为：瀚海公司与龙潭公园管理处签订的《房屋租赁合同》约定瀚海公司转租应征得龙潭公园管理处的同意，否则龙潭公园管理处可选择提前终止合同。瀚海公司与民族促进会签订的《合作协议》名为合作，实为租赁。龙潭公园管理处向瀚海公司直接送达落款日期为2015年11月9日的《告知函》，明确表示不同意瀚海公司转租给民族促进会并限期收回。根据《租赁合同司法解释》第16条的规定，出租人知道或者应当知道承租人转租，但在6个月内未提出异议，其以承租人未经同意为由请求解除合同或者认定转租合同无效的，人民法院不予支持。龙潭公园管理处在知晓瀚海公司转租后，在6个月内对瀚海公司转租的行为明确提出异议，故瀚海公司转租的行为无效。承租人在事先没有得到出租人同意的情况下擅自出租房屋，属于无权处分的行为。因产权人龙潭公园管理处明确表示不同意瀚海公司转租给民族促进会，瀚海公司与民族促进会签订的《合作协议》的合同效力归于无效。原审判决对合同的效力认定有误，本院依法予以纠正。

（2）徐州市中级人民法院：（2020）苏03民终1061号，陈某与郭某、刘某租赁合同纠纷（以下简称案例6）

一审法院认定事实：2014年12月30日，案外人郑某和郭某签订租赁合同，约定郑某将位于邳州市的养殖场租赁给郭某，租赁期限为10年，自2014年12月30日起至2024年12月30日止，年租金36,000元。合同签订后，郭某增添部分设备开始经营。2016年12月10日，陈某（乙方）与郭某、刘某（甲方）签订猪场租赁合同书，约定甲方将位于邳州市的文明生猪养殖有限公司租赁给乙方，租赁范围为甲方猪场现有的固定资产（含土地使用权）、无形资产和现存的一切设施设备及其他一切附着物。租赁期限为8年，自2017年1月1日起至2024年12月20日止。乙方租赁甲方猪场年租金36,000元。合同签订后，陈某共交付两年租金72,000元，猪场低耗物品、饲料、生猪及各种设备折价5万元。陈某经营养猪场约1年后，案外人郑某发现养猪场转租，遂要求陈某搬离并阻挠其正常经营。后经中间人协商，2018年1月10日，陈某与案外人郑某签订租赁合同，约定陈某租用文明生猪养殖有限公司场地，自2018年1月10日至2018年2月12日，用期42天，租金5000元。同时，陈某交纳押金2万元给担保人用于担保陈某于2018年2月12日前无条件搬离猪场。租赁期满后，陈某搬离养猪场。

一审法院认为,陈某与郭某、刘某签订猪场租赁合同,未经养猪场所有人同意,擅自将案外人郑某所有的养猪场转租,因此,双方签订的猪场租赁合同无效。

二审法院认为,被上诉人郭某、刘某将郭某向案外人郑某承租经营的养殖场转租给上诉人陈某,与陈某之间形成转租合同的法律关系,郭某、刘某系转租人,陈某系次承租人。虽郭某、刘某的转租行为未经过出租人郑某同意,但其系在不脱离与郑某租赁关系的情况下与陈某订立的转租合同,该合同是双方当事人的真实意思表示,且现行《合同法》只规定了在未经出租人同意情况下出租人享有解除与转租人之间合同的权利,并未对转租合同的效力问题作出规定。出租人解除与转租人之间合同,仅使得转租人与次承租人之间转租合同的目的无法实现,但并不影响转租合同的效力。因此,陈某主张转租合同有效有事实和法律依据,本院予以支持。一审法院认定涉案转租合同无效属于适用法律不当,本院予以纠正。

(五)检索类案的分析

1. 比对案件基本事实

检索的类案基本事实相同,均涉及转租行为。略有不同的是,案例 1 认定承租人的转租行为获得了出租人的同意。

2. 比对案件诉讼程序

案例 1、案例 2、案例 3 和案例 4 均为申请再审程序,案例 5 和案例 6 为二审程序,上述案例中法院均对转租合同的效力作出了认定。

3. 比对法律适用意见

认定未经出租人同意转租合同无效的案例,为案例 1、案例 3 和案例 5。在案例 1 中,法院认为,租赁关系中,承租人未经出租人同意将租赁物转租的,转租行为无效。在案例 3 中,法院认为,转租行为违反了《福州市直管非住宅公房租赁合同》第 11 条之约定,鉴于双方均无证据证明福州市国有房产管理中心已经批准同意叶某英对外转租,故叶某英与叶某棋之间的租赁合同应为无效,叶某棋与王某光签订的租赁合同同样应为无效。在案例 5 中,法院认为,龙潭公园管理处在知晓瀚海公司转租后,在 6 个月内对瀚海公司转租的行为明确提出异议,故瀚海公司转租的行为无效。因产权人明确表示不同意瀚海公司转租给民族促进会,转租合同的效力应归于无效。

认定未经出租人同意转租合同并不当然无效的案例,为案例4和案例6。在案例4中,法院认为,根据《合同法》第224条第2款"承租人未经出租人同意转租的,出租人可以解除合同"的规定,茂名市政府是否同意梁某、陈某珠将涉案虾塘转租给蔡某,并不影响《虾塘租赁合同书》的效力。在案例6中,法院认为,《合同法》只规定了在未经出租人同意情况下出租人享有解除与转租人之间合同的权利,并未对转租合同的效力问题作出规定。出租人解除与转租人之间合同,仅使得转租人与次承租人之间转租合同的目的无法实现,但并不影响转租合同的效力。

在案例2中,并未直接涉及转租合同整体无效的问题,但对于转租合同超出原租赁合同租期部分的效力进行了认定。法院认为,转租合同的期限已经超过原租赁合同的期限,超出部分应认定无效。

(六)初步结论

关于转租合同和租赁期限的法律和司法解释,有如下的规定。《合同法》第224条规定:"承租人经出租人同意,可以将租赁物转租给第三人。承租人转租的,承租人与出租人之间的租赁合同继续有效,第三人对租赁物造成损失的,承租人应当赔偿损失。承租人未经出租人同意转租的,出租人可以解除合同。"《租赁合同司法解释》第15条规定:"承租人经出租人同意将租赁房屋转租给第三人时,转租期限超过承租人剩余租赁期限的,人民法院应当认定超过部分的约定无效。但出租人与承租人另有约定的除外。"第16条规定:"出租人知道或者应当知道承租人转租,但在六个月内未提出异议,其以承租人未经同意为由请求解除合同或者认定转租合同无效的,人民法院不予支持。因租赁合同产生的纠纷案件,人民法院可以通知次承租人作为第三人参加诉讼。"

关于未经出租人同意承租人转租的合同效力问题,许多法院通过对《租赁合同司法解释》第16条进行反面解释的方法认定,只要出租人在知道转租事实的六个月内提出异议,就可以宣告转租合同无效。上述观点和推理有一定的道理,但是在《买卖合同司法解释》第3条关于无权处分的买卖合同并不直接归于无效的规定出台之后,参照该条规定的立法精神,如果仍然认定未经同意的转租行为无效,似与《买卖合同司法解释》第3条的立法精神有冲突之嫌。

《民法典》第716条规定:"承租人经出租人同意,可以将租赁物转租给第三人。承租人转租的,承租人与出租人之间的租赁合同继续有效;第三人造成租赁物损失的,承租人应当赔偿损失。承租人未经出租人同意转租的,出租人可以解除合同。"第 718 条规定:"出租人知道或者应当知道承租人转租,但是在六个月内未提出异议的,视为出租人同意转租。"《民法典》的上述规定并未涉及转租合同的无效问题,"承租人擅自转租情况下,承租人虽不具有将租赁物进行转租的处分权,但其与第三人订立转租合同的效力应当适用无权处分的处理原则,转租合同的效力并不因此受到影响。因承租人的擅自转租,导致出租人解除合同的,承租人仍应当依照转租合同向第三人承担交付租赁物的义务,否则应当承担违约责任"[1]。未经出租人同意承租人转租的合同并不因此归于无效,出租人可以向承租人主张解除租赁合同,同时可以基于合同解除要求承租人返还租赁物,并基于物权请求权请求次承租人返还租赁物,次承租人基于转租合同有效所享有的对租赁物的债权请求权,不能对抗出租人对租赁物享有的物权请求权。

关于转租合同期限超出原租赁合同期限的问题,《民法典》第 717 条规定:"承租人经出租人同意将租赁物转租给第三人,转租期限超过承租人剩余租赁期限的,超过部分的约定对出租人不具有法律约束力,但是出租人与承租人另有约定的除外。"该条规定并未沿用《租赁合同司法解释》关于转租期限超出原租赁合同剩余租赁期限部分无效的表述,而是采取了"超过部分的约定对出租人不具有法律约束力"的表述方式。可以理解为,该超出部分的期限对于承租人和次承租人是有效的,对于承租人和次承租人具有约束力。"承租人与第三人之间的超期约定并不一定是故意违反法律造成的,不一定对公共利益造成影响,因此不属于当然无效的情况。并且,直接认定转租合同超期部分无效,侵害了承租人与第三人合同自治权利。因此,应当认可超期转租部分的合同效力,在超期部分不能履行时,由承租人向第三人承担违约责任。"[2]

---

〔1〕 最高人民法院民法典贯彻实施工作领导小组主编:《中华人民共和国民法典合同编理解与适用(三)》,人民法院出版社 2020 年版,第 1497 页。

〔2〕 最高人民法院民法典贯彻实施工作领导小组主编:《中华人民共和国民法典合同编理解与适用(三)》,人民法院出版社 2020 年版,第 1502~1503 页。

四、合同无效之后的利息给付

(一)待决案件的基本案情和争议问题

1. 待决案件的基本案情

徐某向法院起诉请求:1. 确认徐某与农庄公司签订的承包合同无效;2. 判令农庄公司向徐某返还承包费148,000元;3. 判令农庄公司支付利息,以148,000元为基数,按照中国人民银行同期贷款利率,自2017年6月18日起计算至被告实际给付之日止。被告农庄公司辩称:同意向原告徐某返还承包费,但不同意支付利息,徐某也有过错。

基本事实:2017年6月11日,农庄公司(甲方、发包方)与徐某(乙方、承包方)签署《农庄租赁合同》,合同约定乙方自愿承包“农庄”种植单元M-17号,占地面积为380平方米,共一座日光温室大棚及棚间土地。承包期限:按国家第二轮土地延包政策要求,为保障乙方的权益,分为两个承包期执行。甲方负责管理种植园的公共设施维护和维修、卫生及安全维护。乙方自交付使用之日起按年支付管理维护费,暂定1500元/年。大棚交付日期为2017年11月30日。该合同附件载明的大棚交付使用标准为:1. 温室大棚主体结构完成;2. 厂区道路完整;3. 房顶:彩钢板顶;4. 门窗:塑钢门窗;5. 内墙:水泥麻面;6. 外墙:青砖勾缝;7. 钢骨架:安装整齐;8. 供水系统:水入户、独立水表;9. 供电系统:市政用电,独立电表;10. 排水系统:每户独立下水。2017年6月17日,农庄公司向徐某出具148,000元收据一张,收款方式记载为刷卡。涉诉大棚未交付,涉诉大棚所属土地的规划用途为基本农田。

一审法院认为,因农庄公司未交付涉诉大棚,理应返还徐某已经支付的承包费,徐某的此项诉讼请求于法有据。徐某主张的利息,无事实及法律依据,一审法院不予支持。徐某不服一审判决结果,上诉请求法院支持其要求支付利息的诉讼请求。

2. 待决案件的争议问题

本案中,涉诉土地的规划用途为基本农田,徐某与农庄公司之间的租赁合同,改变了基本农田的规划用途,应属无效。本案二审的争议问题是,农村土地承包合同无效且双方对此均存过错,承包人请求发包人返还承包费时能否支付利息以及利息标准如何确定。

(二)类案检索平台

法信

(三)类案检索条件

1. 案由:农村土地承包合同纠纷[1]
2. 核心事实:农村土地　承包　大棚
3. 争议焦点:合同无效　利息

(四)检索类案的选取

地域:最高人民法院、北京市高级人民法院、北京市各中级人民法院

时间:2017 ~ 2020 年

最高人民法院典型案例

按照案由、核心事实和争议焦点的关键词未检索到类案,检索条件仅限定争议焦点的关键词后,检索到一个买卖合同纠纷和一个民间借贷纠纷,均具有一定参考性。

[1] 农村土地承包合同是指以农村集体经济组织成员家庭承包或者不宜采取家庭承包方式的荒山、荒沟、荒丘、荒滩等农村土地以招标、拍卖、公开协商等方式,承包农民集体所有和国家所有依法由农民集体使用的耕地、林地、草地,以及其他依法用于农业的土地的合同。土地租赁合同的范畴主要包括国有建设用地使用权租赁和集体建设用地使用权租赁,不包括农村的农用地。本案涉及的土地为农村基本农田非建设用地,本案合同标的物既涉及基本农田也包括地上的温室大棚,本案的案由(合同关系)应为农村土地承包合同纠纷,而非租赁合同纠纷。

(1)最高人民法院:济南森安房地产开发有限公司诉山东省无线电管理办公室商品房买卖合同纠纷上诉案(以下简称案例1)

《民事审判指导与参考》第37辑刊登一则最高人民法院判决的买卖合同纠纷案,一审法院认为,无线电办公室与森安公司签订的《期房购房合同》及《补充协议》为无效合同,双方应各自返还依据合同而取得的财产和利益,对造成的损失,因双方均有过错的,应当各自承担相应的责任。因此,森安公司应返还无线电办公室购房款8500万元及相应的部分利息,无线电办公室应赔偿森安公司损失1,206,340.91元。根据《合同法》第56条、第58条,《买卖合同司法解释》第2条之规定,判决:(1)无线电办公室与森安公司签订的《期房购房合同》为无效合同;(2)森安公司返还无线电办公室购房款8500万元;(3)森安公司返还无线电办公室8500万元购房款利息的1/2(自每笔款项交付森安公司之日起至判决生效之日止,按同期银行贷款利率计算);(4)无线电办公室赔偿森安公司损失1,206,340.91元。

最高人民法院二审认为,利息作为法定孳息的一种,其数额和利率标准、起止时间等直接相关,对买方而言,其损失主要就是已付款的利息;双方当事人对造成合同无效均有过错,故卖方对此应当承担一定的责任;买方主张利息作为其实际损失,为明确具体数额只能算至起诉时,对其后直至对方实际给付为止所产生的利息,亦应当属于买方的实际损失,在买方未明确表示放弃的情况下,卖方应有负担义务,对此一审判决予以支持,并无不妥。一审法院为便于纠纷妥善、彻底地得以解决,支持当事人的合理诉请,判令森安公司在返还本金时将利息按一定比例一并予以返还,并无不当。

(2)最高人民法院:(2015)民提字第74号,日照港集团有限公司煤炭运销部与山西焦煤集团国际发展股份有限公司借款合同纠纷案(以下简称案例2)

最高人民法院认为,在三方或三方以上的企业间进行的封闭式循环买卖中,一方在同一时期先卖后买同一标的物,低价卖出高价买入,明显违背营利法人的经营目的与商业常理,此种异常的买卖实为企业间以买卖形式掩盖的借贷法律关系。企业间为此而签订的买卖合同,属于当事人共同实施的虚伪意思表示,应认定为无效。在企业间实际的借贷法律关系中,作为中间方的托盘企业并非出于生产、经营需要而借款,而是为了转贷牟利,故借贷合同亦应认定为无效。借款合同无效后,借款人应向贷款人返还借款的本金和利息。因贷款人对合同的无效也存在过错,人民法院可以相应减轻借款人返还的利息金额。最高人民法院判决:一、撤销山西省高级人民法院(2014)晋商终字第7号民事判决、山西省太原市中级人民法院(2012)并商初字第119号民事判决;二、日照港集团有限公司煤炭运销部与山西焦煤集团国际发展股份有限公司签订的《煤炭购销合同》无效;三、山西焦煤集团国际发展股份有限公司于本判决生效后10日内返还日照港集团有限公司煤炭运销部1760万元并支付利息(利息按中国人民银行同期同类存款基准利率,自2007年8月1日起计算至本判决指定的履行期限内实际支付之日止)。

北京市高级人民法院典型案例

按照案由、核心事实和争议焦点的关键词未检索到类案,检索条件仅限定争议焦点的关键词后,检索到一件民间借贷纠纷,具有一定参考性。

在(2019)京民终322号案件中(以下简称案例3),北京市高级人民法院认为,借贷合同无效,双方存在过错,借款人需要返还出借人本金及利息(按照中国人民银行同期同类贷款基准利率计算)。

北京市各中级人民法院案例

(1)北京市第一中级人民法院:(2019)京01民终2667号(以下简称案例4)

2013年3月,彭某(乙方,承包方)与天韵赢公司(甲方,发包方)签订《天韵赢庄园承包合同》,约定:乙方自愿承包某村种植单元9号,占地面积800平方米,承包期限为29年;乙方向甲方支付温室承包费用258,000元。涉案地块为基本农田保护区、一般农地区。2017年8月,当地镇政府开展集中清理整治"违规农业设施"行为,涉案大棚所在园区因涉及违建被完全拆除。彭某起诉请求:确认《庄园承包合同》解除;天韵赢公司返还承包款及支付利息(按照中国人民银行同期贷款利率,自2013年4月17日起至款项付清之日止)。

一审法院认为,根据《民法总则》第146条之规定,行为人与相对人以虚假的意思表示实施的民事法律行为无效。以虚假的意思表示隐藏的民事法律行为的效力,依照有关法律规定处理。该案中,彭某与天韵赢公司签订的《天韵赢庄园承包合同》中虽然书面约定为农业种植用途,但根据天韵赢公司处大棚存在的违法建设情况、彭某关于因受天韵赢公司样板间影响而购买涉案大棚的陈述及彭某在使用经营大棚的过程中进行地面硬化及加装铁门等,足以证明双方在订立合同时存在的改变大棚使用用途的合意。涉案土地地类为农用地,双方合意将农用地用于非农业建设,违反相关法律规定。双方签订的《天韵赢庄园承包合同》符合合同无效情形,该院确认该合同无效。合同无效或者被撤销后,因该合同取得的财产,应当予以返还;不能返还或者没有必要返还的,应当折价补偿。有过错的一方应当赔偿对方因此所受到的损失,双方都有过错的,应当各自承担相应的责任。该案中,双方合意以订立合同的合法形式达到违法使用涉案土地的目的,对于合同无效均存在过错,双方对因此受到的损失承担相应责任。天韵赢公司应退还彭某承包款,对彭某主张退还承包款153,515元,该院予以支持,对彭某主张的装修费及利息损失,该院不予支持。一审法院判决:一、确认彭某与天韵赢公司签订的《天韵赢庄园承包合同》无效;二、天韵赢公司返还彭某承包费153,515元,于判决生效后10日内履行;三、驳回彭某的其他诉讼请求。

彭某上诉请求:改判天韵赢公司向彭某返还承包费213,500元。

二审法院认为,彭某起诉时诉讼请求虽为请求判令天韵赢公司返还承包款213,515元,但在宣读起诉书时,将要求天韵赢公司返还承包款213,515元变更为返还承包款及实际损失213,515元;一审庭审过程中,彭某又将返还承包款及实际损失213,515元变更为返还承包款及损失258,000元,因天韵赢公司要求答辩期,彭某申请撤回变更申请;后法庭要求明确承包款及损失213,515元如何计算,彭某称根据总的承包款扣除自承包开始到使用的费用,加上装修费60,000元,并结合彭某委托诉讼代理人具有承认、变更、放弃诉讼请求的权限的事实,一审法院据此认定彭某关于213,515元的诉讼请求为判令天韵赢公司返还彭某承包款及实际损失213,515元(含装修费60,000元)正确,本院对此不持异议,故彭某的上诉理由缺乏依据,本院不予采信。二审法院判决驳回上诉,维持原判。

(2)北京市第二中级人民法院:(2019)京02民终12954号(以下简称案例5)

2013年5月,广明兴华公司(出租方,甲方)与张某(承租方,乙方)签订租赁合同,甲方将村北约7亩左右的土地租赁给乙方使用,期限60年,总租赁费320万元。张某接收涉诉土地后,即开始在涉诉土地上建设房屋。2013年9月,镇政府向张某下发了责令停止建设通知书。当月,张某建设的房屋被强制拆除。房屋被拆除后,张某与广明兴华公司未办理涉诉土地返还手续,张某撤离涉诉土地。张某向法院起诉请求:确认租赁合同无效;广明兴华公司返还土地租赁费320万元及利息(按同期银行贷款利率计算,自2013年6月17日起至实际给付之日止)。

法院认为,广明兴华公司对于张某租赁土地用于非农建设是认可的、明知的,双方对造成合同无效均存在过错。因张某已实际使用涉诉土地一段时间,虽然合同无效,但张某也应支付土地占用费。关于给付土地占用费的终止时间,2013年9月30日,张某建设的房屋被强制拆除后,虽然张某撤离了涉诉土地,但双方一直未办理涉诉土地返还手续,应视为张某继续占有涉诉土地。法院根据本案的实际情况,酌情确定给付土地占用费的终止时间为2013年12月31日。广明兴华公司已收取的土地占用费多出的部分应当予以返还,张某实际已支付土地占用费320万元,广明兴华公司应返还3,168,926元。对于张某要求支付利息的诉讼请求,法院酌情确定自本案起诉之日(2016年3月8日)起,以广明兴华公司应返还部分的土地占用费为本金,按中国人民银行同期贷款利率支付利息,至广明兴华公司履行给付义务之日止。

(3)北京市第三中级人民法院:(2019)京03民终12755号(以下简称案例6)

2017年5月,北顺畅公司作为甲方,与乙方久海纳公司签订《土地租赁合同书》一份。土地面积400亩,租期3年,租金400万元,租赁用途是停放车辆。涉案土地总体规划为永久基本农田、一般农地区。2017年9月,镇政府向久海纳公司出具了《责令改正通知书》,理由是久海纳公司擅自在承租地上铺放固体物料停放车辆的行为,改变了原有土地使用性质及用途,违反了相关规定,要求久海纳公司限期清除铺放的固体物料及停放的车辆,恢复土地种植条件。久海纳公司向法院起诉请求:北顺畅公司退还久海纳公司租金260万元及利息(以260万元为基数,按照中国人民银行同期贷款基准利率计算,自2017年9月起至实际给付之日止)。

法院认为,双方之间签订涉诉合同目的是使用涉诉土地停放车辆。根据已查明的涉诉土地规划用途,双方之间的涉诉合同改变了土地用途,该合同应属无效。经核算,除去已经实际占有的使用费用,剩余费用2,027,451.62元应当退还。对于该部分费用的利息损失起算时间,法院酌情调整为 2017 年 10 月 1 日,按照中国人民银行同期贷款基准利率为标准计算。

(五)检索类案的分析

1. 比对案件基本事实

检索出类案的范围包括买卖合同纠纷、借款合同纠纷和农村土地承包合同纠纷,虽然这些案例的案由不尽相同,但是涉案合同均被认定无效,均涉及合同无效之后的款项返还问题,在此方面属于类似案件。

2. 比对案件诉讼程序

检索出类案的诉讼程序包括二审程序和再审程序。需要注意的是,在案例 4 中,一审法院对彭某主张的装修费及利息损失不予支持,彭某上诉请求依法改判天韵赢公司向彭某返还承包费 213,500 元。二审法院认为,彭某的上诉请求不能成立,应予驳回。虽然二审法院维持了一审的判决结果,但由于二审的审理范围是围绕上诉人的上诉请求进行审理,对于上诉人未提起上诉的部分原则上不予审理。[1] 因此,二审法院在"本院认为"部分并未论述利息是否应予支持以及标准问题,通过本案无法判断二审法院对于合同无效后利息返还问题的法律适用意见。

3. 比对法律适用意见

根据《合同法》第 58 条的规定,合同无效或者被撤销后,因该合同取得的财产,应当予以返还;不能返还或者没有必要返还的,应当折价补偿。有过错的一方应当赔偿对方因此所受到的损失,双方都有过错的,应当各自承担相应的责任。检索出的类案均适用《合同法》第 58 条解决了合同无效之后的利息问题,但在是否支付利息以及标准问题上存在分歧。

不支持给付利息的主要理由:在双方均有过错的前提下,各方应当承担各自的损失,利息作为支出资金一方的损失,应当由其自行承担,而不应由占有资金一方承担。例如,在案例 4 中,彭某向发包公司支付了款项,发包公司在获得款项后向其交付了庄园。由于庄园属于违法建筑被镇政府拆除,在涉案合同无效

[1] 《民诉法司法解释》第 323 条规定:第二审人民法院应当围绕当事人的上诉请求进行审理。当事人没有提出请求的,不予审理,但一审判决违反法律禁止性规定,或者损害国家利益、社会公共利益、他人合法权益的除外。

之后,彭某无法向发包公司返还庄园亦无须向发包方赔偿庄园的损失。在彭某与发包公司承包合同无效过错的认定上,可以认定发包公司属于主要过错方,因此,其承担庄园的损失符合过错损失相一致的原则。对于彭某而言,其对于承包合同的无效存在一定的过错,对于其主张的利息损失不予支持,也能够与其过错程度相适应。

支持利息的主要理由:无论双方对于合同无效是否均存在过错,作为资金占用方,资金被占用期间必然产生孳息,该部分孳息在合同无效后自应返还给支出资金的一方,否则占有资金一方将会因为合同无效而获益。换一个角度来看,如果资金占用方从银行贷款也需要支付相应的贷款利息,因此,在合同无效之后按照贷款利率的标准向支出资金一方支付利息比较妥当。从检索类案的裁判结果来看,大部分类案支持合同无效之后应当返还本金及利息,但是对于利息的标准存在分歧,多数类案支持按照贷款利率的标准支付利息损失,少数类案采取了其他标准。例如,在案例 1 中,一审法院认定的标准是按同期银行贷款利率计算购房款利息的 1/2。最高人民法院认为,一审法院为便于纠纷妥善、彻底地得以解决,支持当事人的合理诉请,判令森安公司在返还本金时将利息按一定比例一并予以返还,并无不当。在案例 2 中,最高人民法院认为,借款合同无效后,借款人应向贷款人返还借款的本金和利息。因贷款人对合同的无效也存在过错,人民法院可以相应减轻借款人返还的利息金额,最终按照中国人民银行同期同类存款基准利率支付利息。最高人民法院上述两个判决,都没有采用贷款利率的标准,而是考虑合同双方的过错采用了存款基准利率或者贷款利率 1/2 的标准。

(六)初步结论

司法实践中关于合同无效之后的利息给付问题存在不同的观点,即便是在支持给付利息的观点里面也有不同的标准,且各自都有相应的理由支撑。需要注意在一定区域内发生的同类案件,特别是案由相同的同类案件或者某一方当事人相同的同类案件,应尽量保持裁判标准的统一。

五、冒名处分不动产的法律适用

（一）待决案件的基本案情和争议问题

1. 待决案件的基本案情

张某与王某系夫妻关系，房产登记在张某和王某名下。张某趁王某不注意取走王某的身份证和房产证，并协同第三人冒用王某的名义，向小贷公司借款并以上述房屋抵押，然后到房地产登记部门办理了房屋抵押登记手续。王某知悉上述抵押事实后向法院提起诉讼，要求确认抵押合同无效、小贷公司对上述房产不享有抵押权。小贷公司主张，其已尽到审查义务，向张某发放了贷款，构成对上述房屋抵押权的善意取得。

2. 待决案件的争议问题

冒名处分房地产设定抵押的行为是否构成无权处分，小贷公司是否尽到了注意义务，能否善意取得抵押权。

（二）类案检索平台

法信

（三）类案检索条件

1. 案由：借款合同纠纷/民间借贷纠纷
2. 核心事实：冒名　房产抵押
3. 争议焦点：抵押权　善意取得

（四）检索类案的选取

地域：最高人民法院、各地高级人民法院、各地中级人民法院

时间：2016～2020 年

最高人民法院典型案例

无

各地高级人民法院典型案例

江西省高级人民法院:(2016)赣民再31号,中国农业银行景德镇新兴支行与占某芳、占某松金融借款合同纠纷(以下简称案例1)

江西省高级人民法院认为,关于占某芳授意李某冒用占某松名义签订借款合同将其共有房产抵押行为的法律性质认定的问题。无权处分系无处分权人以自己的名义处分他人财产。本案中李某系冒用占某松名义处分他人财产,从形式上看是冒名处分,并不具备无权处分的形式要件。但本案有别于一般情况下的冒名处分,特殊之处在于:首先,李某冒名占某松系根据占某芳授意进行,李某并非为自己利益实施冒名行为,系为占某芳利益实施,李某的冒名行为实际上是占某芳的意思表示;其次,本案抵押房产登记在占某芳名下,系其与占某松的共有财产,占某芳授意李某冒名占某松系为实现其处分共有房屋中占某松所占份额之目的。因而,李某冒名占某松并非典型意义上的冒名处分,李某冒名的行为实际上是占某芳处分共有物的具体手段和方式,此种形式与占某芳采用其他隐瞒房屋共有人的手段处分共有物并无本质区别,应当认定李某冒名占某松的行为就是占某芳以自己的名义对共有房屋中占某松所占份额的处分行为。由于占某芳对占某松在共有房屋所占份额的处分没有经过占某松授权,占某芳授意李某冒名占某松签订《最高额担保个人借款合同》及其附件将共有房产中占某松所占份额用于抵押的行为构成无权处分。

关于农行新兴支行能否善意取得抵押权的问题。《物权法》第106条规定,无处分权人将不动产或者动产转让给受让人的,所有权人有权追回;除法律另有规定外,符合下列情形的,受让人取得该不动产或者动产的所有权:(一)受让人受让该不动产或动产时是善意的;(二)以合理的价格转让;(三)转让的不动产或者动产依照法律规定应当登记的已经登记,不需要登记的已经交付受让人。该条第3款还规定,当事人善意取得其他物权的,参照前两款规定。分析本案农行新兴支行对占某芳无权处分占某松之财产是否构成善意取得,应当对照法律规定的条件分析。首先,要分析农行新兴支行取得抵押权时是否是善意的。本案抵押房屋系登记在占某芳一人名下,签订合同时占某芳与假冒配偶李某共同到场签名,且占某芳按照李某的相貌伪造了占某松的身份证、结婚证。上述事实说明农行新兴支行在对占某芳办理抵押贷款时已经注意到抵押房屋可能存在其他共有人,并要求共有人携带身份证件到场签名,并进行了审查。本案中没有证据显示农行新兴支行可以对身份证、结婚证的真伪进行有效识别,更没有证据显示农行新兴支行明知占某松系李某冒名,农行新兴支行在取得抵押权的过程中并无明显过错,可以认定农行新兴支行是善意的。其次,农行新兴支行系为发放贷款取得争议房屋抵押权,已经支付了合理代价。最后,本案房屋已经办理了抵押权登记,该登记至今未被撤销。因而,本案农行新兴支行的行为符合善意取得条件,可以取得抵押房产中占某松所占份额的抵押权。

各地中级人民法院案例

(1)北京市第三中级人民法院:(2019)京03民终1767号,张某与姚某玲民间借贷纠纷(以下简称案例2)

二审法院认为,根据已经发生法律效力的刑事判决书载明的内容,姚某霞供述"姚某霞从张某借的款项用于偿还其欠杜某月等人的高利贷款项,刘某介绍了张某,姚某霞跟张某重新签订合同,将房屋抵押给张某"。刑事诉讼中,证人亦证明张某提供给姚某霞的款项用途。由此表明,姚某玲没有占有使用张某的款项,姚某玲不是张某的还款义务人,同时也表明,张某把姚某霞当成了姚某玲,姚某玲没有签订《房屋抵押借款合同》并办理房屋抵押登记的真实意思表示。合同的订立应是合同双方当事人的真实意思表示,现姚某玲并无签订涉案合同的意思表示,故该《房屋抵押借款合同》未成立,未成立的合同不发生合同效力。

根据已经发生法律效力的刑事判决书的认定,姚某玲并非基于姚某霞虚构事实、隐瞒真相的行为"自愿"将涉案房屋抵押给张某,而是基于姚某霞使用秘密窃取手段将其房产证窃取后,在其不知情的情况下被姚某霞冒用其名义私自进行了处分。就不动产善意取得而言,之所以法律会在处分人没有处分权的情况下,仅仅因为买受人的善意而认可买受人发生如同处分人有处分权时相同的法律效果,关键原因在于当事人是对登记簿上记载的权利事项的正确性存在信赖。然而,在冒名处分行为中,登记簿的权利事项并无错误,只是由于处分人通过犯罪的方式来假冒真实权利人处分不动产,导致了第三人对与其从事交易的对象发生了认识上的错误。尽管与处分人进行交易的第三人可能是善意的、无过失的,但是,真实的权利人同样善意且无过错。具体到本案中,冒名者姚某霞通过犯罪的方式来假冒真实权利人姚某玲处分不动产,导致了张某对与其从事交易的对象发生了认识上的错误,在现有证据不能证明真实的权利人姚某玲对涉案房屋的抵押具有恶意且有过错的情形下,本案不能适用不动产的善意取得。

(2)杭州市中级人民法院:(2020)浙01民再3号,蒋某、沈某甲民间借贷纠纷(以下简称案例3)

法院认为,冒名处分是指行为人使用他人名义实施法律行为,无权处分是指没有处分权而处分他人的财产,无权代理是指行为人没有代理权、超越代理权或者代理权终止后以被代理人的名义实施民事法律行为。三者的主要区别在于表现形式不一样。无权处分行为,行为人以自己的名义行事,行为人制造“权利外观”使第三人相信行为人有处分权;无权代理行为,行为人以被代理人的名义行事,被代理人制造的“权利外观”使第三人相信行为人有代理权;冒名处分行为,是行为人以权利人的名义行事,行为人制造的“身份外观”使第三人相信其就是权利人。无权处分行为不必然导致合同无效,无权代理行为属于效力待定的合同。因此,非亲自所为的民事法律行为,除存在代理或者构成表见代理情形的以外,并不发生法律效力,除非存在代理或表见代理之情形,冒名处分行为对被冒名人不产生法律效力。

冒名处分不动产不适用善意取得制度,“无权处分”是善意取得制度的适用前提,而“冒名处分”并不属于“无权处分”,但冒名行为与无权代理的法律关系结构相同,构成要件相似,可以类推适用无权代理、表见代理制度。虽然冒名处分行为无效,但在第三人善意的情况下,完全排斥善意相对人的合理信赖,有违法律保护交易安全的价值理念。本案可以通过相对人信赖的合理性、被冒名者的可归责性这两个要素的比较、权衡来评价案涉不动产冒名行为,在保障交易安全的同时,兼顾所有权人的利益。

根据本案查明的事实,首先,被上诉人沈某乙与沈某甲系父子关系,沈某乙通过案外人冒用“沈某甲”名义签订《抵押借款合同》并办理抵押登记时,案外人持有的是沈某甲的真实身份证和房产证,且根据抵押登记机构提供的办理抵押登记时的案外人照片来看，该冒名案外人与沈某甲身份证相貌确实较为相似，形成了足以使蒋某相信案外人即是沈某甲的外观事实；其次，在案外人自称其是“沈某甲”，并持有沈某甲的身份证、房产证原件情况下，具有相关经验和更强识别能力的登记机关在办理抵押登记时并未能识别沈某甲的身份，故要求借款人蒋某准确认识案外人身份显然过于严苛，客观上亦难以做到，应当认为蒋某已尽到了审慎的注意义务，故本院认为蒋某对案外人系沈某甲的身份表征形成了合理信赖；最后，在案证据显示，案涉房产曾于2016年10月11日至2017年4月10日被抵押登记，同样系冒名处分，冒名“沈某甲”人员即为本案同一案外人。沈某甲系完全民事行为能力人，对于身份证、房产证等重要证件应妥善保管，但其疏于管理，致使沈某乙多次轻易取得上述证件，并利用案外人冒用沈某甲的身份签订合同，沈某甲具有一定可归责性。

综合衡量双方利益，法院认为，本案可以类推适用《合同法》第49条“行为人没有代理权、超越代理权或者代理权终止后以被代理人名义订立合同，相对人有理由相信行为人有代理权的，该代理行为有效”的规定，案涉冒名处分行为发生抵押权效力。最后，本案涉嫌刑事犯罪，可采取刑事救济路径，受害人可向相关公安机关报案，以维护其合法权益。

(3)嘉兴市中级人民法院：(2020)浙04民申20号，嘉兴市佳实典当有限责任公司、葛某民间借贷纠纷(以下简称案例4)

嘉兴典当公司诉称，在签订典当借款合同和抵押合同时，葛某出示了其身份证和结婚证原件，代签人(系发生争议后才知道签订合同时黄某不是其本人)也出示了黄某的身份证原件，且表明是身份证上的本人，典当公司的工作人员此前并不认识两人，典当公司有理由相信当时的代签人系黄某本人。在办理抵押登记时，登记机关同样要求双方持公章和身份证原件进行面签，当时也是代签人持黄某的身份证办理抵押登记，登记机关也未发现代签人并非黄某本人，说明黄某与代签人长相相似，典当公司已尽到合理注意义务。典当公司在签订合同和办理抵押登记时是善意的，并且典当公司依据合同约定向对方支付了借款，典当公司应善意取得涉案房屋的抵押权。

法院认为，首先，不动产物权善意取得是在不动产物权登记权利归属的信息错误的情况下，善意第三人基于对不动产登记信息的信赖取得物权，而不是对实际实施处分行为主体身份的信赖。其次，冒名处分的人以他人的名义处分被冒名人的物权的法律行为,被冒名人根本没有与第三人达成处分自己物权的意思表示,对被冒名人没有法律约束力。再次,善意取得物权应建立在不动产处分法律行为有效基础上。本案中葛某与冒名人恶意串通将共有房屋抵押给嘉兴典当公司,损害了黄某的财产权,不受法律保护,应确认无效。因此,嘉兴典当公司主张的在抵押合同无效情况下善意第三人也能取得抵押权的理由不成立,其善意取得抵押权主张不予支持。最后,并非一切善意者都能得到信赖保护。善意的信赖保护应当有法律的明确规定。现法律没有规定善意第三人对冒用他人之名实施民事行为进行保护,而且真正的权利人也是无过错的善意的,不存在可归责性。本案中,冒用黄某之名抵押他人的房屋,尽管嘉兴典当公司出于善意,也不能适用善意取得制度。

(4)南充市中级人民法院:(2016)川13民终1920号,李某、蓬安县农村信用合作联社金融借款合同纠纷(以下简称案例5)

法院认为,无权处分行为不导致合同无效。李某在抵押合同上的签字虽被确认为虚假,章某处分共有财产未经李某同意,但对抵押合同效力不产生影响,原审认定抵押合同无效不当,本院予以纠正。章某持有与李某的婚姻关系证明、房产证、国有土地使用证,并与持有李某身份证件的自称李某的女子共同前往金溪信用社贷款,在此期间,章某并未提出冒名者非李某本人,基于章某与李某的夫妻关系,金溪信用社在接受抵押时有理由相信冒名者是李某本人,金溪信用社尽到了审查义务,且案涉房屋已办理抵押登记,符合抵押权善意取得的构成要件,金溪信用社可以取得案涉房屋的抵押权。

(5)镇江市中级人民法院:(2017)苏11民终1892号,江苏镇江农村商业银行谏壁支行与朱某、镇江市金星矿山设备制造有限公司等金融借款合同纠纷(以下简称案例6)

法院认为,对于涉案抵押合同的效力问题及农商行谏壁支行对抵押房产是否享有优先受偿权的问题。本案所涉抵押房产系陈某、朱某共同共有,陈某以其共同共有财产设定抵押,未经共同共有人朱某的同意,而是陈某与他人冒充朱某签订的抵押合同并办理抵押登记,不存在朱某知道或者应当知道的情形,因此该抵押合同应当确认无效。而农商行谏壁支行是否善意取得抵押权,应看农商行谏壁支行行为是否符合善意取得的一切要件:其行为是善意的。农商行谏壁支行不知抵押权人是无权处分人,没有证据证明其知道或者应当知道朱某是被冒名顶替的。其支付了合理费用，农商行谏壁支行向金星公司已发放借款62万元。抵押权已由相关部门予以登记，农商行谏壁支行领取了房屋他项权证。因此农商行谏壁支行可善意取得涉案房产的抵押权，抵押合同无效不影响其取得抵押权。故农商行谏壁支行对抵押房产享有优先受偿权。朱某自身没有保管好身份证，给他人冒充办理抵押登记的机会也存在过错，应承担丧失共有财产的风险。

（五）检索类案的分析

1. 比对案件基本事实

在上述检索出的类案中，均涉及冒名处分他人不动产的事实，但在冒名的情节上有所不同。

在案例1、案例4、案例5和案例6中，均是夫妻一方与冒名人共同实施了冒用夫妻另一方身份的行为。在案例1中，占某芳与假冒配偶李某共同到场签名，且占某芳按照李某的相貌伪造了配偶占某松的身份证、结婚证。在案例4中，葛某出示了其身份证和结婚证原件，冒名人也出示了被冒名人黄某的身份证原件。在案例5中，章某持有与李某的婚姻关系证明、房产证、国有土地使用证，并与持有李某身份证件的自称李某的女子共同前往金溪信用社贷款。在案例6中，陈某与他人冒充朱某签定的抵押合同并办理抵押登记。

在案例2中，姚某霞与姚某玲系姐妹关系，姚某霞持有姚某玲的身份证，后姚某霞窃取姚某玲的房产证，在姚某玲不知情的情况下冒用其名义私自进行了处分房产。

在案例3中，沈某乙与沈某甲系父子关系，沈某乙通过案外人冒用“沈某甲”名义签订《抵押借款合同》并办理抵押登记时，案外人持有的是沈某甲的真实身份证和房产证，该冒名案外人与沈某甲身份证相貌较为相似。

2. 比对案件诉讼程序

在上述检索出的类案中，案例1、案例3、案例4为再审程序，案例2、案例5和案例6为二审程序。

3. 比对法律适用意见

在上述检索出的类案中，均涉及冒名处分他人不动产的法律适用问题，涉案不动产均进行了抵押登记，登记抵押权人均支付了相应对价。但是，不同案例在无权处分、表见代理、善意取得等争议问题的论证逻辑和结论方面有所不同。

在案例 1 中,法院认为,李某冒名的形式与占某芳采用其他隐瞒房屋共有人的手段处分共有物并无本质区别,应当认定占某芳以自己的名义对共有房屋中占某松所占份额的处分行为,其行为构成无权处分。农行新兴支行在取得抵押权的过程中并无明显过错,构成善意取得。该案例的论证逻辑是:抵押人无权处分 + 抵押权人无过错 = 构成善意取得。

在案例 2 中,法院认为,冒名者姚某霞通过犯罪的方式来假冒真实权利人姚某玲处分不动产,导致了张某对与其从事交易的对象发生了认识上的错误,在现有证据不能证明真实的权利人姚某玲对涉案房屋的抵押具有恶意且有过错的情形下,本案不能适用不动产的善意取得。该案例的论证逻辑是:冒名行为不属于无权处分 + 被冒名人无过错 = 不构成善意取得。

在案例 3 中,法院认为,冒名处分不动产不适用善意取得制度,无权处分是善意取得制度的适用前提,而冒名处分并不属于无权处分,冒名行为可以类推适用无权代理、表见代理制度。蒋某已尽到了审慎的注意义务,对被冒名人的身份表征形成了合理信赖,案涉冒名处分行为发生抵押权效力。被冒名人对于重要证件疏于管理,具有一定可归责性。该案例的论证逻辑是:冒名行为类推表见代理 + 抵押权人合理信赖 + 被冒名人的可归责性 = 发生抵押权效力。

在案例 4 中,法院认为,被冒名人无过错,不存在可归责性。葛某与冒名人恶意串通将共有房屋抵押给嘉兴典当公司,损害黄某的财产权,不受法律保护,应确认无效。因此,嘉兴典当公司主张的在抵押合同无效情况下善意第三人也能取得抵押权的理由不成立,其善意取得抵押权主张不予支持。该案例的论证逻辑是:抵押合同无效 + 被冒名人无过错 = 不构成善意取得。

在案例 5 中,法院认为,无权处分行为不导致合同无效,金溪信用社尽到了审查义务,且案涉房屋已办理抵押登记,符合抵押权善意取得的构成要件,金溪信用社可以取得案涉房屋的抵押权。该案例的论证逻辑是:无权处分的合同有效 + 抵押权人无过错 = 善意取得。

在案例 6 中,法院认为,陈某与他人冒充朱某签订的抵押合同并办理抵押登记,不存在朱某知道或者应当知道的情形,因此该抵押合同应当确认无效。由于农商行谏壁支行的行为是善意的,支付了合理费用,抵押权已由相关部门予以登记,因此农商行谏壁支行可善意取得涉案房产的抵押权,抵押合同无效不影响其取得抵押权。朱某自身没有保管好身份证,给他人冒充办理抵押登记的机会也存在过错,应承担丧失共有财产的风险。该案例的论证逻辑是:抵押合同无效+抵押权人无过错+被冒名人的可归责性=构成善意取得。

为了便于比较,对于上述各个案例的论证逻辑,列表如下:

类案	抵押人/抵押行为	登记抵押权人	被冒名人	结论
案例1	属于无权处分	无过错	—	构成善意取得
案例2	不属于无权处分	不考虑是否善意	无过错	不构成善意取得
案例3	类推表见代理	合理信赖	可归责性	发生抵押权效力
案例4	抵押合同无效	—	无过错	不构成善意取得
案例5	无权处分的合同有效	无过错	—	构成善意取得
案例6	抵押合同无效	无过错	可归责性	构成善意取得

(六)初步结论

在冒名签订抵押合同并办理抵押登记引起的法律纠纷中,首先应当对于冒名行为的性质作出认定。结合上述类案的情况可以看出,冒名行为一般发生在亲属之间,一种为夫妻一方协同他人冒用夫妻另一方的名义实施不动产的处分行为,另一种为非夫妻关系的亲属中的一方自己或者协同他人冒用另一方亲属的名义实施不动产的处分行为。夫妻一方协同他人冒用夫妻另一方的名义实施不动产的处分行为,可以参考上述案例1的认定方式,夫妻双方对于房产处于共同共有的状态,对于房产的处分应当经共同共有人同意。夫妻一方作为共有权人未经另一方共有权人的同意,协同他人冒用夫妻另一方的名义处分共同财产,构成无权处分。在非夫妻关系的亲属中的一方,自己或者协同他人冒用另一方亲属的名义实施不动产的处分行为中,由于冒名人与被冒名人对于处分的房产并非共同共有,冒名人并非用自己的名义处分房产,而是用享有处分权的被冒名人的名义处分房产。此时,可以类推适用无权代理、表见代理制度。

在将冒名行为认定为无权处分的前提下,需要根据善意取得的制度规则审查登记抵押权人是否善意、是否尽到了审查义务。无论登记抵押权人是银行等专业机构还是自然人,对于其是否善意、是否尽到了审查义务的认定,均需要审查签订抵押合同、办理抵押登记手续的过程,通过案件的具体情况进行综合认定。在将冒名行为认定为类推适用无权代理、表见代理的前提下，既需要考量登记抵押权人是否善意的问题，还需要考量被冒名人可归责性的问题。如果被冒名人不存在对于身份证、房产证等重要证件疏于管理等任何过错行为，一般应对被冒名人的权利予以保护，慎重认定登记抵押权人能否取得抵押权。

六、专业机构对抵押权的善意取得

（一）待决案件的基本案情和争议问题

1. 待决案件的基本案情

张某与王某系夫妻关系，婚姻存续期间购置一套房产登记在张某名下。自2019年1月开始，王某从家中搬离并起诉张某离婚。2019年12月，法院判决准许离婚，上述房产张某和王某各占1/2份额。上述房产一直登记在张某名下，双方未办理变更登记事项。2020年6月，张某未经王某同意以上述房产向银行申请贷款，贷款过程中张某向银行提交了伪造的离婚判决书，该份离婚判决书上载明上述房产归张某个人所有。银行未征求王某对于房产抵押的意见，在审查了房产证和张某伪造的离婚判决书之后，直接办理了房产抵押登记手续并向张某发放了贷款。2020年8月，王某知悉上述房产被抵押之后提起诉讼，主张张某无权处分王某1/2的房产，银行未能征求王某的意见，未能审查出伪造的裁判文书，属于重大过失，请求确认银行对于王某享有1/2所有权部分的房产不享有抵押权。

2. 待决案件的争议问题

银行在办理抵押的过程中负有何种审查义务，银行在本案中是否存在重大过失，对于王某享有1/2份额的房产银行是否构成抵押权的善意取得。

（二）类案检索平台

法信

(三)类案检索条件

1. 案由:抵押权纠纷/金融借款合同纠纷(用上述案由分别检索)
2. 核心事实:夫妻共同财产　无权处分　伪造材料　抵押
3. 争议焦点:审查义务　善意取得

(四)检索类案的选取

地域:最高人民法院、各地高级人民法院、各地中级人民法院
时间:2016~2020年

最高人民法院典型案例

无

各地高级人民法院典型案例

(1)广东省高级人民法院:(2018)粤民再15号,珠海农村商业银行斗门支行、张某金融借款合同纠纷(以下简称案例1)

广东省高级人民法院认为,谭某在案涉房屋上设定的抵押已经登记,农商行斗门支行也向张某发放了贷款,债权债务关系明确。当事人争议的主要问题是,农商行斗门支行接受抵押时是否为善意。

第一,《物权法》第16条规定:"不动产登记簿是物权归属和内容的根据……"当不动产登记簿上记载某人享有某项物权时,即可推定其享有该项权利,权利内容也以不动产登记簿上的记载为准。张某等5人主张我国的现状是登记不能真实反映不动产权属的变动情况,缺乏法律依据。国家设立不动产登记机构,对登记程序、登记方法作出明确而详细的规定,不动产登记簿以国家信誉作为保障,依法具有公信力。《物权法》不但肯定不动产登记簿的公信力,同时还规定了异议登记及更正登记程序,为真实权利人消除不动产登记记载与真实权利状态不一致的情况提供了制度保障。虽然确有可能出现不动产登记记载和真实权利状态不一致的情况,但受让人作为真实权利人和登记权利人以外的

第三人，是难以知晓真实权利状态的，基于不动产登记簿的公信力，其完全可以信赖不动产登记记载。正因如此，在考察受让人是否善意时，应采用善意推定原则，除非确有证据证明受让人知道或应当知道不动产登记记载与真实权利状态不符。具体到本案，谭某是案涉房屋登记的唯一所有权人，且不存在异议登记等情形，故农商行斗门支行有理由相信谭某享有处分案涉房屋的权利。

第二，农商行斗门支行在与谭某签订《最高额抵押担保合同》前，基于审慎注意义务考虑，已要求张某协调谭某的子女签署同意将案涉房屋抵押的文件，而后张某红、张某贞也出具了《同意用房抵押证明书》。《最高额抵押担保合同》签订之后，农商行斗门支行又再次询问谭某的抵押意愿并就处分权限等相关问题进行核实，虽然《声明》和《抵押核实书》不是完全由谭某本人书写，但其中的内容清晰、明确，谭某以签名、捺印的方式予以确认，同样应当视为谭某本人的真实意思表示。从《同意用房抵押证明书》等相关证据来看，在签订《最高额抵押担保合同》和办理案涉房屋抵押登记过程中，无论是谭某本人，还是张某红、张某贞、张某，均未披露谭某另有赵某志、赵某珍两名子女以及案涉房屋属于谭某与他人共同共有的事实。张某等 5 人主张农商行斗门支行明知案涉房屋属于谭某与他人共同共有，缺乏相应的依据，本院不予采纳。事实上，赵某志、赵某珍与谭某不在同一户籍，亦未共同居住，除谭某、张某等人如实说明外，农商行斗门支行客观上难以做进一步的核实。要求农商行斗门支行承担所谓的最大审查义务即实质审查义务，有变相否定不动产登记簿公信力之虞，而将不动产登记记载与真实权利状态不一致的风险转嫁给交易相对人，既缺乏法律依据，也有失公平。因此，本案中农商行斗门支行已尽到审慎注意义务，并无重大过失。

第三，农商行斗门支行接受抵押是为了有效降低经营风险，经济活动以获利为目标亦属正常。况且，谭某是为其子张某借款提供抵押担保，而农商行斗门支行也依约发放了贷款。无论是借款合同法律关系，还是抵押担保合同法律关系，均是平等主体之间自由协商、自愿达成。张某等 5 人以农商行斗门支行发放贷款具有商业目的为由否定该行的善意，并无依据。张某等 5 人认为，在张某坚去世后，谭某仍居住在案涉房屋内，故继承人并未办理所有权转移登记手续符合常理。但不动产物权登记具有物权公示效力，赵某志、赵某珍无论是怠于行使权利，还是基于家庭和谐、相互信任而不愿意行使权利，从而导致案涉房屋所有权一直登记在谭某一人名下，均应当承担谭某可能擅自处分共有财产的相应风险。

赵某志、赵某珍对案涉房屋抵押不知情，也只能归咎于抵押人谭某或张某等共有人，而不能据此主张农商行斗门支行不是善意。如赵某志、赵某珍的合法权益因谭某的无权处分行为而受到损害，可以依据《物权法》第106条第2款“受让人依照前款规定取得不动产或者动产的所有权的，原所有权人有权向无处分权人请求赔偿损失”的规定，另循法律途径解决。因此，张某等5人主张农商行斗门支行并非善意，理据不足，本院不予采纳。

由上述分析可知，虽然案涉房屋的不动产登记记载与真实权利状态不一致，但农商行斗门支行已尽到审慎注意义务，该行在依法完成抵押权登记时并不知道谭某是无权处分，对此也无重大过失，故应当认定为善意。本案符合不动产抵押权善意取得的构成要件，农商行斗门支行有权就案涉房屋在张某应承担的本案债务范围内优先受偿。

(2)湖南省高级人民法院:(2018)湘民终80号，中国银行长沙市赤岗支行、唐某玲金融借款合同纠纷(以下简称案例2)

湖南省高级人民法院认为，本案诉争抵押权能否成立，需要查明赤岗支行在办理涉案抵押贷款时是否善意，即赤岗支行在办理涉案抵押贷款时是否尽到审慎义务，是否存在重大过失。从查明的事实来看，涉案房产系伍某、唐某遥、唐某玲、秦某兰所共有，办理涉案抵押登记时，该抵押物的4名共有人的3名共有人伍某、唐某遥、秦某兰均到场，唐某玲虽然没有到场，但是其同胞妹妹唐某遥作为抵押房产的共有人向赤岗支行出示了唐某玲、胡某民夫妇的授权委托书和公证书，该授权委托书经过公证机关的公证，且内容上明确了唐某玲、胡某民夫妇授权唐某遥办理房产抵押登记事项。虽然唐某遥所持委托书存在内容篡改问题，但赤岗支行在审查过程中所尽审查义务应是形式上的审查义务，现唐某玲、胡某民并没有证据证明赤岗支行事先知道唐某遥所持委托合同系篡改，也没有证据证明赤岗支行与唐某遥之间存在恶意串通损害唐某玲的利益，故赤岗支行在唐某遥持有委托授权书的情况下，同意唐某遥的代签行为，其已尽审慎审查义务，且不存在重大过失，应属于善意第三人。赤岗支行作为善意第三人，已经取得诉争房产的抵押权。

(3)江西省高级人民法院:(2016)赣民再31号，中国农业银行景德镇新兴支行与占某芳、占某松金融借款合同纠纷(以下简称案例3)

二审法院认为，关于抵押权是否设立及效力的争议问题，占某芳与他人通过伪造结婚证、居民身份证方式，以自己和他人假冒占某松的名义与上诉人签订《最高额担保个人借款合同》，并在房管部门办理了房屋抵押登记，该行为已触犯刑法，已被追究刑事责任。占某芳以犯罪手段办理抵押登记，严重扰乱了国家的金融管理秩序，违反了法律强制性规定，该行为属于《民法通则》第58条规定的无效民事行为。因此，本案抵押权未设立。

江西省高级人民法院再审认为，分析本案农行新兴支行对占某芳无权处分占某松之财产是否构成善意取得，应当对照法律规定的条件分析。首先，要分析农行新兴支行取得抵押权时是否是善意的。本案抵押房屋系登记在占某芳一人名下，签订合同时占某芳与假冒配偶李某共同到场签名，且占某芳按照李某的相貌伪造了占某松的身份证、结婚证。上述事实说明农行新兴支行在对占某芳办理抵押贷款时已经注意到抵押房屋可能存在其他共有人，并要求共有人携带身份证件到场签名，并进行了审查。本案中没有证据显示农行新兴支行可以对身份证、结婚证的真伪进行有效识别，更没有证据显示农行新兴支行明知占某松系李某冒名，农行新兴支行在取得抵押权的过程中并无明显过错，可以认定农行新兴支行是善意的。其次，农行新兴支行系为发放贷款取得争议房屋抵押权，已经支付了合理代价。最后，本案房屋已经办理了抵押权登记，该登记至今未被撤销。因而，本案农行新兴支行的行为符合善意取得条件，可以取得抵押房产中占某松所占份额的抵押权。

各地中级人民法院案例

(1)北京市第二中级人民法院：(2019)京02民终8711号，北京东方联亚科技有限责任公司与中原信托有限公司等抵押权纠纷(以下简称案例4)

二审法院认为，涉案房屋系办公用房，并非家居用房，中原公司主张国美小贷公司曾经入户实地调查并且拍摄有照片，中原公司客服在电话录音中也已经表明其在系统中能够看到涉案房屋的照片，并且照片中有床等家居用品，以上均表明这些照片是客观存在的，并且极有可能存在造假；更为蹊跷的是，在中原公司提交给法院的资料中却没有这些照片，连纸质卷宗材料都无法向法院提供。中原公司作为从事金融贷款业务并以房屋抵押作为常规担保手段的金融机构，对于接受房屋作为抵押物可能存在的风险具有不同于一般社会公众的预见性和经验，具备高于一般社会公众的甄别能力。如果说一般社会公众对于物权公示状态持有合理信任，符合一般社会公众的正常认知，但对于信托公司这样的金融机构而言，其应当能够认识到真实的物权状态可能与物权公示状态存在差别，对于物权状态的审查不能仅仅依赖物权公示状态。虽然涉案房屋不动产权证上登记的产权人是王某，但是结合前述分析的诸多疑点，中原公司应当对王某提供的资料的真实性保持高度审慎态度，但事实上，中原公司忽略这些疑点，相关审查文件中甚至出现了涉案房屋的虚假照片等材料，难以认定其尽到了审慎的合理注意义务。基于以上分析，本院认为，中原公司在接受涉案房屋作为抵押物时没有达到善意标准，不能善意取得涉案房屋的抵押权，对涉案房屋不享有优先受偿权。东方联亚公司关于要求王某与中原公司办理涉案房屋抵押权注销手续的上诉请求，本院予以支持。

（2）北京市第三中级人民法院：（2019）京03民终5035号，郑某敏与交通银行北京慧忠里支行抵押权纠纷（以下简称案例5）

二审法院认为，郑某敏与丁某华系母子关系；2008年2月14日，北京市住房和城乡建设委员会向郑某敏颁发了《房屋所有权证》，将涉案房屋的所有权人登记为郑某敏；2014年3月31日，郑某敏代理人王某荣与丁某华共同申请办理涉案房屋所有权转移登记，后丁某华领取了《房屋所有权证》。但根据司法鉴定意见及公证处出具的证明，作为房屋所有权转移登记行为之基础的《存量房屋买卖合同》中郑某敏签字非本人所签，委托书的《公证书》系伪造，委托书中“郑某敏”的签字亦非本人所签。本案中，丁某华与交行慧忠里支行签订《最高额抵押合同》时对于抵押财产虽然没有处分权，但无权处分并不必然导致合同无效。郑某敏以《最高额抵押合同》属于“以合法形式掩盖非法目的”为由主张合同无效，但其未能举证证明丁某华与交行慧忠里支行签订《最高额抵押合同》时存在上述无效的情形，且现有证据亦不能证明丁某华与交行慧忠里支行之间签订的《最高额抵押合同》存在其他导致合同无效的法定情形，故一审法院认定双方签订的《最高额抵押合同》合法有效并无不当，本院予以确认。

抵押权的善意取得，应当满足四个条件，即抵押权人不知道抵押人没有处分权、抵押权人没有重大过失、抵押权人履行了主合同义务、已办理抵押登记。真实权利人主张抵押权人不构成善意的，应当承担举证证明责任。本案中，因丁某华取得的《房屋所有权证》系办理完毕抵押登记后由生效判决撤销，但现有证据不能证明交行慧忠里支行在签订《最高额抵押合同》时即知晓丁某华没有处分权或系以非法手段取得《房屋所有权证》，交行慧忠里支行亦按照借款合同的约定向丁某华实际出借了款项，故一审法院认定交行慧忠里支行善意取得涉案房屋抵押权并无不当。郑某敏以交行慧忠里支行未实地考察房屋状况等为由上诉主张交行慧忠里支行与丁某华签订《最高额抵押合同》过程中未尽合理的注意义务，存在重大过失，缺乏依据，本院对此不予采纳。

(3)天津市第一中级人民法院:(2018)津01民终8818号，刘某、平安普惠融资担保有限公司抵押权纠纷(以下简称案例6)

二审法院认为，涉案房产的购买日期在上诉人刘某与被上诉人梁某夫妻关系存续期间；上诉人刘某与被上诉人梁某均确认，涉案房产系在设定抵押权时系双方共同财产，被上诉人梁某在设定抵押权时并未经上诉人刘某的同意。故被上诉人梁某的行为系无权处分行为。被上诉人平安普惠公司是否取得抵押权取决于其是否构成善意取得要件。首先，涉案房产登记在被上诉人梁某一人名下，基于物权登记的公示公信原则，被上诉人平安普惠公司有理由相信梁某对涉案房产有处分权。并且，平安普惠公司收到的伪造的离婚证、离婚协议书、户口簿均载明梁某系离异状态，也可佐证平安普惠公司构成善意。无证据证明平安普惠公司当时知晓上述材料系虚假，要求平安普惠公司有能力和义务认定上述材料真伪，既不符合实际，也无法律依据。其次，被上诉人平安普惠公司取得抵押权是以其对梁某向重庆金安公司借款提供担保作为对价的，若梁某不能偿还重庆金安公司借款，平安普惠公司需承担担保责任。最后，涉案房产抵押合同已经在登记机关办理了抵押权登记。基于上述理由，被上诉人平安普惠公司取得抵押权系善意取得，上诉人刘某要求确认抵押权无效、撤销抵押权登记的上诉请求不能成立。若因被上诉人梁某擅自设定抵押权而给上诉人刘某造成损害的，双方可另案解决。

(4)淄博市中级人民法院:(2017)鲁03民终3560号，中国建设银行淄博西城支行、侯某抵押权纠纷(以下简称案例7)

二审法院认为，建行西城支行与朱某签订贷款合同中关于以涉案房屋提供抵押担保的内容，并未违反法律法规的强制性规定，合法有效。但由于涉案房屋已于2004年由本院民事调解书确认归侯某所有(侯某于2003年以解除非法同居关系为由对朱某提起诉讼)，朱某对该房屋丧失处分权利。在此情况下，即使上述贷款合同有效,建行西城支行与朱某对涉案房屋进行的物权处分行为也没有效力。据此,一审判决认定建行西城支行与朱某对涉案房屋设立的抵押权无效,并无不当。另外,依据相关法律规定,合同本身的效力与物权处分行为效力应相互分离,在对物权无处分权情况下,即使合同有效,对物权处分行为也不会发生任何法律效力。建行西城支行关于抵押合同条款有效,抵押行为就当然有效的主张,系对法律规定的误解,本院不予支持。

依据《物权法》第106条第3款的规定,当事人善意取得所有权外其他物权的,参照适用善意取得的规定。另依据《物权法司法解释(一)》第15条第1款的规定,“受让人受让不动产或者动产时,不知道转让人无处分权,且无重大过失的,应当认定受让人为善意”。第16条第2款规定:“真实性权利人有证据证明不动产受让人应当知道转让人无处分权的,应当认定受让人有重大过失”。本案中,双方当事人均认可建行西城支行在签订贷款合同后应当对涉案房屋进行核查,侯某主张建行西城支行只要履行核查责任即应发现和知道涉案房屋权属情况,与常理相符。建行西城支行主张已对涉案房屋进行了核查,但未提供相关核查材料。据此,应认定建行西城支行没有履行核查职责,构成重大过失。其关于对涉案房屋设立抵押权构成善意取得的主张,与上述规定不符,本院不予支持。

(5)南充市中级人民法院:(2018)川13民终3273号,四川西充农村商业银行晋城支行与郭某、黄某及四川鸿缘房地产有限公司抵押权纠纷(以下简称案例8)

二审法院认为,本案被上诉人郭某、黄某早在房屋抵押登记之前已与被上诉人鸿缘公司签订有书面的《房屋买卖合同》,并已按合同约定支付了购房价款,进行了公证,交纳了购房税款且现在该房自己在经营使用,由于鸿缘公司的原因长期未能办理产权过户手续。生效判决已确认郭某、黄某与鸿缘公司于2008年10月2日签订的《商品房买卖合同》有效,同时限鸿缘公司于判决生效后10日内为郭某、黄某办理位于西充县晋城镇晋城大道四段214号、216号的房屋所有权证及国土使用权证。依照《最高人民法院关于建设工程价款优先受偿权问题的批复》(法释〔2002〕16号)第1条“人民法院在审理房地产纠纷案件和办理执行案件中,应当依照《合同法》第二百八十六条的规定,认定建筑工程的承包人的优先受偿权优于抵押权和其他债权”、第2条“消费者交付购买商品房的全部或者大部分款项后,承包人就该商品房享有的工程价款优先受偿权不得对抗买受人"之规定,郭某、黄某对涉案房屋享有的权益优于抵押权。

鸿缘公司明知已将案涉房屋卖给郭某、黄某,并已交付,却擅自将房屋产权登记在自己名下,并用案涉房屋为借款设立抵押,虚构事实,存在欺诈行为。鸿缘公司将应当归属郭某、黄某所有的房屋抵押给西充农商行晋城支行,属无权处分。本案中,上诉人已向鸿缘公司发放贷款,并对抵押办理了登记,故应当重点审查交易时是否具有善意。判断是否善意,其客观标准应当根据不同交易主体和交易行为在实践中进行具体分析。上诉人作为专业金融机构和职业贷款人,具有完备的贷款交易经验和相关的专业法律知识,故应遵守合理的商业准则和管理规范,并履行相应的审慎经营义务作为其善意的客观标准。

《商业银行法》第 36 条规定:"商业银行贷款,借款人应当提供担保。商业银行应当对保证人的偿还能力,抵押物、质物的权属和价值以及实现抵押权、质权的可行性进行严格审查。"中国银行监督管理委员会颁布的《个人贷款管理暂行办法》(2010 年 2 月 12 日实施)第 13 条、第 14 条、第 15 条规定,银行应当履行尽职调查职责,对抵押财产的权属、占有、使用、收益及其他权利负担状况等可能影响抵押物价值或变现能力等情况均应进行调查核实。调查应以实地调查为主、间接调查为辅,采取现场核实、电话查问以及信息咨询等途径和方法。本案中,案涉房屋虽登记在鸿缘公司名下,但该房屋一直由郭某、黄某占有、使用。在所有权人与占有、使用人不同一的情况下,作为金融机构就应当高度重视,必须依照《商业银行法》和银监会的有关规定进行实地调查核实。上诉人作为从事抵押贷款业务的特殊商事主体,其经营活动应该较一般商业主体更加慎重,现有证据不能证明上诉人在设定抵押权时遵守了合理的商业准则和管理规范,对应有的调查内容履行了作为专业金融机构审慎经营的注意义务,客观上存在重大过失,不符合法律规定的善意要件。其取得案涉房屋抵押权不当,应予属无效。

(五)检索类案的分析

1. 比对案件基本事实

上述检索类案的基本事实,均涉及无权处分房屋情形下银行等专业机构能否善意取得抵押权的问题,但在无权处分和签订抵押合同的审查过程等具体事实方面有所不同。

在案例1中，由于被继承人张某坚死亡产生了法定继承，但是有两名法定继承人赵某志、赵某珍与谭某不在同一户籍，亦未共同居住，除谭某、张某等人如实说明外，农商行斗门支行客观上难以做进一步的核实，农商行斗门支行客观上并不知道还有两名法定继承人赵某志、赵某珍的存在。

在案例2中，涉案房产系伍某、唐某遥、唐某玲、秦某兰所共有，办理涉案抵押登记时，唐某玲虽然没有到场，但是其同胞妹妹唐某遥作为抵押房产的共有人向赤岗支行出示了唐某玲、胡某民夫妇的授权委托书和公证书，该委托书存在内容篡改问题。赤岗支行知晓4名共有人的情况，但是未能发现委托书的篡改问题。

在案例3中，抵押房屋系登记在占某芳一人名下，签订合同时占某芳与假冒配偶李某共同到场签名，农行新兴支行未能有效辨别。

在案例4中，涉案房屋系办公用房，并非家居用房，中原公司主张国美小贷公司曾经入户实地调查并且拍摄有照片，中原公司客服在电话录音中也已经表明其在系统中能够看到涉案房屋的照片，并且照片中有床等家居用品，以上均表明这些照片是客观存在的，并且极有可能存在造假，平安普惠公司未能有效识别。

在案例5中，《存量房屋买卖合同》中郑某敏签字非本人所签，委托书的《公证书》系伪造，委托书中“郑某敏”的签字亦非本人所签，交行慧忠里支行并不知晓上述事实。

在案例6中，平安普惠公司收到的伪造的离婚证、离婚协议书、户口簿均载明梁某系离异状态，平安普惠公司未能有效识别房屋的真正权利状态。

在案例7中，建行西城支行主张已对涉案房屋进行了核查，但未提供相关核查材料。

在案例8中，西充农商行晋城支行未对抵押的房屋进行现场核查，未能识别房屋的买受人和实际占有使用人。

在上述检索的类案中，案例2、案例3、案例5、案例6均存在伪造或者篡改文书的事实。在案例4、案例7、案例8中，均涉及银行对抵押房屋是否进行现场核查的问题。

2. 比对案件诉讼程序

在检索的类案中，案例1至案例3均为再审程序，案例4至案例7均为二审程序,上述类案对于无权处分情形下银行是否构成善意取得抵押权的问题均进行了论述。

3. 比对法律适用意见

在检索的类案中,认定银行对于无权处分的房产构成抵押权善意取得的是案例1、案例2、案例3、案例5和案例6。上述类案的论证逻辑在于,银行作为专业机构对于抵押物负有审慎审查义务,但该义务主要是对于抵押人提供的材料进行形式审查。如果银行不知道抵押房产还有其他权利人,或者知道房产有其他权利人但是对于抵押人提供的材料进行了必要的形式审查,则银行不具有重大过失,银行对于无权处分房产的抵押权构成善意取得。

在检索的类案中,认定银行对于无权处分的房产不构成抵押权善意取得的是案例4、案例7和案例8。上述类案的论证逻辑在于,在案例4中,银行应当发现抵押人提供的材料存在虚假可能的前提下未能进一步审查存在重大过失,不构成善意取得;在案例7和案例8中,银行应当按照银行监管部门的要求对于抵押房产进行现场核查,且只要进行了现场核查就应当能够发现房屋的实际权属存在争议,但银行并未开展有效的房屋现场核查工作,银行存在重大过失,不能对无权处分房屋的抵押权构成善意取得。

(六)初步结论

《民法典》第311条第3款规定:“当事人善意取得其他物权的,参照前两款规定。”《物权法司法解释(一)》第15条规定:“受让人受让不动产或者动产时,不知道转让人无处分权,且无重大过失的,应当认定受让人为善意。”银行作为专业机构对于无权处分的抵押物能否善意取得抵押权,应当按照上述法律规定予以判断。“对于重大过失的认定,通常是以行为人欠缺一般人具有的注意为判断标准,换言之,只要行为人稍加注意即可以避免出现认识错误或者发生损失,而其没有尽到此注意义务时,应认为存在重大过失。”[1]在对于抵押物的审查方面,银行作为专业机构应当按照中国银行监督管理委员会颁布的《个人贷款管理暂行办法》的相关规定,对抵押财产的权属、占有、使用、收益及其他权利

[1] 杜万华主编:《最高人民法院物权法司法解释(一)理解与适用》,人民法院出版社2016年版,第359页。

负担状况等可能影响抵押物价值或变现能力等情况均应进行调查核实。调查应以实地调查为主、间接调查为辅,采取现场核实、电话查问以及信息咨询等途径和方法。

需要注意的是,由于不动产登记所有权人与不动产实际权利人不一致的情况比较复杂,如果不动产登记所有权人也是不动产的实际占有使用人,即便银行对不动产进行了实地调查,也不一定能够发现该不动产还有其他的权利人。此种情形下,即便银行未进行抵押房产的实地调查,也不能得出银行对于相关房产抵押权的设立存在重大过失的结论。相反,如果不动产登记所有权人不是不动产的实际占有使用人,只要银行对不动产进行了实地调查,一般能够发现该不动产还有其他的权利人。此种情形下,如果银行未进行抵押房产的实地调查,一般能够得出银行对相关房产抵押权的设立存在重大过失的结论。

七、知假买假情形下的惩罚性赔偿

(一)待决案件的基本案情和争议问题

1. 待决案件的基本案情

张某通过网上购物的方式从商贸公司购买商品,在 1 个月内分 4 次购入进口红酒 20 箱,贵州茅台酒 10 箱。上述红酒没有中文标签,贵州茅台酒经过专业检测机构验证并非贵州茅台酒股份有限公司生产。上述购买过程和验证过程,均经过了公证机关的全程公证。张某诉至法院请求 10 倍赔偿。商贸公司认为张某是职业打假人,同意退货退款,不同意 10 倍赔偿。

2. 待决案件的争议问题

在能够认定张某为职业打假人的前提下,能否支持进口红酒和贵州茅台酒款项的 10 倍赔偿。

(二)类案检索平台

法信

(三)类案检索条件

1. 案由:合同纠纷/产品责任纠纷

2. 核心事实:进口红酒　无中文标签/假冒茅台酒(用上述关键词分别检索)

3. 争议焦点:知假买假　10倍赔偿

(四)检索类案的选取

地域:最高人民法院、各地高级人民法院、各地中级人民法院

时间:2017~2020年

最高人民法院典型案例

无

各地高级人民法院典型案例

(1)北京市高级人民法院:(2019)京民再134号,北京歌德盈香贸易有限公司东城金宝街分公司等与薛某买卖合同纠纷(以下简称案例1)

北京市高级人民法院再审认为,本案争议焦点在于歌德分公司、歌德公司是否应当赔偿薛某涉案红酒价款10倍的赔偿金。《食品安全法》第97条规定:"进口的预包装食品、食品添加剂应当有中文标签;依法应当有说明书的,还应当有中文说明书。"歌德分公司、歌德公司销售的涉案三款红酒没有中文标签,违反了《食品安全法》的有关规定,确属不符合食品安全标准的食品。薛某请求退还货款的诉讼请求,于法有据,应予以支持。《食品安全法》第148条第2款规定:"生产不符合食品安全标准的食品或者经营明知是不符合食品安全标准的食品,消费者除要求赔偿损失外,还可以向生产者或者经营者要求支付价款十倍

或者损失三倍的赔偿金;增加赔偿的金额不足一千元的,为一千元。但是,食品的标签、说明书存在不影响食品安全且不会对消费者造成误导的瑕疵的除外。”根据该款但书的规定,支持价款10倍赔偿的例外情形为食品的标签、说明书存在不影响食品安全且不会对消费者造成误导的瑕疵。本案中,薛某购买涉案红酒时进行了拍摄录像,其对涉案红酒标签、标识十分关注,本院认定薛某明知涉案红酒没有中文标签而进行购买,并不存在商品缺失标签对其造成了误导的情形。与此同时,薛某亦未能举证证明涉案红酒的标签缺失对食品安全造成了实质影响,且歌德分公司、歌德公司亦提交证据证明涉案红酒经过检验检疫部门检验,进货渠道合法。故薛某请求歌德分公司、歌德公司支付涉案红酒价款10倍的赔偿金的诉讼请求,于法无据,本院不予以支持。

(2)江苏省高级人民法院:(2018)苏民再191号,肖某与深圳市威利文化发展有限公司买卖合同纠纷(以下简称案例2)

一审法院认为,威利公司所售食品没有中文标识,但尚无证据证明该食品存在影响人身健康的安全隐患,不足以认定威利公司销售明知不符合食品安全标准的食品。肖某依据《食品安全法》第96条之规定,要求威利公司支付10倍赔偿金,不予支持。依据《消费者权益保护法》第55条之规定,应认定威利公司按照所售商品价格的3倍赔偿肖某3555元。二审法院认为,进口的预包装食品依法应当具备中文标签、中文说明书。本案所涉进口红酒未附有中文标签、中文说明书,不属于在国内销售的合格食品。威利公司将该不合格食品作为合格食品上网销售,构成欺诈,一审法院据此判令威利公司退还价款及支付价款3倍的赔偿金并无不当。威利公司的上诉理由不能成立,二审法院不予支持。针对肖某的上诉,二审法院认为,涉案红酒虽无中文标识,但就肖某目前所提供的证据,尚不足以证明该红酒确系不安全食品,故肖某要求退一赔十的上诉理由不能成立。综上,威利公司、肖某的上诉理由均不能成立,二审法院判决驳回上诉,维持原判。

江苏省人民检察院抗诉认为,江苏省苏州市中级人民法院作出的(2015)苏中民终字第05799号民事判决适用法律确有错误,理由如下:(一)案涉红酒系“不符合食品安全标准的食品”。1.二审对肖某的举证要求不符合法律规定。二审要求肖某证明案涉红酒“确系不安全食品”,明显加重了肖某的举证责任,也与法律规定不符。2.依法应当推定案涉红酒为“不符合食品安全标准的食品”。(二)威利公司明知案涉红酒不符合食品安全标准而销售。作为专业从事预包装食品经营的企业,威利公司应当知晓我国食品安全标准和食品销售的相关法律规定,依法负有进货检验义务,但其却在网上公开销售法律明令禁止进口并销售的预包装食品。因此,本案肖某要求威利公司支付价款10倍赔偿金的诉讼请求符合《食品安全法》第96条第2款的规定,应当予以支持。

江苏省高级人民法院再审认为,第一,关于肖某的身份是否是《消费者权益保护法》所称的“消费者”的问题。威利公司提供多份肖某与其他商家买卖合同纠纷的生效判决,以证明肖某系职业打假人,并非《食品安全法》《消费者权益保护法》保护的“消费者”。上述材料虽能证实肖某多次在消费后以诉讼的方式维权,但《食品安全法》并未从买方是否为职业打假人的角度对消费者提起价款10倍的赔偿金加以限制。第二,关于威利公司是否应按案涉红酒价款10倍支付赔偿金的问题。威利公司销售的红酒作为进口的预包装食品,应当具有中文标签或中文说明书,且内容应当符合我国对酒类标签通则的强制性要求。而威利公司销售的红酒不具有中文标签,没有按照规定向消费者披露食品名称、配料表、生产日期和保质期等有可能影响食品安全的内容。根据《最高人民法院关于审理食品药品纠纷案件适用法律若干问题的规定》(以下简称《食品药品司法解释》)第6条的规定,食品销售者应当对食品符合质量标准承担举证责任。威利公司出售的是没有张贴中文标识的进口食品,则其应当进一步对所售食品的安全性承担举证责任。威利公司虽在原审中提供《中华人民共和国出入境检验检疫卫生证书》(以下简称《卫生证书》)、《中华人民共和国海关进口货物报关单》(以下简称《报关单》)的复印件,但因威利公司未到庭应诉,故上述证据的真实性无法与原件核实,且无法核实《卫生证书》《报关单》中所载明的货物是否系案涉红酒。除此之外,威利公司也未能提交其他能够证明其所售红酒符合我国食品安全标准的证据。故应当认定威利公司销售的红酒不符合食品安全标准。根据原审所查事实,威利公司对其所售红酒没有中文标识系明知。《食品安全法》第96条第2款规定,销售明知是不符合食品安全标准的食品,消费者除要求赔偿损失外,还可以向生产者或者销售者要求支付价款10倍的赔偿金。故肖某要求威利公司支付价款10倍赔偿金的请求应予支持。

各地中级人民法院案例

(1)北京市第二中级人民法院:(2019)京02民终4302号,桂林莱茵生物科技股份有限公司与吴某网络购物合同纠纷(以下简称案例3)

二审法院认为,桂林莱茵公司出售给吴某的涉案食品不符合食品安全标准,吴某要求解除与桂林莱茵公司之间的买卖合同,于法有据。关于吴某提出的桂林莱茵公司应承担10倍赔偿责任,根据《食品安全法》第148条第2款的规定,生产不符合食品安全标准的食品或者经营明知是不符合食品安全标准的食品,消费者除要求赔偿损失外,还可以向生产者或者经营者要求支付价款10倍或者损失3倍的赔偿金;增加赔偿的金额不足1000元的,为1000元。但是,食品的标签、说明书存在不影响食品安全且不会对消费者造成误导的瑕疵的除外。桂林莱茵公司生产的涉案食品不符合食品安全标准。涉案食品标签特别强调添加了罗汉果相关成分,能够引起消费者对其添加成分的重视,不标示含量则使消费者无法知晓涉案食品中罗汉果相关成分的实际含量,影响消费者在选购涉案食品时作出准确判断,对消费者造成误导。因此,吴某要求桂林莱茵公司承担10倍赔偿责任,符合上述法律规定。一审法院判决支持了吴某的该项请求,处理正确。

关于桂林莱茵公司提出的吴某未受到实际损害一节,《食品安全法》第148条第2款并未规定承担价款10倍的惩罚性赔偿责任需要以消费者实际受到损害为前提,桂林莱茵公司的该项主张不具有法律依据,本院不予支持。桂林莱茵公司提出吴某系职业打假人,不应适用10倍赔偿。根据《食品药品司法解释》第3条的规定,因食品、药品质量问题发生纠纷,购买者向生产者、销售者主张权利,生产者、销售者以购买者明知食品、药品存在质量问题而仍然购买为由进行抗辩的,人民法院不予支持。桂林莱茵公司的该项主张不符合上述规定,本院不予支持。

(2)北京市第三中级人民法院:(2019)京03民终6950号,北京永峰恒发商贸有限公司、刘某产品责任纠纷(以下简称案例4)

一审法院查明,刘某诉北京商贸有限公司产品责任纠纷一案[案号(2017)京0113民初11319号],刘某起诉要求北京商贸有限公司返还茅台酒购物款

57,000 元,并赔偿 57 万元以及公证费 2500 元。北京市顺义区人民法院经审理后作出判决:“一、被告北京商贸有限公司于本判决生效之日起七日内向原告刘某退还货款 57,000 元;二、被告北京商贸有限公司于本判决生效之日起七日内向原告刘某支付公证费 2500 元;三、驳回原告刘某的其他诉讼请求。”该案经北京市第三中级人民法院审理后[案号(2017)京 03 民终 13090 号],依法判决“驳回上诉,维持原判”。经该院检索关联案件,仅在 2014 年至 2018 年,刘某在北京多个区县法院提起过数十起购买商品后进行索赔的诉讼。一审法院对刘某以普通消费者的身份、以生活消费为目的购买涉案茅台酒的主张,不予采信。故对于刘某要求宏丰聚公司支付 10 倍赔偿的诉讼请求,该院不予支持。

二审法院认为,《食品药品司法解释》第 3 条规定是从购买人购买时的主观状态入手,明确了“知假买假”并不作为在食品领域排除惩罚性赔偿的理由。但与单纯的、偶发的知假买假不同,刘某系在一定阶段时间内,集中在多地大量买入某一种商品,然后在不同法院分别提起惩罚性赔偿诉讼,通过法院的判决获取大额利益。经检索关联案件,从数量上来看,刘某在 2014 年至 2018 年仅在北京多个区县法院存在几十余起购买商品后进行索赔的诉讼;从金额上来看,刘某在单个案件中索赔金额高至 100 余万元;从购买形式来看,刘某在多起案件中均系在公证员陪同下购买商品并在购买后立即鉴定。从本案其购买“贵州茅台”酒的具体细节来看,刘某协同公证处工作人员一同购买茅台酒,在购买涉案酒类后,即请贵州茅台酒股份有限公司的鉴定人员进行鉴定,并公证鉴定过程,其行为与一个正常的消费者买酒消费的行为迥异。结合刘某的数次诉讼及本案涉案“茅台酒”的购买细节来看,已经超出了生活消费的范围,法院有理由认为,刘某大额购买上述“贵州茅台”酒在很大程度上是出于通过诉讼手段为自身牟利,以获得巨额赔偿,获取巨大经济利益为目的。综合以上分析,与消费者为了生活需要而使用商品的目的不同,本案中刘某系以索赔为目的进行的购买商品等活动,购买商品是其索赔中的一个环节,其行为整体具有营利性,属于变相的经营行为,不应认定刘某在本案中属于消费者,刘某上诉要求 10 倍赔偿的请求,不符合《食品安全法》的规定,一审法院认定并无不当,本院予以维持。

(3)北京市第四中级人民法院:(2019)京 04 民终 103 号,程某与涂某网络购物合同纠纷(以下简称案例 5)

二审法院认为,本案的争议焦点为涂某能否依据《食品安全法》第 148 条第

2 款规定主张程某承担惩罚性赔偿责任。《食品安全法》第 150 条规定："食品安全，指食品无毒、无害，符合应当有的营养要求，对人体健康不造成任何急性、亚急性或者慢性危害。"本案中，涂某并无证据证明涉案食品存在有毒、有害或不符合营养要求的食品安全问题。再者，涂某在不同网络店铺购买类似无中文标签的进口食品，并据以提出多起索赔诉讼，具有高于一般消费者的认知能力。且涉案商品详情中明确说明产地为"美国""现货官网"，涂某对涉案商品不存在中文标签，或未经我国相关机构检验检疫的事实已有充分预期，但仍然购买，故不存在被误导消费的可能。一审法院适用《食品安全法》第 14 条第 2 款规定支持 10 倍赔偿的诉讼请求，属于适用法律错误，本院予以纠正。涉案食品没有中文标签，违反《食品安全法》第 97 条之规定，涂某请求解除合同，要求退款的诉讼请求，符合法律规定，本院予以支持。

(4)韶关市中级人民法院:(2019)粤 02 民终 2040 号，谢某与黄某网络购物合同纠纷(以下简称案例 6)

一审法院认为，关于黄某是否为消费者的问题。首先，因谢某关于黄某系不以消费为目的的职业打假人不应适用《消费者权益保护法》的相关规定的辩解理由，不符合《食品药品司法解释》第 1 条"消费者因食品、药品纠纷提起民事诉讼，符合民事诉讼法规定受理条件的，人民法院应予受理"及第 3 条"因食品、药品质量问题发生纠纷，购买者向生产者、销售者主张权利，生产者、销售者以购买者明知食品、药品存在质量问题而仍然购买为由进行抗辩的，人民法院不予支持"之规定，一审法院不予支持。其次，根据《消费者权益保护法》第 2 条"消费者为生活消费需要购买、使用商品或者接受服务，其权益受本法保护；本法未作规定的，受其他有关法律、法规保护"之规定可知，消费者是相对于生产经营者即生产者和销售者的概念，购买商品者只要不是为了生产经营需要而购买，就应当认定为消费者。故一审法院认为黄某系消费者，其合法权益应当受《消费者权益保护法》的保护。根据《食品药品司法解释》第 15 条之规定，一审法院对黄某要求谢某退还货款 3136 元，并支付 10 倍赔偿金 31，360 元的请求予以支持。

二审法院认为，关于本案是否适用惩罚性赔偿规定的问题。黄某及其丈夫何某国多次以网络购物的方式购买叶绿素、进口蛋白粉、乳制品等产品，并以类似的理由诉至法院向经营者主张价款 10 倍的赔偿金，故黄某作为此前已多次在网上购买类似产品的资深买家,应当知晓涉案产品不符合我国食品安全标准,其仍然一次性购买80盒涉案产品的行为表明黄某在购买涉案产品时,并非为了生活需要,不符合《消费者权益保护法》第2条对消费者的定义,故本案不应适用《食品药品司法解释》第15条关于惩罚性赔偿的规定。黄某要求经营者谢某向其支付涉案产品价款10倍作为赔偿金的主张理据不足,本院予以驳回。一审法院对此认定错误,本院予以纠正。

(5)杭州市中级人民法院:(2019)浙01民终9384号,王某、陈某网络购物合同纠纷(以下简称案例7)

二审法院认为,被上诉人陈某在上诉人王某开设的淘宝店铺内购买的产品为进口食品,但该商品未按照规定具备中文标签,也未按照国家出入境检验检疫部门的要求随附合格证明材料,依法属于不符合食品安全标准的食品,不应继续在市场中流通。现陈某已将涉案商品寄回,王某也已将货款退还陈某,但陈某要求王某另行支付10倍的惩罚性赔偿。本院认为,陈某一次性购买涉案商品20件,金额较大,且二审中上诉人王某提供的证据显示,被上诉人陈某在不到一年的时间内先后10次以网络购物纠纷为由起诉淘宝商家,明显不符合一般消费者正常的消费习惯,故被上诉人非《消费者权益保护法》第2条所规定的"消费者",不应受到《食品安全法》等法律关于惩罚性赔偿规则的保护。

(6)温州市中级人民法院:(2019)浙03民终67号,日照市东港区胖舅妈百味食品店、刘某网络购物合同纠纷(以下简称案例8)

二审法院认为,根据《食品药品司法解释》第3条之规定,因食品、药品质量问题发生纠纷,购买者向生产者、销售者主张权利,生产者、销售者以购买者明知食品、药品存在质量问题而仍然购买为由进行抗辩的,人民法院不予支持。因此,在食品、药品消费领域,购买者是否以消费为目的、是否明知其购买的食品、药品存在质量问题不影响其维护自身权益,可以认定其消费者主体资格,一审法院认定被上诉人刘某具有消费者的主体资格,并无不当,本院予以确认。涉案产品属于不符合安全标准的食品,作为销售者,上诉人未对涉案产品的许可证和食品出厂检验合格证尽审查义务而直接销售给原告,一审法院认定上诉人主观上是明知而放任,并据此支持被上诉人退还货款及依法按价款的10倍支付赔偿金的诉求,符合法律规定,本院依法予以确认。

(五)检索类案的分析

1. 比对案件基本事实

上述检索出的类案,其基本案件事实都是知假买假,但在具体案情上有所不同。案例1、案例2为进口红酒无中文标签,案例3为食品标签特别强调添加了罗汉果相关成分但是未标注含量,案例4为购买的茅台酒系假冒商品,案例5、案例6、案例7和案例8为购买了进口食品、保健品无中文标签。

2. 比对案件诉讼程序

上述检索出的类案,案例1、案例2为再审程序,其他案例为二审程序。在举证方面,在案例2中,由于威利公司在再审程序中缺席,对于案件的事实认定产生了一定的影响。

3. 比对法律适用意见

上述检索出的类案,支持知假买假10倍赔偿的是案例2、案例3和案例8,其论理的共同点在于都支持知假买假的10倍赔偿。除此之外,论理的侧重点也有不同之处。

在案例2中,法院认为,威利公司所售食品没有中文标识,但尚无证据证明该食品存在影响人身健康的安全隐患,不足以认定威利公司销售明知不符合食品安全标准的食品。再审法院认为,威利公司出售的是没有张贴中文标识的进口食品,则其应当进一步对所售食品的安全性承担举证责任。威利公司也未能提交其他能够证明其所售红酒符合我国食品安全标准的证据,故应当认定威利公司销售的红酒不符合食品安全标准,应当承担10倍赔偿的责任。在该案例中,涉及了关于涉案食品安全性的举证责任分配问题。

在案例3中,法院认为,涉案食品标签特别强调添加了罗汉果相关成分,能够引起消费者对其添加成分的重视,不标示含量则使消费者无法知晓涉案食品中罗汉果相关成分的实际含量,影响消费者在选购涉案食品时作出准确判断,对消费者造成误导。因此,吴某要求桂林莱茵公司承担10倍赔偿责任,于法有据。在该案例中,涉及了标签对于购买人产生误导的问题。

在案例8中,法院认为,在食品、药品消费领域,购买者是否以消费为目的、是否明知其购买的食品、药品存在质量问题不影响其维护自身权益,可以认定其消费者主体资格,应予支持10倍赔偿。

上述检索出的类案，不支持知假买假10倍赔偿的是案例1、案例4、案例5、案例6、案例7，但是论理的角度有所不同。

在案例1中，法院认为，薛某明知涉案红酒没有中文标签而进行购买，并不存在商品缺失标签对其造成了误导的情形。与此同时，薛某亦未能举证证明涉案红酒的标签缺失对食品安全造成了实质影响，且歌德分公司、歌德公司亦提交证据证明涉案红酒经过检验检疫部门检验，进货渠道合法。在案例5中，法院认为，涂某并无证据证明涉案食品存在有毒、有害或不符合营养要求的食品安全问题。且涉案商品详情中明确说明产地为"美国""现货官网"，涂某对涉案商品不存在中文标签，或未经我国相关机构检验检疫的事实已有充分预期，但仍然购买，故不存在被误导消费的可能，不予支持10倍赔偿。在案例1和案例5中，法院的论证逻辑是遵循《食品安全法》第148条第2款"但是，食品的标签、说明书存在不影响食品安全且不会对消费者造成误导的瑕疵的除外"的内容进行，首先论证涉案食品不存在安全性问题，且涉案食品不安全的举证责任应当由购买者承担，然后论证即便涉案食品标签不符合规定但是并未对购买者造成误导，最终驳回购买者10倍赔偿的诉讼请求。

在案例4中，法院认为，不应认定刘某属于消费者，刘某上诉要求10倍赔偿的请求，不符合《食品安全法》的规定。在案例6和案例7中，法院认为，购买人多次购买类似产品，并非为了生活需要，不符合《消费者权益保护法》第2条对消费者的定义，不予支持10倍赔偿。在案例4、案例6和案例7中，法院是从职业打假人不属于消费者的角度，从身份认定上驳回了购买者10倍赔偿的诉讼请求。

(六)初步结论

通过检索类案以及对于类案论理部分的分析、比较，可以看出在知假买假10倍赔偿的领域，法律认识的分歧是比较明显的。一方面，对于知假买假者是否属于消费者存在不同的认识；另一方面，对于涉案食品安全性的举证责任分配也有不同的认识。最终导致了类案对于知假买假10倍赔偿产生了不同的裁判结论，即便是在结论相同的类案中，在论理的角度和侧重点方面也不尽相同。该类问题需要进一步研判并逐步统一裁判标准。

八、任意解除权的限制与责任承担

(一)待决案件的基本案情和争议问题

1. 待决案件的基本案情

某房地产公司委托某镇政府进行土地拆迁腾退工作,合同约定镇政府应当自合同签订之日起3年内完成相关地块上97%住户的拆迁腾退工作。协议签订后,镇政府未能依约完成住户的拆迁腾退工作。某房地产公司要求镇政府继续履行合同并承担迟延履行合同的违约责任,镇政府反诉要求行使任意解除权解除合同。某房地产公司主张,镇政府不享有任意解除权,如果解除合同应当赔偿房地产公司的可得利益。

2. 待决案件的争议问题

在有偿委托合同中,是否需要对任意解除权进行限制。如果一方行使任意解除权,另一方可否主张可得利益。

(二)类案检索平台

法信

(三)类案检索条件

1. 案由:委托合同纠纷

2. 核心事实:解除合同

3. 争议焦点:任意解除权　限制　可得利益

(四)检索类案的选取

地域:最高人民法院、各地高级人民法院

时间:2016~2020年

最高人民法院典型案例

(1)最高人民法院:(2015)民一终字第226号(裁判日期:2016年6月29日),成都和信致远地产顾问有限责任公司与四川省南部县金利房地产开发有限公司委托合同纠纷(以下简称案例1)

最高人民法院认为,案涉《代理合同》的性质虽为委托合同,但其并不能于2013年金利公司向和信致远公司送达《解除合同通知书》时予以解除,理由如下:

第一,根据《代理合同》第7条"违约责任"中第7.1.1条约定:"甲方(金利公司)不得中途单方面解除合同,如甲方擅自解除合同,除支付乙方(和信致远公司)应付款项外,按本项目预计总代理佣金的10%赔偿乙方的损失。"第7.2.1条约定:"乙方不得中途单方面解除合同,如乙方擅自解除合同,乙方按本项目预计总代理佣金赔偿甲方的损失。"由此,金利公司、和信致远公司在合同中预先对合同任意解除权进行了限制,即均不得中途单方面解除合同。该约定内容为合同的组成部分,未违反法律的相关规定,因《代理合同》为有效合同,其中限制任意解除权的条款亦应有效,对双方当事人具有法律约束力。

第二,根据《合同法》的有关规定,委托人或者受托人虽均有随时解除委托合同的权利,但本案双方当事人在签订合同时,对随时解除委托合同的权利进行了限制。基于约定优于法定的原则,当事人的意思自治应得到尊重,合同当事人的任意解除权应受约定的限制,不得随意解除合同。

第三,从本案的情况来看,和信致远公司作为从事房地产营销代理的专业机构,其与金利公司签订《代理合同》的主要目的是获取经济利益。由此,和信致远公司与金利公司签订合同除了基于当事人之间的特殊信赖关系之外,还具有利益关系。基于诚实信用和民事活动公平的原则,金利公司不得擅自解除合同。

综上,因双方当事人在《代理合同》中已对任意解除权进行了限制,在无法定解除事由的情况下,金利公司于2013年4月23日向和信致远公司发出的《解除合同通知书》无效。

（2）最高人民法院：（2017）最高法民申4456号，张某、桂林南药股份有限公司委托合同纠纷（以下简称案例2）

最高人民法院认为，张某和桂林南药之间的合同性质如何认定。从该合同内容的表述来看，虽然有"委托""独家代理销售"的字眼，但该合同的履行必须是张某先向桂林南药付款购买产品，然后再由张某自行在坦桑尼亚进行销售，只是双方约定独家代理销售，即桂林南药只能将该药品发货给张某在坦桑尼亚进行销售。可见，《销售代理协议》仅约定张某为该品牌的代理商，未约定处理委托事务的报酬，张某通过该合同赚取独家销售的产品差价，故合同的主要内容是买卖，同时包含品牌代理的含义。因此，本合同的性质主要是买卖合同，同时包含委托合同的要素，认定为无名合同更为妥当。原审认定《销售代理协议》是以委托关系为主导的包含了产品销售内容在内的综合性商务委托合同，颠倒了委托合同和买卖合同因素的主次地位，存在不妥。

关于桂林南药是否对张某构成违约的问题。《合同法》第410条是关于委托合同任意解除权的规定，一般来说，委托合同的成立是建立在当事人之间人身特殊信赖的基础上，如果一方当事人对另一方的信赖发生动摇时，勉强维持委托关系可能会影响合同目的的实现，故法律赋予委托人或者受托人在信赖关系丧失时随时解除合同的权利。但就本案而言，根据前述分析，《销售代理协议》兼具买卖合同为主、委托合同为辅双重要素，两种合同要素形成一个不可分的共同体，二审仅根据《合同法》第410条有关委托合同的规定认定桂林南药享有任意解除合同的权利，必然会牺牲作为受托人的张某根据买卖合同要素所要保护的利益，其结果对张某不公平。实际上，由于桂林南药同时委托了张某、法国公司办理注册事宜，在两受托人均成功办理了青蒿琥酯片注册后，张某客观上无法再进行独家销售代理，《销售代理协议》无法继续履行，这种状况是桂林南药造成的，本案应认定桂林南药构成违约。二审适用《合同法》第410条的规定认定桂林南药不构成违约，适用法律不当。由于桂林南药的违约导致张某订立《销售代理协议》的合同目的不能实现，当事人均可根据《合同法》第94条第4项关于"当事人一方迟延履行债务或者有其他违约行为致使不能实现合同目的"规定而解除合同。

关于桂林南药应否赔偿张某可得利益损失的问题。由于《销售代理协议》的解除系桂林南药的违约行为造成，故桂林南药应承担相应的违约责任。原审已判决桂林南药赔偿张某药品注册费用损失、为履行协议支出的费用等实际损失,但对可得利益损失未予支持。根据《合同法》第 113 条的规定,当事人一方不履行合同义务或者履行合同义务不符合约定,给对方造成损失的,损失赔偿额应当相当于因违约所造成的损失,包括合同履行后可以获得的利益。本案中,张某根据《销售代理协议》约定的每年在坦桑尼亚销售的药品数量和供货单价等因素按照 5 年时间计算主张可得利益损失 3240 万元。本院认为,可得利益损失属于净利润损失,而《销售代理协议》系桂林南药对张某作为独家销售代理提出了销售数额任务的要求和确定了供货单价,张某将来 5 年内可能赚取的净利润需取决于实际供货情况、销售数量、销售单价、相关成本的控制和经营风险等因素。由于实际经营过程存在众多不确定因素,也没有其他年份相同产品的经营情况作为参照,故张某仅依据《销售代理协议》并不足以证明其将来 5 年内的可得利益损失为 3240 万元。由于张某在原审中未就其可得利益损失进行充分举证,原审对可得利益损失不予支持,并无不妥。

各地高级人民法院典型案例

(1)山东省高级人民法院:(2016)鲁民终 651 号,义乌市远大全程房产经纪有限公司与枣庄市泰诺置业有限公司委托合同纠纷(以下简称案例 3)

二审法院认为,委托合同是基于当事人之间的相互信任而订立的,在相互发生不信任之情形时,应当允许当事人随时终止的合同。《合同法》第 410 条规定:"委托人或者受托人可以随时解除委托合同。因解除合同给对方造成损失的,除不可归责于该当事人的事由以外,应当赔偿损失。"虽然当事人行使法定解除权亦应承担民事责任,但这种责任的性质、程度和后果不能等同于当事人故意违约应承担的违约责任。该条规定中的损失,应理解为实际损失,不包括对方的预期利益。本案中,涉案的《营销策划代理合同》是一种委托合同,枣庄泰诺公司解除对义乌远大公司的委托合同关系,属于行使法定任意解除权的行为。因涉案的《营销策划代理合同》没有正常履行,约定由义乌远大公司代理销售的项目未进行销售合同即被解除,因此义乌远大公司主张的项目完全销售后可获得的代理费 5,065,307.52 元属于可得利益损失。根据上述法律规定,委托合同解除后的损失应为实际损失,不包括可得利益。义乌远大公司要求枣庄泰诺公司赔偿5,065,307.52元可得利益损失没有法律依据,原审法院不予支持并无不当。

(2)重庆市高级人民法院:(2017)渝民申1267号,重庆康索律师事务所与重庆化医紫鹰资产经营管理有限公司委托合同纠纷(以下简称案例4)

再审法院认为,关于紫鹰公司是否享有合同解除权的问题。双方所签《代理服务协议》第7条约定:"本委托代理协议为风险代理服务协议,是非经双方一致同意不得单方撤销的协议,否则,任何一方有权要求对方按本协议的约定履行相应义务包括支付风险代理服务费等",但是,并不能据此即可认为紫鹰公司绝对不享有解除合同的权利。本院认为,二审法院认定紫鹰公司享有法定解除权,符合本案实际情况,理由如下:

首先,根据《合同法》第94条的规定,在符合相应条件下,当事人享有合同的法定解除权。

其次,紫鹰公司签订《代理服务协议》的主要目的是取得"西五市场"名义层第四层房产的房地产权证,但从双方当事人2011年6月28日签订《代理服务协议》至2015年9月8日紫鹰公司向康索律师事务所发送《解除委托函》,在长达4年多的时间内,紫鹰公司仍未取得"西五市场"名义层第四层房产的房地产权证,难谓紫鹰公司的合同目的已经得到实现,康索律师事务所在一审、二审诉讼中,亦无法明确紫鹰公司的合同目的再经历多长时间可以得到实现。

再次,双方所签《代理服务协议》约定紫鹰公司委托康索律师事务所提供法律服务"具体包括该房产过户登记或实现该债权过程中可能发生的诉讼、执行等""本委托协议约定的委托为特别授权委托,即在紫鹰公司的明确授权下,康索律师事务所以三峡油漆名义或紫鹰公司同意或指定的其他人名义代为办理房屋登记过户或债权的实现;向有关行政机关申诉、申请、提起行政复议、行政诉讼、民事诉讼、申诉、代为申请强制执行、执行和解,直至该案执行的实现;代为承认、变更、放弃诉讼请求,进行和解、调解,签收法律文书、行政文书等"。本案中,并无证据证明康索律师事务所为完成代理事项代为提起行政复议、行政诉讼、民事诉讼、申诉、申请强制执行等履行前述约定义务的事实存在,难为康索律师事务所已经较好地尽到了专职法律服务提供者为促使涉案《代理服务协议》紫鹰公司合同目的得以实现的职责。然后,委托合同以双方信任为存在的条件,故《合同法》第410条特别规定了委托合同双方当事人均享有合同的任意解除权。

最后,本案中,双方所签《代理服务协议》未明确约定具体的代理服务期限,康索律师事务所在长达4年多的时间内，未能依照约定积极履行职责实现紫鹰公司的合同目的，而在紫鹰公司迫于无奈解除合同时，若支持康索律师事务所的主张，在康索律师事务所不需要再行履行任何合同义务时，康索律师事务所却可获得高额的风险代理服务费，有违权利义务相一致原则和公平原则；若不支持紫鹰公司有权解除合同的主张，则将使《代理服务协议》长期得不到实际履行从而使合同长期处于“休眠”状态，双方的关系亦将长期处于“僵持”状态，这也不利于人民司法实现尽快稳定社会关系、定分止争的功能。综上，二审法院认定紫鹰公司享有合同解除权，有法律依据，亦符合本案实际情况，并无不当。

(3)广东省高级人民法院：(2019)粤民申5536号，广东安国律师事务所、张某委托合同纠纷(以下简称案例5)

再审法院认为，本案为委托合同纠纷。2014年12月17日，安国律所与张某、黄某生、廖某亮签订《民事委托代理合同》，约定张某、黄某生、廖某亮因冠昊公司内部股权纠纷案件、冠昊公司对于凯荣都大厦与江河宾馆的租赁合同纠纷案件以及和(原)广州军区后勤部赤岗干休所的合作建房纠纷等一系列案件，聘请安国律所作为委托代理人。张某、黄某生、廖某亮于2015年1月20日向安国律所发出《解除合同通知书》。安国律所提交的证据显示，在合同签订前后为三人提供的法律服务，包括出具法律意见、草拟相关法律文书并整理证据材料、组织召开会议，形成有三人签订的董事会决议，冠昊公司确已办理变更法定代表人手续等。根据《合同法》第410条的规定，本案中张某、黄某生、廖某亮因对安国律所的工作进度不满，解除了涉案《民事委托代理合同》，安国律所不能通过约定排除委托人的任意解除权，亦不能主张因此获取违约金1000万元及利息。由于安国律所已交付了部分工作成果，根据公平原则，应当获得相应的报酬。一审、二审法院酌定张某、黄某生、廖某亮应向安国律所支付律师费20万元，处理并无不当。

(4)甘肃省高级人民法院：(2019)甘民申1052号，甘肃金达化工有限责任公司与北京市齐致(兰州)律师事务所委托合同纠纷(以下简称案例6)

再审法院认为，2016年11月28日双方签订的《委托协议》，约定了双方权利义务范围，委托期限自协议签订之日起至执行完毕时止，本协议签订后双方不得无故单方面解除。若金达公司无故解除，视为齐致律所全部完成了受托事项，所收律师费不予退还。基于委托合同相互信任的基础，《合同法》第410条规定了委托人和受托人都可以随时解除委托合同的这一授权性规则，这种解除合同的权利专属于被授权者本人，行使与否由被授权者本人决定，法律并不禁止当事人在订约时先行放弃该权利。同时，涉案委托合同细分为诉讼委托合同，受托人齐致律所对委托事务的处理也有正当利益，该利益的实现需以委托事务办理结果为条件。据此，涉案合同的相关内容属于当事人订约时对任意解除权的排斥适用，并不违反法律、法规的强制性规定，应为有效。齐致律所提交的证据显示，其于接受委托后履行调取资料、查封土地等代理执行事项，金达公司委托执行案件未执行完结，不能认定系齐致律所原因导致。金达公司在申请法院执行案件尚未完结的情况下，终止授权委托书，构成《委托协议》规定的单方解除合同的情形，依约定应视为齐致律所全部完成了受托事项，金达公司应当按照齐致律所全部完成受托事项支付律师费，二审法院根据相关执行裁定书执行案件标的金额计算，判决金达公司还应向齐致律所支付 1,447,316 元并无不当。

（五）检索类案的分析

1. 比对案件基本事实

在上述检索的类案中，均涉及委托合同关系中任意解除权的行使问题，但在具体案情上有所区别。

在案例 1、案例 4 和案例 6 中，当事人均在合同中对任意解除权进行了限制，即任何一方不得无故单方面解除合同。但在案例 4 中，双方当事人委托事项相对复杂，涉及通过一系列的行为获取房地产权证的事项，但在长达 4 年多的时间内，受托方仍未取得目标房产的房地产权证，合同目的未能实现，且并无证据证明受托方已经较好地尽到了职责。

在案例 2 中，双方当事人签订的协议仅约定张某为该品牌的代理商，未约定处理委托事务的报酬，张某通过该合同赚取独家销售的产品差价，故合同的主要内容是买卖，同时包含品牌代理的含义。涉案合同关系的定性并非单纯的委托关系，而是混杂着买卖关系。

2. 比对案件诉讼程序

在上述检索的类案中，案例 2、案例 4、案例 5 和案例 6 为再审程序；案例 1 和案例 3 为二审程序。上述案例均对合同解除问题进行了论述，部分案例涉及合同定性以及违约责任的承担问题。

在案例 2 中,法院认为,可得利益损失属于净利润损失,张某将来 5 年内可能赚取的净利润需取决于实际供货情况、销售数量、销售单价、相关成本的控制和经营风险等因素。由于实际经营过程存在众多不确定因素,也没有其他年份相同产品的经营情况作为参照,故张某仅依据《销售代理协议》并不足以证明其将来 5 年内的可得利益损失为 3240 万元。从该部分的论述可以看出,法院主要从举证不能的角度对张某可得利益损失的请求予以驳回。

3. 比对法律适用意见

在上述检索的类案中,法院对于当事人能否在委托合同中约定排除任意解除权的适用存在不同的认识,对于委托合同解除后能否支持可得利益亦有不同的观点。

关于当事人能否在委托合同中约定排除任意解除权的适用问题。在案例 1 和案例 6 中,法院认为,双方当事人在合同中预先对合同任意解除权进行了限制,对双方当事人具有法律约束力。同时,基于诚实信用和民事活动公平的原则,合同一方也不得擅自解除合同。在案例 5 中,法院认为,安国律所不能通过约定排除委托人的任意解除权。

关于委托合同解除后能否支持可得利益的问题。在案例 3 中,法院认为,委托人或受托人享有任意解除权,合同解除后应承担的民事责任,不能等同于当事人故意违约应承担的违约责任。承担责任的范围应为实际损失,不包括对方的预期利益。在案例 5 中,法院认为,受托人不能主张因委托人行使任意解除权而获取违约金 1000 万元及利息。在案例 6 中,法院认为,金达公司在申请法院执行案件尚未完结的情况下,终止授权委托书构成单方解除合同的情形,依照双方约定应视为齐致律所全部完成了受托事项,金达公司应当按照齐致律所全部完成受托事项支付律师费,实际上是支持了可得利益损失。

案例 4 的情况相比上述几个案例更为特殊,在案例 4 中,法院认为,即便双方合同约定不得解除合同,但法院综合全案案情,为避免双方关系长期处于“僵持”状态,最终认定可以解除合同。同时法院认为,在康索律师事务所不需要再行履行任何合同义务时,康索律师事务所却可获得高额的风险代理服务费,有违权利义务相一致原则和公平原则,不予支持风险代理服务费。

此外,关于合同关系的定性,案例 2 中的合同更为复杂。在案例 2 中,法院认为,合同的性质主要是买卖合同,同时包含委托合同的要素,认定为无名合同更为妥当。一方当事人在不享有任意解除权的情形下解除合同,构成违约,应当承担违约责任。

(六)初步结论

《民法典》第933条规定:"委托人或者受托人可以随时解除委托合同。因解除合同造成对方损失的,除不可归责于该当事人的事由外,无偿委托合同的解除方应当赔偿因解除时间不当造成的直接损失,有偿委托合同的解除方应当赔偿对方的直接损失和合同履行后可以获得的利益。"关于任意解除权是否应当予以限制的问题,"立法机关在此问题上的态度是明确的,即对委托合同任意解除权的行使不作限制,双方均可随时解除合同;对于行使任意解除权的,通过加大赔偿责任的方式予以规制"[1]。

笔者认为,法律规定并未对任意解除权作出限制,但是并不影响当事人之间通过约定对于委托合同中的任意解除权排除适用。当事人之间关于委托合同中任意解除权排除适用的约定,并未违反法律、行政法规的强制性规定,原则上应当认为有效,对于双方当事人均有约束力。但是,要避免由于双方当事人约定了排除任意解除权的适用而导致合同僵局,如果委托合同的一方当事人以实际行动表明不再继续履行合同,另一方当事人可以主张法定解除权解除合同,再行主张违约方的违约责任。或者,在委托合同不宜强制履行、合同目的不能实现的情形下,法院判决解除合同并根据具体案情判断违约责任的承担方式。关于委托合同解除后的责任承担问题,应按照《民法典》第933条的规定,有偿委托合同的解除方应当赔偿对方的直接损失和合同履行后可以获得的利益。法院在判断可得利益问题上,要结合当事人的举证情况,综合运用可预见规则、减损规则、损益相抵规则以及过失相抵规则等予以判定,避免当事人之间利益失衡。

---

〔1〕 最高人民法院民法典贯彻实施工作领导小组主编:《中华人民共和国民法典合同编理解与适用(四)》,人民法院出版社2020年版,第2530页。

第四章
类案检索与类案裁判规范化

类案检索与类案裁判规范化是相辅相成的关系，一方面，通过类案检索可以促进类案裁判规范化；另一方面，类案裁判规范化又为类案检索提供了便利条件。专门法院（庭）是我国法院体系中的重要组成部分，以其专业性为特点发挥独特作用。地方人民法院和最高人民法院各司其职，共同构成类案检索和类案裁判规范化的完整体系。

一、专业化审判对类案裁判的推动作用

（一）专门法院的建设

近年来，最高人民法院陆续设立了国际商事法庭、知识产权法庭，全国先后在北京、上海、广州设立了3个知识产权法院[1]、在上海、北京设立了2个金融

---

〔1〕《中共中央关于全面深化改革若干重大问题的决定》提出，加强知识产权运用和保护，健全技术创新激励机制，探索建立知识产权法院。北京知识产权法院成立于2014年11月，集中管辖原由北京市各个中级人民法院管辖的知识产权民事和行政案件，是全国首家知识产权审判专业机构。上海知识产权法院与广州知识产权法院于2014年12月成立。

法院[1]、在杭州、北京、广州成立了3个互联网法院[2]。在部分案件集中地区的中级人民法院，还设立了知识产权法庭、破产法庭、金融法庭、环境资源法庭、涉外民商事法庭、跨境贸易法庭等专门法庭。[3] 2018年修订的《人民法院组织法》正式确立了军事法院、海事法院、知识产权法院、金融法院的专门法院地位，明确专门人民法院的设置、组织、职权和法官任免由全国人民代表大会常务会员会规定。[4]

随着知识产权专业审判机构的建立，3家知识产权法院对知识产权案件实行集中管辖，在一定程度上便于高效形成统一的裁判规则。在此基础上要求本院裁判标准统一、下级法院遵从上级法院在先生效判决确立的裁判规则，就具有了可操作性。互联网法院审理的大部分案件为知识产权类案件，据统计，2018年9月9日至2019年12月31日，北京互联网法院立案案由排名前三位的分别是著作权权属、侵权纠纷34,428件（占比76.3%）、网络购物合同纠纷5053件（占比11.2%）、网络侵权责任纠纷3929件（占比8.7%）。北京互联网法院的职能定位，是充分利用北京在信息科技方面的优势，充分利用集中管辖优势，积极探索完善符合互联网审判规律的工作模式和机制，着力构建新型互联网案件诉讼程序和司法规则。有学者认为，"中国知识产权审判不缺'地方队'，缺的是一支'国家队'。知识产权法院的设置仍然有很大的改良空间，应当做好总体规划、顶层设计，逐步由多家知识产权地方法院过渡到一家高级法院层级的知识产

[1] 2018年4月27日，第十三届全国人大常委会第二次会议作出《关于设立上海金融法院的决定》。2018年8月20日，上海金融法院正式挂牌成立。2020年12月30日，中央全面深化改革委员会第十七次会议审议通过了《关于设立北京金融法院的方案》。2021年3月18日，北京金融法院正式揭牌成立。

[2] 2017年8月，全国首家互联网法院——杭州互联网法院正式成立，该法院定位于用互联网方式审理互联网案件，集中管辖杭州市辖区内基层人民法院有管辖权的涉互联网案件。2018年7月，中央全面深化改革委员会第三次会议决议增设北京互联网法院。2018年9月，北京互联网法院正式挂牌成立。2018年9月，广州互联网法院挂牌成立，成为我国第三家成立的互联网法院。

[3] 2020年7月，杭州互联网法院跨境贸易法庭正式成立，这是全国首个集中审理跨境数字贸易纠纷案件的人民法庭。跨境贸易法庭将广泛运用互联网司法改革成果，将互联网司法的优势和影响力推向全球，通过集中管辖跨境贸易纠纷，形成与输出相关案件国际管辖规则和裁判规则，平等保护不同国家、地区各类市场主体合法权益，构建公正透明的国际营商环境。

[4] 《人民法院组织法》第15条规定：专门人民法院包括军事法院和海事法院、知识产权法院、金融法院等。专门人民法院的设置、组织、职权和法官任免，由全国人民代表大会常务委员会规定。

权上诉法院,盘活知识产权审判的全局,整合各方司法资源。"[1]

国务院2008年发布的《国家知识产权战略纲要》,明确提出要探索建立知识产权上诉法院。2017年11月,十九届中央全面深化改革领导小组审议通过《关于加强知识产权审判领域改革创新若干问题的意见》,提出要研究建立国家层面知识产权案件上诉审理机制,实现有关知识产权案件审理专门化、管辖集中化、程序集约化和人员专业化,从根本上解决知识产权裁判尺度不统一、诉讼程序复杂等制约科技创新的体制性难题。根据《全国人大常委会关于专利等知识产权案件诉讼程序若干问题的决定》和《最高人民法院关于知识产权法庭若干问题的规定》,最高人民法院决定设立知识产权法庭,作为最高人民法院派出的常设审判机构,自2019年1月1日起,开始负责审理全国范围内的专利等专业技术性较强的知识产权上诉案件,旨在进一步统一知识产权案件裁判标准。

我国的专门法院在设置上体现出如下特点:"第一,设置标准上,从专业导向逐渐转为政策导向。在决定是否设立专门法院时,既兼顾专业区分度、案件集中度,也结合国内外形势,综合考虑发展战略、营商环境、法治形象、创新驱动、产业扶持等多重因素,做整体性、系统性、长远性的考虑。第二,设置地点上,从全面覆盖逐渐转向因地制宜。2014年之后设立的专门法院,主要集中在北京、上海、广州地区,综合考虑了当地经济发展水平、区域辐射效应、产业结构状况、相关案件数量和专业审判能力,即使扩大地域管辖范围,或者未来视情况增设,也不太可能形成覆盖全国的组织体系。第三,审级设置上,从混合对接逐渐转向专项专业衔接。例如,互联网法院作为初审法院,上诉法院既有知识产权法院,也有中级人民法院。金融法院除审理第一审案件外,还受理来自地方基层法院的第二审案件,上诉法院为所在地高级人民法院。知识产权法院的审级设置之前与金融法院相似,但根据第十三届全国人民代表大会常务委员会审议通过的《关于专利等知识产权案件诉讼程序若干问题的决定》的规定,当事人对知识产权法院作出的发明专利、实用新型专利等专业技术性较强的案件第一审判决、裁

[1] 余俊:《两大法系(美国、英国、德国)知识产权案例制度与法院建设情况调研报告》,载宿迟主编:《知识产权案例指导新探索》,人民法院出版社2018年版,第128页。

定不服，提起上诉的，将由最高人民法院知识产权法庭审理。[1] 从这个角度来看，专利等知识产权案件在全国范围内的法律适用统一性将大大增强。"[2]

在发挥专业化的"中性优势"方面，专业化还可能间接推动综合性法院的效率提升，设立专门法院（庭）可以分流部分案件，进而提升综合性法院的效率。将专业性较强的知识产权案件、破产案件集中由专门法院（庭）审理，其他综合类的法院不再审理此类案件，无疑将适当减轻审判压力。专业化审判有助于遴选出在特定领域卓有建树的法官，既可以由法官自荐，也可以将专业技能作为遴选标准。在专业人才培养方面可以形成良性循环，将具有专业基础的法官集中到专门法院（庭），通过专业化审判的持续进行将专业化法官的水平进一步提升，以此打造一批专业领域的专家型法官。这一方式在知识产权审判领域表现得尤为明显，无论是审判专家还是优秀裁判文书评选，知识产权审判无疑都是重要领域。

专业化审判具有相应优势的同时，可能也存在一定的不确定性和风险。第一，是对裁判品质可能产生负面影响。也许法官集中度提高可以促进专业技能提升，但也可能导致法官对其他法律领域的知识了解不足，进而影响裁判品质。第二，专门法院（庭）对法官们的吸引力也可能弱于综合类的法院。专门法院（庭）组建之后，由于审理领域的固定化导致其法官可能终其一生都在审理该类案件，缺乏审理更广泛领域案件的机会和可能。第三，长期的专业化审判可能会导致法官的固定思维。那些特定领域的专家法官，裁判时会比综合类法院的法官更为自信。长期耕耘于特定领域的后果可能是立场偏狭，裁判思路很容易类型化。[3]

案件集中在专门法院（庭）审理自然会在一定程度上促进法律适用统一，这个观点有一定合理性，但不宜被过度解读。即使在专门法院（庭），只要判决是

---

〔1〕《全国人民代表大会常务委员会关于专利等知识产权案件诉讼程序若干问题的决定》规定：一、当事人对发明专利、实用新型专利、植物新品种、集成电路布图设计、技术秘密、计算机软件、垄断等专业技术性较强的知识产权民事案件第一审判决、裁定不服，提起上诉的，由最高人民法院审理。二、当事人对专利、植物新品种、集成电路布图设计、技术秘密、计算机软件、垄断等专业技术性较强的知识产权行政案件第一审判决、裁定不服，提起上诉的，由最高人民法院审理。

〔2〕何帆：《法院该术业专攻还是无所不能》，载［美］劳伦斯·鲍姆：《从专门化审判到专门法院——专门法院发展史》，何帆、方斯远译，北京大学出版社 2020 年版，第 9～10 页。

〔3〕参见［美］劳伦斯·鲍姆：《从专门化审判到专门法院——专门法院发展史》，何帆、方斯远译，北京大学出版社 2020 年版，第 40～42 页。

由多名法官或者多个合议庭作出的,法律解释的差异和冲突就不可避免。因此,在专门法院(庭)内部同样需要进一步地细化专业化审判。在知识产权法院内部,同样会基于不同的案由(商标权纠纷、专利权纠纷、著作权纠纷、反不正当竞争纠纷)分配给不同的团队牵头负责审理和开展研究工作,这样实现了专业法院内部的进一步的专业区分。可以通过完善法官会议工作制度,统一具体案件裁判标准。除重大敏感等特殊类型案件外,院长、庭长原则上不再听取个案汇报,采取法官专业会议等形式为合议庭提供意见参考。同时配合开展类案检索的工作,这样可以最大限度地避免出现类案不同判的情况。

类案检索面临的较大障碍是案例来源过多、过杂、效力不统一,在专门法院(庭)内部开展类案检索工作有其天然的优势。由专业化审判人员的聚集、专业类别案件的集中审理,将逐步形成类案裁判标准的统一和具有典型意义的案例以及裁判规则的确立,这就为后来的裁判者开展类案检索提供了更为有利的条件。

(二)案例作用的发挥:以北京知识产权法院为例

北京知识产权法院成立了专家咨询委员会,设立了专家自治管理委员会作为日常协调管理组织,具体负责研究咨询和案例评审工作。专家咨询委员会是社会各界参与案例指导工作的主要形式,也是开展典型案例评审工作的重要机构,具有法律学术性、技术专业性和广泛的民主性。依照司法审判和研究领域,专家咨询委员会内设商标竞争垄断、专利、著作权、综合程序和涉外 5 个专业部,分别负责各相关领域的研究和案例评审工作。截至 2017 年 11 月,专家咨询委员会已经从全国近 8 年的知识产权裁判文书中评审产生 500 多篇典型案例,进行了深度编辑加工并对外公布。[1] 这种由专家对案例进行筛选和编辑加工的过程,有利于保证案例的典型性和可参照性,为法官援引知识产权在先生效判决奠定了基础。

北京知识产权法院成立后,法官在大量的裁判文书中通过援引在先生效判决的方式进行论证说理。当前知识产权诉讼中主要存在三类应用先例的情形,

---

〔1〕 参见陈栋:《案例基地基本情况介绍》,载宿迟主编:《知识产权案例指导新探索》,人民法院出版社 2018 年版,第 4 页。

第一类是“遵循先例”确保裁判统一，具体又可以细分为8种情形：(1)先例阐释立法目的，后案予以遵循；(2)先例阐释司法政策，后案予以遵循；(3)先例阐释司法价值，后案予以遵循；(4)先例细化法律规定，后案予以遵循；(5)先例确立裁判规则，后案予以遵循；(6)后案与先例关键事实相同或类似，直接遵循得出结论；(7)当事人提交相同、“相反”或外地法院先例，准确识别后予以遵循；(8)在先生效裁判认定相关事实，后案予以引用确认。第二类是援引先例增强裁判说理，具体又可以分为4种情形：(1)裁判说理后援引先例增强说服力；(2)援引多个先例展现裁判标准或规则变迁；(3)援引先例纠正一审判决错误；(4)援引先例确认行政行为合法。第三类是形成“先例”指导审判实践，具体有以下4种情形：(1)公开审判委员会决议情况；(2)公开合议庭少数意见；(3)裁判文书引用学术观点；(4)公开征求研究机构意见。在先例应用中也存在异化的情况，主要有无意义援引和选择性援引两种类型。[1] 通过上述数据和类型的梳理可以看出，援引在先生效判决的做法已经在北京知识产权法院得到了广泛适用并发挥了积极作用。

1. 北京知识产权法院受理的首案[2]

北京知识产权法院成立后受理的首个案件，在裁判文书中就援引在先生效判决进行了论理，为后续开展类案参照适用工作作出了示范。该案为原告浙江维康药业有限公司因发明专利权无效行政纠纷一案，不服被告国家知识产权局专利复审委员会于2014年7月23日作出的第23542号无效宣告请求审查决定提起的行政诉讼，该案的争议焦点之一在于，涉案的专利是属于封闭式的权利还是开放式的权利。该案援引最高人民法院的在先生效判决对于同类型的表述属于何种类型进行了初步论证，同时结合发明目的的解释角度，援引北京市高级人民法院的在先判决进行了论证。

该案判决书认为，具体到封闭式权利要求与开放式权利要求的界定，结合审判实践，首先，可以从字面解释方面论证。我国历次《专利法》及《专利法实施细则》均未就封闭式权利要求与开放式权利要求进行专门规定，相关规定主要体现于国家知识产权局制定的部门规章《专利审查指南》之中。2010年版《专利审查指南》第2部分第2章第3.3节“权利要求的撰写规定”中规定：“通常，开放

[1] 参见许波：《知识产权诉讼指导案例与在先案例应用指南》，法律出版社2019年版，第160～192页。
[2] 参见北京知识产权法院(2014)京知行初字第1号行政判决书。

式的权利要求宜采用‘包含’、‘包括’、‘主要由……组成’的表达方式，其解释为还可以含有该权利要求中没有述及的结构组成部分或方法步骤。封闭式的权利要求宜采用‘由……组成’的表达方式，其一般解释为不含有该权利要求所述以外的结构组成部分或方法步骤”。由此可知，现行《专利审查指南》主要通过撰写权利要求时所使用的语词，对权利要求究竟属于封闭式或开放式进行界定。因此，在判断权利要求类型时，应当首先进行字面解释，即审查撰写所使用的语词是否与《专利审查指南》中列举的表达方式相符。相应地，一般应当解释为《专利审查指南》中所规定的权利要求类型。

最高人民法院在(2009)民提字第20号侵犯发明专利权纠纷案中，亦从另一角度表达了字面解释的观点，其认为：“专利权利要求1为组合物权利要求，采用了‘由下述重量配比的原料制成的药剂’的表达方式。权利要求1的这种表达方式，并不属于国家知识产权局制定的《审查指南》(2006年版)第2部分第10章第4.2.1节所列举的‘由……组成’‘组成为’等封闭式表达方式的形式。”虽然该案为侵犯发明专利权纠纷，不同于本案专利行政诉讼，但在确定专利权保护范围这一问题上，一般仍应保持民事诉讼与行政诉讼在法律适用标准上的一致性，除非有相反证据足以推翻。因此，最高人民法院的上述认定，对本案有关封闭式或开放式权利要求的界定，仍然具有借鉴意义。具体到本案情形，本专利权利要求1采用了“一种药物微丸，其特征在于该药物微丸是由下述重量份的原料制成的”撰写方式，与上述最高人民法院判决中所涉及的权利要求的撰写方式基本相同，在无相反证据推翻的情况下，本案应当保持与最高人民法院审理标准的一致。因此，若仅从字面解释的角度出发，本专利权利要求1并不属于《专利审查指南》中列举的封闭式权利要求的情形。

其次，可以从内部证据方面解释。说明书、专利审查档案等内部证据记载了与发明相关的更为全面的技术信息，为权利要求相关语词的解释提供了语境，故可以在界定封闭式或开放式权利要求时予以运用。北京市高级人民法院在(2011)高行终字第607号发明专利权无效行政纠纷案中认定：“本专利权利要求2、3并非严格意义上的封闭式权利要求。同时，根据本专利说明书的记载，本专利权利要求2、3的产品是粉煤灰与黏土通过相关工序制成的物，其不可能排除其他杂质的存在。”由此可以看出，北京市高级人民法院在界定涉案权利要求为开放式或封闭式时，就借助了说明书的解释作用。具体到本案情形，本专利说明书记载了在制备金刚藤微丸时,除本专利权利要求1限定的金刚藤干浸膏、微晶纤维素和交联聚维酮外,还需加入水、乙醇等必需且明显不属杂质的物质,故根据说明书的内部证据解释作用,本专利权利要求1亦应为开放式权利要求。

2. 关于"使用"的概念和范围进行论理的典型案例

北京知识产权法院的多份判决在关于《商标法》第49条"使用"一词的争议中,援引在先生效判决对"使用"的概念和范围进行了论理。[1]

例如,在原告广州轻出集团股份有限公司因商标撤销复审行政纠纷案,不服被告国家工商行政管理总局商标评审委员会于2014年12月11日作出的商评字(2014)第100612号关于第832775号"Sinok"商标撤销复审决定提起的行政诉讼中,北京知识产权法院认为,上级人民法院在先作出的生效裁判中对相关法律法规的理解和适用,在审理类似案件时应当予以参考。关于注册商标商品并未实际进入中国大陆市场流通领域的情况,能否发生2001年《商标法》第44条第4项意义上的使用注册商标之效力,曾有上级人民法院的在先生效判决中作出过认定。北京市高级人民法院于2010年12月14日作出(2010)高行终字第265号宏比福比有限公司诉商标评审委员会、温克勒国际有限公司商标撤销复审行政纠纷上诉案(以下简称第265号案件)行政判决。该判决认定,"来料加工是中国企业利用外国企业提供的原材料、零部件等,按照外国企业的要求进行加工,成品交由外国企业销售的一种贸易形式。虽然来料加工的成品并未实际进入中国大陆市场流通领域,但是如果不认定来料加工为商标使用行为,相关商标专用权因未使用而构成被撤销的理由,恐不尽公平,且有悖于拓展对外贸易的政策。虽然复审商标核定使用的商品为玩具,但是基于玩具赛车商品和来料加工方式的特性,将复审商标使用在玩具部件,并通过来料加工方式加工成玩具成品,销往国外的行为,应当视为复审商标在核定使用的玩具商品上的商标使用行为"。商标权人注册商标后,在中国实际经营,制造该品牌商品,并全部出口,显然是积极使用注册商标的行为,不应以此为由予以撤销。因此,本院对于本案相关问题的认定,应当与上级人民法院在先作出的第265号案件生效判决中的相

---

〔1〕《商标法》第49条规定:商标注册人在使用注册商标的过程中,自行改变注册商标、注册人名义、地址或者其他注册事项的,由地方工商行政管理部门责令限期改正;期满不改正的,由商标局撤销其注册商标。注册商标成为其核定使用的商品的通用名称或者没有正当理由连续三年不使用的,任何单位或者个人可以向商标局申请撤销该注册商标。商标局应当自收到申请之日起九个月内做出决定。有特殊情况需要延长的,经国务院工商行政管理部门批准,可以延长三个月。

关认定保持一致，即认定诉争商标的使用能够发生2001年《商标法》第44条第4项意义上的使用注册商标之效力，不宜以连续3年不使用为由予以撤销。[1]

3. 涉及多个在先生效判决的典型案例

在原告南社布兰兹公司因商标撤销复审行政纠纷一案，不服被告商标评审委员会于2014年12月12日作出的(2014)第99166号《关于第5662026号"奔富"商标撤销复审决定书》提起的行政诉讼中[2]，北京知识产权法院认为，对于司法审判实践中如何理解该条规定的"使用"，李某提交的北京市高级人民法院作出的(2010)高行终字第455号行政判决书、(2010)高行终字第309号行政判决书、(2013)高行终字第292号行政判决书及北京市第一中级人民法院作出的(2012)一中知行初字第3252号行政判决书均对此进行了同一的阐述，其中(2013)高行终字第292号行政判决书载明："《商标法》关于注册商标连续3年停止使用予以撤销的立法本意是清除长期未实际投入商业使用而空占商标资源的注册商标，故该使用行为应当是真实的、持续的、投入市场流通领域的行为，即注册商标权人将注册商标合法、规范地使用在核定使用的商品或服务类别上，并对外持续销售商品或提供服务，使相关公众能够基于注册商标识别提供商品或服务的不同市场主体，才构成上述注册商标的使用方式。该规定旨在促使商标真实地投入商业使用，发挥商标的应有功能与作用，实现商标的市场价值，并非以撤销商标为目的。"本院同意上述观点，并作为本案对于"使用"的判断原则。

同时，该份判决书对双方当事人提交的在先生效判决进行了比较分析，并进一步认为，北京市高级人民法院(2012)高行终字第1820号行政判决书为在先生效的上级人民法院的判决，南社布兰兹公司及李某均向本院提交了该份判决，虽然双方对该判决对"特定市场主体"的理解不同，但该判决作为在先生效判决，其确定的原则可以在本案中予以援引，各方当事人均无异议。该判决还确定"注册商标的使用，既包括商标注册人自己的使用，也包括获得商标注册人许可的其他主体的使用，但这种使用必须是在商业流通领域发挥了商标区分商品或服务来源识别作用的使用"原则，对此，各方当事人均无异议，而该原则与最高人民法院(2012)行提字第2号行政判决书中确定的"商标的基本功能在于商标

〔1〕 参见北京知识产权法院(2015)京知行初字第342号行政判决书。
〔2〕 参见北京知识产权法院(2015)京知行初字第2575号行政判决书。

的识别性,即区别不同商品或服务的来源,因此商标只有在商品的流通环节中才能发挥其功能”的原则一致,因此,本院认为,该原则是确定注册商标属于商标法意义上的使用的原则,在本案中可以援引适用。由于最高人民法院(2012)行提字第2号行政判决书为最高审级的生效判决,本院予以援引。北京市高级人民法院作出的(2012)高行终字第1820号行政判决书认定“特定市场主体之间发生的买卖行为不是通过商标的识别作用而建立的,故在这种情况下难以认定被许可使用的商标起到了区分商品来源的作用,因而不能认定使用该商标标志的行为构成商标法意义上的商标使用行为”正是对前述原则的具体适用。

二、地方法院制定类案裁判规范的基础性作用

(一)地方法院研究和制定类案裁判指引

各地区经济发展、社会结构、文化民俗等方面所呈现的差异性,在一定程度上决定了矛盾纠纷的类型以及相应的裁判标准会出现一定的差异性,在此基础上必然导致案件类型、处理方式的区域性问题出现。在民商事审判领域,合同的定性和效力问题应当是全国统一的裁判标准,在违约金、惩罚性赔偿等涉及自由裁量权的领域,需要不同地区作出不同的区分。在刑事审判领域,在罪与非罪、此罪与彼罪方面各地区应当大体统一,在量刑标准方面需要不同地区作出不同的区分。根据《最高人民法院司法责任制配套改革意见》的规定,各高级人民法院应当进一步规范办案指导文件、参考性案例发布程序,及时向最高人民法院备案,杜绝不同地区办案标准的不合理差异。同理,在某个省、自治区、直辖市内,各中级、基层人民法院发布典型案例、类案裁判指引等规范意见时,亦应当层报到省、自治区、直辖市高级人民法院备案审查。

近年来,各级法院在制定类案裁判指引和规范方面都在积极作为,为统一区域法律适用发挥了积极作用。例如,为配合司法体制综合配套改革,循序渐进推进人民法院类案同判工作,中国应用法学研究所组织了最高人民法院审判理论研究会及其下设16个专业委员会的力量,开展中国法院类案检索与裁判规则专

项研究,并陆续推出类案检索和裁判规则研究成果。专项研究团队借助大数据检索平台,形成同类案件大数据报告,为使用者提供同类案件裁判全景;从检索到的海量类案中挑选可索引的、优秀的例案,为使用者提供法律适用参考,增强裁判信心,提高裁判公信;从例案中提炼出同类案件的裁判规则,分析裁判规则提要,提供给使用者参考。[1]

通过梳理和比较可以发现,以上各个种类的类案裁判指引具有以下几个特点:

1. 编写团队具备较高的专业水准

中国应用法学研究所组织了最高人民法院审判理论研究会及其分会的研究力量,同时也有律师、企业法务参加,按照专业特长组成若干研究团队开展专项研究,坚持同行同专业同平台研究的基本原则。

2. 聚焦司法实践常见典型问题

编写类案裁判指引的目的在于统一裁判标准,规范法官自由裁量权。特别是对于实践中常见的争议问题,更有必要通过梳理和总结的方式固定下来,既避免法官由于审判经验缺乏作出与已经定型的裁判规则不一致的判决,又可以引导当事人明晰裁判规则,合理主张权利和发表抗辩意见,避免滥讼、缠讼情形的出现。

3. 不同的类案裁判指引编写特点各异

中国应用法学研究所编写的类案丛书侧重于类案大数据与裁判规则的结合,例如,在《担保纠纷案件裁判规则(一)·保证人主体资格与担保效力》一书中,主要包括担保纠纷案件的 20 条裁判规则。在每一条的裁判规则部分,首先明确本部分的"规则描述",然后分为"类案检索大数据报告""可供参考的案例""裁判规则提要""辅助信息"4 个部分。

《上海法院类案办案要件指南》侧重于从原告、被告诉辩意见的角度逐步明确审查要点,例如,在"融资租赁合同纠纷类案办案要件指南"一章分为了"融资租赁合同案件总体情况概述""立案审查""原告诉请的审查""被告抗辩的审查""要件审查及裁判规则""与融资租赁合同纠纷相关问题的认定和裁判规则"。

〔1〕 参见曹士兵主编:《担保纠纷案件裁判规则(一)·保证人主体资格与担保效力》,法律出版社 2019 年版,中国法院类案检索与裁判规则专项研究说明和前言部分内容。

北京市第三中级人民法院的《类型化案件审判指引》侧重于将法律要点分模块编写,例如,在"婚姻家庭纠纷类审判指引"的"案件法律要点"部分,分为"婚姻效力""离婚""子女抚养""财产分割""离婚损害赔偿"5 个模块。如果形象一点说,《上海法院类案办案要件指南》是从"立案—原告诉请—被告辩称—裁判结果"条状的顺序进行,北京市第三中级人民法院的《类型化案件审判指引》是从某一类纠纷的法律要点拆分为不同组成部分的块状的顺序进行的。

4. 充分援引和借鉴在先生效判决的裁判规则

上述三种类案裁判指引丛书均充分援引和借鉴了在先生效判决的裁判规则,特别是最高人民法院作出的在先生效判决,或者是《公报》刊载的典型案例。

(二)地方法院建立法律适用问题层报机制

在解决法律适用分歧、统一法律适用方面,各级人民法院需要统筹协调、相互配合、共同发挥作用。

一是各省高级人民法院发挥统筹协调作用。各省高级人民法院承担好规范自由裁量权、统一裁判标准工作的组织、协调职能,搭建审判业务交流平台,随时收集和研究裁判标准不统一的疑难法律适用问题,召开统一裁判标准专题交流研讨会,以此规范和统一案件的裁判标准。从审判层级和研究效率的角度,各省高级人民法院在统一辖区法律适用方面发挥着关键作用。

二是要畅通法律适用分歧的发现和上报渠道。法官在审理案件过程中要通过类案检索发现法律适用中的疑难问题,院长、庭长在履行对案件的监督管理职责过程中,对发现的疑难法律问题应及时进行标示并告知承办法官。下级法院向上级法院报送发现的疑难法律适用问题,上级法院要及时准确地对上报的疑难法律问题进行研究和答复。

三是建立审判专家库。各级法院可以建立各自的审判专家库,统一报各省高级人民法院备案。各省高级人民法院相关业务部门牵头,将相关业务领域的审判专家汇集成强大的智库。对于审判专家库人员,根据不同的专业类型案由进行细分。针对司法实践中出现的疑难复杂问题,由各级人民法院层报到各省高级人民法院后,由各省高级人民法院组织相应类别的审判专家进行研究。特别是对于争议法律适用问题较多的领域,可以由各省高级人民法院组织基层人民法院、中级人民法院、高级人民法院三级法院审判专家研讨论证,并出台类案裁判指导意见。

四是充分发挥审级监督作用。充分发挥上级法院通过审级监督机制推动法律适用统一的作用,建立健全上下级法院之间发现裁判标准不统一的提示、反馈机制。对于二审法院依法改判、发回重审案件,如发现一审法院存在裁判标准不统一的问题,可单独就裁判标准不统一的问题向一审法院进行提示通报,予以监督指导。如果一审法院认为二审法院依法改判、发回重审案件与二审法院或者更高层级法院的在先生效判决裁判标准不一致,也可以将有关情况向二审法院报告。

五是加强外部力量的参与和监督。法院举行类案研讨以及制定类案裁判规范性意见时,可以邀请人大代表、政协委员、专家学者参与。对于人大代表、政协委员、律师以及当事人所反映的类案裁判标准不统一的问题,特别是在社会上产生了广泛影响的涉及裁判标准不统一的问题,应当高度重视并及时解决。

三、最高人民法院统一裁判标准的全局性作用

(一)最高人民法院统一全国性法律适用问题的裁判标准

司法权是中央事权,统一法律适用的职能在法院系统内部最终要集中到最高人民法院。地方人民法院、人民检察院一律不得制定在本辖区普遍适用的、涉及具体应用法律问题的“指导意见”“规定”等司法解释性质文件,可以向最高人民法院、最高人民检察院提出制定司法解释的建议或者对法律应用问题进行请示。地方高级人民法院报请最高人民法院的各类请示,最高人民法院一般在审判委员会研究通过之后以最高人民法院的名义下发批复,这样就从程序和内容上都保证了批复内容的权威性、准确性和统一性。

《最高人民法院完善统一法律适用标准意见》第 3 条规定:“对审判工作中具体应用法律问题,特别是对法律规定不够具体明确而使理解执行出现困难、情况变化导致案件处理依据存在不同理解、某一类具体案件裁判尺度不统一等问题,最高人民法院应当加强调查研究,严格依照法律规定及时制定司法解释。”

第5条规定:“司法指导性文件、典型案例对于正确适用法律、统一裁判标准、实现裁判法律效果和社会效果统一具有指导和调节作用。”最高人民法院通过制定司法解释和指导性文件,对于特定类型的纠纷发挥统一法律适用标准的作用。

为了保证司法解释、会议纪要内容的针对性、有效性和妥当性,最高人民法院会在法院内部和外部召开不同类型的座谈会,特别是针对与特定行业、特定监管机构密切联系的社会纠纷的处理,更需要最高人民法院发挥沟通和协调作用。例如,2020年7月15日,最高人民法院发布了《全国法院审理债券纠纷案件座谈会纪要》(以下简称《全国法院审理债券纠纷纪要》),该纪要系最高人民法院与国家发展和改革委员会、中国人民银行、证监会协商后制定,旨在推动正确审理因公司债券、企业债券、非金融企业债务融资工具的发行和交易所引发的合同、侵权和破产民商事案件,统一法律适用,保护债券投资人的合法权益,促进债券市场健康发展。

需要注意的是,《最高法院司法解释通知》与《最高人民法院法律适用分歧解决办法》相互联系但又有所区别,根据《最高法院司法解释通知》的意见,地方高级人民法院可以向最高人民法院对法律应用问题进行请示,该处请示的范围比较宽泛。根据《最高人民法院法律适用分歧解决办法》的规定,地方高级人民法院向最高人民法院报请的范围限于最高人民法院内部的判决产生不一致和地方人民法院待决案件的结果与最高人民法院裁判结果可能不一致两种情形,限定的范围相对较小。

《最高人民法院完善统一法律适用标准意见》第9条规定:“各高级人民法院应当参照最高人民法院的做法,建立本辖区法律适用分歧解决机制,研究解决本院及辖区内法院案件审理中的法律适用分歧。各中级、基层人民法院发现法律适用标准不统一问题,经研究无法达成一致意见的,应当层报高级人民法院,超出高级人民法院范围的,应当及时报送最高人民法院解决。”根据该条的规定,各高级人民法院在辖区内应当发挥统一法律适用标准的作用,但是对于超出高级人民法院范围的,例如,对于某一类案件各地高级人民法院确定的裁判标准出现了不一致的情况,就应当及时报送最高人民法院解决。

(二)最高人民法院集中类案管辖

对于类案纠纷特别是当事人也基本相同的案件,由于法院管辖权的不同,可能最终导致不同的法院对于同类案件作出不同的甚至有所冲突的裁判结果。由于特殊类型案件的复杂性和多样性，最高人民法院从启动研究到出台相关会议纪要，一般需要若干年司法实践经验的积累和开展多方面的调查研究。在相关类型纠纷的发生到最高人民法院出台会议纪要之前的这段时期内，关于该类案件的裁判规则需要上下级法院保持有效的沟通和开展相关类案检索，否则就会出现裁判标准不统一的情形。

为保持特殊类型案件裁判标准统一，《全国法院审理债券纠纷纪要》对该类案件的集中管辖进行了规定。[1] 由于债券纠纷案件数量较多、属地分散，案件处置的法律依据尚不明晰，加之其专业性很强，一些地方法院对于受理债券纠纷案件有所顾虑。“已受理的案件各地法院裁判思路不一致，尺度不统一，执行法院在执行时又走样，各自为政。《全国法院审理债券纠纷纪要》的出台较全面地回应了市场主体普遍关注的痛点问题，如债券市场机构对于明确债券案件审判机制，进一步明晰持有人会议法律效力、受托管理人诉讼资格等问题提出了迫切需求。《全国法院审理债券纠纷纪要》解决了债券纠纷案件审理的专业性问题、权威性问题，也期望解决司法裁判尺度问题。”[2]

因为对于会议纪要条款的理解和适用可能还会产生新的分歧，由法院对该类专业性较强的新型案件实施相对集中管辖，有利于减少裁判分歧的出现。最高人民法院除了通过会议纪要的形式对某一类型特殊案件规定集中管辖之外，对于某一时期某一商事交易主体爆发的大规模违约案件亦会采取指定集中管辖的方式。[3] 在集中管辖的法院内部如果出现了裁判意见的分歧，无论是从讨论研究、统筹协调还是从统一裁判标准方面，无疑会效率更高、风险更低、效果更好。

---

〔1〕《全国法院审理债券纠纷纪要》第10条规定：本纪要发布之前，人民法院以原告住所地为合同履行地确定管辖的案件，尚未开庭审理的，应当移送发行人住所地人民法院审理；已经生效尚未申请执行的案件，应当向发行人住所地人民法院申请强制执行；已经执行尚未执结的案件，应当交由发行人住所地人民法院继续执行。

〔2〕李曙光：《审理债券纠纷案件座谈会纪要的意义与突破》，载《人民法院报》2020年7月23日。

〔3〕例如，最高人民法院指定海南省的法院集中审理涉及海航系企业的违约案件，最高人民法院指定银川市中级人民法院集中受理涉及宝塔石化票据诉讼案件。

第五章 类案检索与类案裁判标准统一

统一法律适用的领域,既应包括法律适用上的定性问题,也应包括法律适用上的定量问题。定性问题包括民商事审判领域的权利确认、合同变更、合同解除、侵权责任构成,知识产权领域的商标、专利、著作权的确认、侵权责任构成,刑事审判领域的罪与非罪、此罪与彼罪,行政审判领域的具体行政行为违法性确认,等等。法律适用上的定量问题主要包括民商事、知识产权领域的违约责任承担、财产损害赔偿金额的确定、刑事审判领域主要表现为量刑等。在法律适用的定性问题上一致,在法律适用的定量问题上保持标准统一或者说尺度统一,这才是高水准、高层次的法律适用统一。

一、刑事审判中的量刑规范化

近年来,一些热点刑事案件常常引发社会广泛关注,使司法机关处在舆论压力之下,司法权威与司法公信力面临考验。司法机关对于热点刑事案件进行准确的定罪、妥当的量刑和充分的释法说理,将对社会的法治进步产生积极的推动作用。社会各界关注热点刑事案件的焦点,往往在于该类案件是否做到了"同案同判",更准确地说是否做到了类案裁判标准统一。类案裁判标准统一在刑事审判领域中的体现,可以大体区分为定罪和量刑两个方面。在定罪方面,主要是罪与非罪、此罪与彼罪的关系。[1] 在量刑方面,主要是量刑均衡的问题。统一法律适用与统一裁判标准是两个层面的问题,统一裁判标准更强调的是在统一的法律规则下,规范行使自由裁量权。例如,《刑法》规定量刑 3 年到 7 年,什么情况下判 3 年,什么情况下判 7 年,这就是统一裁判标准的问题。本章节主要从量刑规范化的角度,梳理和探讨刑事审判中关于量刑标准统一的问题。

(一)刑事审判中类案量刑标准不统一的问题

量刑的复杂性和主观性导致了差异化。相对于定罪问题,量刑更难以通过法律规范来予以细化规定。因为定罪作为法律适用中的定性问题,容易形成相对统一的标准,根据案件事实这一小前提是否符合法律规范这一大前提,就能确定是否定罪、如何定罪的问题。而量刑需要考虑的个案因素更多,而且往往一个行为人都会涉及多个量刑情节。《刑法》第 5 条规定:"刑罚的轻重,应当与犯罪分子所犯罪行和承担的刑事责任相适应。"由此确立了罪刑相当原则,或者表述为罪责刑相适应原则。罪责刑相适应原则作为刑法的重要原则,具有普遍适用的意义。理解和适用罪责刑相适应原则应当注意,刑罚的轻重应当与犯罪行为的社会危害性、人身危险性相适应,同时要兼顾刑罚的均衡性和个别化。

在量刑时,需要考虑多种因素的平衡。"刑事案件的量刑根据是单纯立足于已然犯罪行为的客观上的社会危害和行为所反映出的主观恶性,还是同时兼顾犯罪人犯罪前、犯罪后的个体情况,自然会对量刑结果的确定进而对量刑均衡抑或同案同判的认定产生影响。立足于综合论的前提下,既然要顾及已然行为的社会危害性,同时又要顾及行为人的人身危险性,而恰恰后者在目前发展阶段难以精确量化,且每个具体人具有的影响人身危险性因素往往是不同的,这使刑事法官与民事法官在达至同等对待目标的难度上有区别。"[2]

---

[1] 例如,"假借手机趁机溜走"的行为在理论与实践中有所争议,同一行为人以同一作案手法在不同地区被分别以盗窃罪与诈骗罪定罪量刑。秦某长期以来在某城市主城各区以"假借手机趁机溜走"的方式,非法占有他人财物。在最近 4 次的 3 家法院对其同一行为的判决中,2 家法院认为系盗窃、1 家法院认为系诈骗。对于盗窃与诈骗的观点,不同区域的检察院、法院有着不同认识:有以"欺骗性盗窃"为由指出"欺骗是表象、盗窃是关键",定性盗窃的;有以"被害人是被欺骗错误交付财物"为由,定性诈骗的,表面上看似乎都有一番道理。参见闵丰锦:《同案不同判的理性思考——秦某"假借手机趁机溜走"案》,载《中国检察官》2016 年第 10 期。

[2] 刘树德:《刑事司法语境下的"同案同判"》,载《中国法学》2011 年第 1 期。

实践中,不同刑事案件之间的比较往往凭借法官的经验甚至感觉,而不同法官之间、同一个法官的过去与现在,其思维方式和经验感受往往千差万别,这就使案件的审理增添了一定的不确定性。“实际上的罪刑关系,都处在完全重合与完全不重合之间的无限多个相对位置上。在这些相对位置上,有时实然罪量接近应然罪量多一点,有时接近得少一点。从具体个案的比较看,数据库中的一个案例,其基本行为是直接施暴,造成一个死亡结果,数额为 3 万元。法院以抢劫罪一罪判处被告 15 年有期徒刑,剥夺政治权利 3 年,罚金 3 万元。数据库中的另一个案例,其基本行为也是直接施暴,也造成一个死亡结果,数额也为 3 万元。法院以抢劫罪一罪判处被告死缓,剥夺政治权利终身。”[1]从学者的上述分析和举例可见,基本案情相同的刑事案件,法官在定罪上并不存在分歧,但在量刑时存在一定的差异。

在多年前的“药家鑫案”“李昌奎案”中[2],基本案情方面都存在相同之处,两案都属于故意杀人,手段都比较残忍,都有死亡的后果(“药家鑫案”死亡 1 人,“李昌奎案”死亡 2 人),行为人都有投案自首的情节,两案的案发和判决时间都大体接近。围绕“药家鑫案”“李昌奎案”,学术界也开展了广泛的讨论。有学者认为,“从社会危害性的严重性上看,李昌奎‘强奸 + 杀死两条人命’的罪行要大于药家鑫杀死一人的罪行,但这一事实判断并不足以支持在法律上对李昌奎必判死刑的结论。不能以某一死刑判决个案中的‘罪刑极其严重’的程度为铁定不动的标尺去衡量、决定其他个案的判决。如果以某些‘罪刑极其严重’的个案标准作为衡量其他案件的标尺,我国死刑判决的标准就只能‘节节攀低’。所以法院在个案中提高死刑判决的适用标准,恰恰符合现代刑事法治的精神”[3]。

也有学者批评我国的司法标准太模棱两可,进而提出在司法层面上应更多

[1] 白建军:《同案同判的宪政意义及其实证研究》,载《中国法学》2003 年第 3 期。

[2] “药家鑫案”的简要案情如下:2010 年 10 月,药家鑫将张妙撞倒并连刺数刀致受害人死亡,10 月 23 日,药家鑫在父母的陪同下到公安机关投案。2011 年 4 月,西安市中级人民法院对此案作出一审判决,以故意杀人罪判处药家鑫死刑,药家鑫随后上诉。2011 年 5 月,二审维持原判。“李昌奎案”的简要案情如下:2009 年 5 月,李昌奎将同村的女子击昏后强奸,之后将此女子与其 3 岁的弟弟一同杀害。后,李昌奎向公安机关投案自首。2010 年 7 月,一审判决李昌奎死刑。2011 年 3 月,二审判决结果为死刑缓期二年执行。2011 年 8 月,云南省高级人民法院撤销原二审死缓判决,再审改判李昌奎死刑。

[3] 周祥:《罪刑法定主义视角下“赛家鑫”案再审问题之剖析》,载《法学》2011 年第 8 期。

建立起死刑适用的客观标准。[1] 反对者认为,“死刑政策和法律规范的‘弹性’和‘模糊’属于必然现象,没有任何一个国家能够建立起这种所谓的死刑适用的客观标准”[2]。实际上,在刑事犯罪领域的定性方面分歧并不明显,但在量刑方面即便在同类案件之间,也会产生一定的差异,在“从重”或“从轻”的自由裁量方面作出的个案判断是不同的。

(二)我国法院开展量刑规范化的情况

我国长期以来存在的量刑偏差问题,成为量刑规范化改革的主要原因之一。“量刑规范化是要把抽象的法律规定与具体案件,根据不同的情节动态地结合起来,同时,对法官的自由裁量权进行必要的限制,找到法官行使自由裁量权的平衡点。”[3]

1. “自下而上”发起与“自上而下”实施

资料显示,我国的量刑规范化首先由江苏姜堰、山东淄川等部分基层人民法院于 2003 年发起,随后为其他地方法院效仿和最高人民法院肯定及着手调研与牵头推广实施,是一场“自下而上”与“自上而下”前后轮动的司法改革。

从 2010 年 10 月 1 日起,历时五年多的“自上而下”量刑规范化改革,进入了以《人民法院量刑指导意见(试行)》和“两高三部”《关于规范量刑程序若干问题的意见(试行)》两个文件为试行文本,在全国中级人民法院和基层人民法院全面试行的阶段,并指定部分法院试运行最高人民法院研制的量刑规范化辅助办案系统软件。[4] 2011 年,最高人民法院在全国“两会”上的报告指出,全面推行量刑规范化改革,制定量刑程序规则,确立定性分析与定量分析相结合的量刑方法,规范法官裁量权,促进量刑公平公正;最高人民检察院在全国“两会”上的报告指出,积极支持人民法院量刑规范化改革,起诉时依法提出量刑建议,促进

[1] 参见游伟:《公众期待建立死刑统一规范》,载《法制日报》2011 年 7 月 8 日;桐子岚:《明晰量刑标准,判决方能免受争议》,载《南方日报》2011 年 7 月 8 日。

[2] 周祥:《罪刑法定主义视角下“赛家鑫”案再审问题之剖析》,载《法学》2011 年第 8 期。

[3] 杨兴培:《量刑规范化对司法改革的影响》,载《上海法治报》2016 年 7 月 6 日。

[4] 参见最高人民法院量刑规范化项目组:《〈人民法院量刑指导意见〉与“两高三部”〈关于规范量刑程序若干问题的意见〉理解与适用》,法律出版社 2010 年版,第 637 页。

量刑公开公正。规范量刑建议工作,强化对刑事审判特别是量刑畸轻畸重的监督。[1]

2013 年 12 月 23 日,《最高人民法院关于实施量刑规范化工作的通知》(法发〔2013〕14 号,以下简称《最高人民法院量刑规范化通知》)指出,从 2014 年 1 月 1 日起在全国法院正式实施量刑规范化工作,与上述通知一起下发的是《最高人民法院关于常见犯罪的量刑指导意见》(以下简称《最高人民法院量刑指导意见》)。《最高人民法院量刑规范化通知》指出了量刑规范化的重要意义,确保量刑公开、公平、公正,提高司法透明度和公信力,努力让人民群众在每一个司法案件中都感受到公平正义。实施量刑规范化的案件范围,是经过多年试行的交通肇事罪,故意伤害罪,强奸罪,非法拘禁罪,抢劫罪,盗窃罪,诈骗罪,抢夺罪,职务侵占罪,敲诈勒索罪,妨害公务罪,聚众斗殴罪,寻衅滋事罪,掩饰、隐瞒犯罪所得、犯罪所得收益罪以及走私、贩卖、运输、制造毒品罪 15 种犯罪判处有期徒刑、拘役的案件。

2017 年,最高人民法院出台了修订后的《最高人民法院量刑指导意见》,进一步修改完善了常见量刑情节的适用和个罪的量刑规范。《最高人民法院量刑指导意见》对量刑的基本方法、常见量刑情节的适用、常见犯罪的量刑起点幅度、增加刑罚量的根据等内容作了原则性规定,但具体实施还必须由各地高级人民法院结合本地区案件审判工作的实际制定实施细则。重点是对常见量刑情节的适用部分和常见犯罪增加刑罚量的情形、各种从重、从轻处罚情节进行细化。对《最高人民法院量刑指导意见》尚未规定的其他量刑情节,可以参照类似量刑情节确定适当的调节幅度。实施细则经高级人民法院审判委员会讨论,报最高人民法院审查备案后正式实施。

2. 最高人民法院关于量刑规范化的基本解读

《最高人民法院量刑指导意见》的实施目的在于进一步规范刑罚裁量权,落

---

〔1〕 近年来,法院在一些案件审判中面临"同案不同判"的质疑:成都"孙某铭醉驾案",被以危险方法危害公共安全罪判处无期徒刑;醉酒驾车致多人伤亡的三门峡肇事案司机王某斌被判处有期徒刑 6 年零 6 个月。针对质疑,司法机关加快了量刑规范化改革步伐。全国人大代表汪夏认为,同案趋于同判是司法公正的应有之义。这一改革就是通过法庭量刑程序的设置,让诉讼各方直接参与到量刑活动中,增强量刑的公开性和透明度,有效避免"暗箱操作",最终确保量刑公正、提升司法公信力。参见《两高报告解读:焦点规范量刑 杜绝同案不同判》,载 http://www.china.com.cn/2011/2011-03/12/content_22119688.htm,2020 年 6 月 28 日访问。

实宽严相济刑事政策，增强量刑的公开性，实现量刑公正。《最高人民法院量刑指导意见》确定了量刑的指导原则：(1)量刑应当以事实为根据，以法律为准绳，根据犯罪的事实、性质、情节和对于社会的危害程度，决定判处的刑罚。(2)量刑既要考虑被告人所犯罪行的轻重，又要考虑被告人应负刑事责任的大小，做到罪责刑相适应，实现惩罚和预防犯罪的目的。(3)量刑应当贯彻宽严相济的刑事政策，做到该宽则宽，当严则严，宽严相济，罚当其罪，确保裁判法律效果和社会效果的统一。(4)量刑要客观、全面把握不同时期不同地区的经济社会发展和治安形势的变化，确保刑法任务的实现；对于同一地区、同一时期、案情相似的案件，所判处的刑罚应当基本均衡。上述指导原则可以相应地概括为"以事实为根据，以法律为准绳"原则、"罪责刑相适应"原则、"宽严相济"原则和"相对统一与适当区分"原则。

关于量刑的基本方法，《最高人民法院量刑规范化通知》指出，量刑规范化改变了单纯定性分析的传统量刑方法，将定量分析引入量刑机制，量刑时对犯罪事实和量刑情节进行定性分析和定量分析，从而准确确定被告人应负的刑事责任。在量刑过程中，定性分析始终是主要的，是基础，要在定性分析的基础上，结合定量分析，依次确定量刑起点、基准刑和宣告刑。在确定量刑起点、增加刑罚量确定基准刑、宣告刑过程中，均应以定性分析为主导，结合定量分析，作出符合罪责刑相适应原则的裁判。2017 年 3 月 9 日，《最高人民法院关于实施修订后的〈关于常见犯罪的量刑指导意见〉的通知》(法发〔2017〕7 号，以下简称《最高人民法院修订量刑指导意见通知》)强调和明确了"以定性分析为主，定量分析为辅"的量刑方法，并要求各高级人民法院结合新出台的刑事法律、司法解释、业务指导文件和审判实际，对照修改完善实施细则。

根据《最高人民法院量刑指导意见》的要求，量刑时应在定性分析的基础上，结合定量分析，依次确定量刑起点、基准刑和宣告刑。量刑步骤分为三步：(1)根据基本犯罪构成事实在相应的法定刑幅度内确定量刑起点；(2)根据其他影响犯罪构成的犯罪数额、犯罪次数、犯罪后果等犯罪事实，在量刑起点的基础上增加刑罚量确定基准刑；(3)根据量刑情节调节基准刑，并综合考虑全案情况，依法确定宣告刑。调节基准刑的方法，区分为个量刑情节、多个量刑情节、被告人犯数罪等情形。确定宣告刑的方法，又可以区分为直接确定宣告刑、法定刑以下判处刑罚、确定法定最高刑为宣告刑、综合全案调整确定宣告刑、依法判处无期徒刑以上刑罚等情形。[1]

《最高人民法院量刑指导意见》先根据基本犯罪事实在法定刑幅度内确定一个基准刑,然后根据各种量刑情节对基准刑的调节结果依法确定宣告刑,即实行二次性的复合量刑方法。实施量刑规范化工作的重点在基层人民法院和中级人民法院,在实施期间,由于有的法官没有正确把握具体条文的内在关系和精神实质,实践中也出现了机械执行的问题。

关于常见量刑情节的适用,主要是从未成年人犯罪、未遂犯、从犯、自首、立功、坦白、当庭自愿认罪、退赃退赔、赔偿被害人、达成和解协议、累犯、前科、犯罪对象、犯罪特殊时期等方面进行了规定。"量刑情节相比定罪事实更加丰富和复杂,基于刑罚个别化的全球性趋势,量刑事实的范围大大超过定罪事实,既涵盖罪行,也涵盖犯罪人。尤其是对犯罪人的评价,既有多种法定的量刑要素,更有范围极其宽泛、个案差异极大的酌定量刑要素,而且一般情况下正是后者决定着量刑事实发现的周全性,所以'量刑程序所要解决的核心问题是如何调查、核实那些与犯罪事实无关的量刑信息问题'。"[2]

关于裁判说理,《最高人民法院量刑规范化通知》指出,裁判文书要充分说明量刑理由,但不要将具体量刑步骤、量刑建议以及量刑情节的调节幅度和调节过程在裁判文书中表述,可针对控辩双方所提量刑情节采纳与否及从重、从轻处罚的理由进行阐述。宣判后,可根据是否上诉、抗诉等情况,在庭后释明量刑过程。司法实践中,一审法院的法官可以考虑将量刑步骤和过程放入案卷的副卷中,供二审法院的法官在审理案件时参考。

---

〔1〕《最高人民法院量刑指导意见》第2条第3款规定,确定宣告刑的方法如下:(1)量刑情节对基准刑的调节结果在法定刑幅度内,且罪责刑相适应的,可以直接确定为宣告刑;如果具有应当减轻处罚情节的,应依法在法定最低刑以下确定宣告刑。(2)量刑情节对基准刑的调节结果在法定最低刑以下,具有法定减轻处罚情节,且罪责刑相适应的,可以直接确定为宣告刑;只有从轻处罚情节的,可以依法确定法定最低刑为宣告刑;但是根据案件的特殊情况,经最高人民法院核准,也可以在法定刑以下判处刑罚。(3)量刑情节对基准刑的调节结果在法定最高刑以上的,可以依法确定法定最高刑为宣告刑。(4)综合考虑全案情况,独任审判员或合议庭可以在20%的幅度内对调节结果进行调整,确定宣告刑。当调节后的结果仍不符合罪责刑相适应原则的,应提交审判委员会讨论,依法确定宣告刑。(5)综合全案犯罪事实和量刑情节,依法应当判处无期徒刑以上刑罚、管制或者单处附加刑、缓刑、免刑的,应当依法适用。

〔2〕陈瑞华:《论量刑程序的独立性——一种以量刑控制为中心的程序理论》,载《中国法学》2009年第1期。

(三)量刑规范化实施中的问题

1. 量刑规范化本身存在的不足

学界对量刑规范化探索的质疑,主要表现在量刑规范化所追求的量刑理念、所采取的量刑方法和法律适用方式等方面。有观点认为,"'同案同判'这个在逻辑上具有明显错误,在实践上是个伪命题的提法,不应当成为主导量刑改革的指导原则",因为"过于强调'同案同判',事实上不仅做不到,而且会使法官变得非常机械,与法官本身的价值实现相违背"。笔者认为,该观点值得商榷,量刑规范化改革重在解决限制法官自由裁量权、促进量刑均衡,其并不否定刑罚确定的个别化问题,其强调的是类案裁判标准统一,而不是同类案件完全相同的判决结果。

在量刑方法上,量刑规范化采取了不同程度的"量化"方法。对此,有观点认为,"将量刑这个复杂问题简单化、数字化,甚至电脑化并不可行,因为量刑不是一个算术问题,简单的加减乘除无法解决量刑所涵盖的复杂的社会矛盾,永远不能解决社会对确定犯罪人刑责所应当考虑的诸多因素后所需要的具体化刑期这一结果"〔1〕。"根据刑法的基本原理,不同量刑情节在刑法立法上的从轻、减轻或免除处罚等功能,并不能够在一个具体法定刑的量刑幅度内合在一起,并通过'同向相加、逆向相减'的方法一并'调节'。其原因在于,在刑法立法上,从轻、减轻或免除处罚等功能在具体法定刑幅度之内、之下处罚或只定罪不处刑,需要分别在某个具体法定刑幅度内、下个具体法定刑幅度内和虚化具体法定刑等法律适用阶段中操作。"〔2〕

2. "认罪认罚"制度实施后带来的新问题

2016 年 11 月,"两高三部"发布了《关于在部分地区开展刑事案件认罪认罚制度试点工作的办法》(法〔2016〕386 号),制定了适用认罪认罚从宽处罚的条件。2018 年 10 月,新修订的《刑事诉讼法》对认罪认罚从宽制度的适用范围和条件予以法定化,认罪认罚开始全面实施。2019 年 10 月,"两高三部"发布了《关于适用认罪认罚从宽制度的指导意见》(以下简称《认罪认罚指导意见》),规

---

〔1〕 虞平:《量刑与刑的量化——兼论"电脑量刑"》,载《法学家》2007 年第 2 期。

〔2〕 石经海、严海杰:《中国量刑规范化之十年检讨与展望》,载《法律科学》(西北政法大学学报)2015 年第 4 期。

定的更加具体,但在实践运行中也存在一定的问题。

认罪标准和认罪认罚效力不统一,实践中存在争议和分歧。《刑法》和《刑事诉讼法》对认罪的标准并未作出明确的规定,对于认罪应当达到什么程度没有明确,如果涉及多宗犯罪事实,是切割开来认定,还是综合全案来考虑,在司法实践中也存在争议;在认罪认罚效力上,《刑法》没有规定认罪认罚量刑减让的效果。认罪认罚情节与从宽处罚的对应不一致。根据《最高人民法院量刑指导意见》规定,单纯的当庭自愿认罪只能减让基准刑的10%,在所有从轻量刑的幅度情节中,这几乎是量刑幅度最小的,但认定自首和坦白的除外。

对量刑的不同判断,导致认罪认罚案件中的分歧加大。《认罪认罚指导意见》第33条明确了量刑建议以"确定刑为主,幅度刑为辅"的原则,"办理认罪认罚案件,人民检察院一般应当提出确定刑量刑建议。对新类型、不常见犯罪案件,量刑情节复杂的重罪案件等,也可以提出幅度刑量刑建议"[1]。该条同时指出,"人民检察院提出量刑建议前,应当充分听取犯罪嫌疑人、辩护人或者值班律师的意见,尽量协商一致。"按照《刑事诉讼法》第201条的规定,人民法院对于认罪认罚案件中检察机关提出的量刑建议,一般应当采纳,只有存在例外情形或者量刑建议明显不当的,才可以不采纳。[2]

---

〔1〕 从司法实践看,长期形成的重诉罪轻求刑或只诉罪不求刑的现状没有得到根本性改变。如从案件质量上讲,办理的大部分案件就属于只诉罪没求刑的诉讼半成品,并非诉罪和求刑完整统一的诉讼成品。因此,在认罪认罚从宽写入《刑事诉讼法》后,检察机关在量刑建议上不依法提出或者选择性提出的现状必须得到根本改变。可以提出相对明确的量刑幅度,也可以根据案件具体情况,提出确定刑期的量刑建议。参见张国轩:《认罪认罚从宽中量刑规范化的特殊性》,载《中国检察官》2018年第8期。

〔2〕 《刑事诉讼法》第201条规定:对于认罪认罚案件,人民法院依法作出判决时,一般应当采纳人民检察院指控的罪名和量刑建议,但有下列情形的除外:(一)被告人的行为不构成犯罪或者不应当追究其刑事责任的;(二)被告人违背意愿认罪认罚的;(三)被告人否认指控的犯罪事实的;(四)起诉指控的罪名与审理认定的罪名不一致的;(五)其他可能影响公正审判的情形。人民法院经审理认为量刑建议明显不当,或者被告人、辩护人对量刑建议提出异议的,人民检察院可以调整量刑建议。人民检察院不调整量刑建议或者调整量刑建议后仍然明显不当的,人民法院应当依法作出判决。本条第1款规定了不采纳指控罪名和量刑建议的5种情形,从所列举的情形来看,主要是可能违背认罪认罚从宽制度的情形,而不是量刑建议是否适当的情形。而第2款则是针对法院不采纳量刑建议问题作出的规定,也就是说,法院对指控的罪名没有异议,仅认为量刑建议明显不当的,主要是依据该款规定作出判决,而不是依据第1款。

(四)推动量刑规范化改进的路径

由于《刑事诉讼法》和相关规范性文件规定了人民法院不采纳量刑建议的严格条件和程序,检察院在控辩双方协商一致基础上提出的量刑建议对于法院具有相对的拘束力,这使量刑建议在多数情况下会成为最终的裁判结果。所以,量刑建议既是控辩双方量刑协商的结果,又对案件最终量刑结果的公正性具有重要的意义。

1. 进一步细化量刑标准

确定量刑标准,除了《刑法》的原则规定之外,比较行之有效的就是制定量刑规范指引和加强案例指导。我国的认罪认罚从宽制度是"依法从宽",要受到实体法和程序法的制约。而刑法中关于量刑的规定基本上都具有一定的裁量空间。裁量空间过大,会使公诉机关所提的量刑建议即使不当,也仍然在法定幅度之内,符合法律的刚性规定。这样,犯罪嫌疑人在量刑协商过程中很难有效地提出反对意见,法院即使认为量刑不当,也很难有一个量化的标准予以反驳,只好勉强接受。这就需要一套相对客观化、可操作性的量刑标准,而我国长期积累的量刑规范化改革经验对此能发挥一定作用。在《最高人民法院量刑指导意见》的基础上,进一步制定针对认罪认罚案件的量刑规范化指引,将量刑标准进一步地细化,使公正量刑结果可预测、可验证,能够增强量刑协商的公开性和透明度。〔1〕

2. 加强案例指导和类案检索

有观点认为,《最高人民法院量刑指导意见》规定的量刑步骤存在以下不足,"首先,仍以价值判断为主,不利于实现量刑均衡;其次,在确定量刑起点之前缺少前置程序,不利于有效制约法官的自由裁量权;最后,在确定基准刑之后欠缺过渡阶段,不利于合理引导法官的自由裁量权"〔2〕。量刑起点并非事实上自始存在或法律上已明确具体数值,而是需要法官根据实践经验和案件情况作出判断。"量刑起点在本质上反映的是一种标准犯罪转化为具体刑量的价值判断,这是一个主观的判断过程。既然是一种价值判断,就会受到价值观、文化传

〔1〕 参见臧德胜:《以案例指导制度规范量刑协商》,载《法律适用》2020 年第 6 期。

〔2〕 李冠煜:《量刑规范化改革视野下的量刑基准研究——以完善〈关于常见犯罪的量刑指导意见〉规定的量刑步骤为中心》,载《比较法研究》2015 年第 6 期。

统、社会治安形势、刑事政策等多种因素的影响。"[1]

既然《最高人民法院量刑指导意见》已对具体犯罪规定了量刑起点幅度,且量刑起点在性质上是排除各种量刑情节的起点刑,那么,法官应当在参考类案的基础上,在头脑中拟制出一个具体的刑量。除了需要法定刑幅度的制约外,还要有刑事案例的指导。在量刑时可以通过类案检索,搜索和比对同类案件。类案的选取优先根据每个罪名分别选取,不同罪名的案例相互之间的指导和借鉴意义偏弱。即使是在同一罪名项下,不同量刑幅度的类案也具有很大的差异,需要在各个量刑幅度内选取。类案在刑事审判的量刑方面发挥作用,更多在于案件事实和经过本身,而不仅在于裁判规则,否则就等同于法律规范了。特别是要通过类案检索,发现、比对、梳理、总结酌定情节在量刑中的作用。与法定量刑情节相比,酌定量刑情节在案件中存在很普遍,情况也很复杂。实践中,重视法定情节、轻视或者忽视酌定情节的问题较为突出,要通过类案检索工作将酌定情节在同类罪名、类似案件中进一步统一。

量刑问题需要结合具体案情,而不仅依靠裁判要旨就能把握。公诉机关在审查起诉阶段可以将类案情况向被告人、辩护人或者值班律师提供,在对方学习后再进行量刑协商。在协商过程中,检察人员要向被告人释明本案与类案的相同之处及不同之处,说明提出的量刑建议的理由。被告人、辩护人或者值班律师也可以结合类案发表意见。法院在审判过程中,是否采纳检察机关的量刑建议,是否采纳被告人的辩护意见,都可以结合类案阐释理由。

3. 加强类案裁判文书的说理性

在法律、司法解释的规定并非十分明确具体的前提下,通过类案检索可以发现在先生效判决对于争议问题的理解和适用情况。前述"李昌奎案"涉及"邻里纠纷"的死刑政策,《全国法院维护农村稳定刑事审判工作座谈会纪要》(法〔1999〕217 号)规定:"要准确把握故意杀人犯罪适用死刑的标准。对故意杀人犯罪是否判处死刑,不仅要看是否造成了被害人死亡结果,还要综合考虑案件的全部情况。对于因婚姻家庭、邻里纠纷等民间矛盾激化引发的故意杀人犯罪,适用死刑一定要十分慎重,应当与发生在社会上的严重危害社会治安的其他故意杀人犯罪案件有所区别。对于被害人一方有明显过错或对矛盾激化负有直接责

〔1〕 熊选国主编:《量刑规范化办案指南》,法律出版社 2011 年版,第 39 页。

任，或者被告人有法定从轻处罚情节的，一般不应判处死刑立即执行。”

问题在于，如何寻找和参考类案判决，如何在类案判决中发现其量刑的起点和具体依据。这就需要比对案件的基本事实，然后通过类案裁判文书的说理部分，得出量刑的完整过程。裁判文书的说理性对于类案参照以及类案裁判标准的统一具有重要意义，但是目前刑事裁判文书仍然存在说理不充分的问题。例如，“司法实践中对于结果加重犯主观责任要件的认定并没有统一的标准或者规则。从一些指导性案例来看，司法实践并没有直接承认偶然的结果加重犯。关于重结果的主观罪过的司法认定方法，不同法官在处理不同案件时可能采取不同的标准或者说理方式。在重罪案件中，为了对行为人适用重刑，法官往往采取回避策略，不明确认定行为人主观上是故意或者过失”〔1〕。如果裁判文书对于量刑的部分语焉不详，既不能让当事人信服，也无法发挥对其他类案的指导作用，同时还面临被上级法院改判的风险。

“法院也对裁判文书说理进行了改革，但实践中仍然存在不少问题：一是关于如何认定量刑情节说理过于简单，如辩护人提出被告人有自首情节，判决书中对不予采纳的理由往往仅是‘经调查与事实不符，不符合自首条件’，而对于为什么不符未作说明；二是没有按照控辩双方提出的量刑情节一一对照进行说明，特别是对于辩方提出的酌定量刑情节是否采纳，裁判文书中往往不作说明；三是缺少对实际量刑情节影响程度的详细分析和具体说明。”〔2〕部分法官不愿阐述过多细致的裁判理由，以免被当事人或者上级法院找出漏洞导致改判；部分法官由于能力原因，也无法从法理论证上将量刑问题写清楚、写明白。“近年来发生的一些重大刑事案件广受关注，给司法机关相当大的压力，这反映出在这样一个变革的时代，司法不能够再以一种半神秘或者简单交代审理结论就打发公众的方式进行了。司法是公开说理的职业，如果一份判决书缺乏充分说理和论证，将损害法官在民众心目中的职业公信力。”〔3〕刑事审判领域的经典案例和优秀裁判文书，不仅要具备定罪准确、量刑妥当这些最基本的条件，还应当具备详细的

〔1〕 刘灿华：《结果加重犯主观责任的司法认定——以刑事审判指导案例为研究对象》，载胡云腾主编：《新时代的案例研究与案例法学研究——中国法学会案例法学研究会学术年会优秀论文集》（第1辑），法律出版社2020年版，第393页。

〔2〕 刘冠华：《对人民法院量刑规范化改革的检视与修正——以量刑程序独立改革为视角》，载《法律适用》2019年第13期。

〔3〕 车浩：《从李昌奎案看“邻里纠纷”与“手段残忍”的涵义》，载《法学》2011年第8期。

论理。只有经过充分的论理，才能充分回应被告人的辩护意见、公诉机关的公诉意见，才能对其他同类案件产生示范和指导意义。

“案例指导制度等量刑规范化措施，以实现‘量刑均衡’为重要目标，并非要绝对地消除‘同案异判’和‘同罪异罚’；其正确目标只能是为了统一量刑标准，解决法律规范层面上的‘同罪不同罚’问题，而不能不加区别地要求量刑结果‘同案同判’、‘同罪同罚’或‘基本一致’。”〔1〕刑事审判要实现量刑方面的类案裁判标准统一，既需要不断细化各类犯罪的量刑指导意见，又需要加强类案裁判文书的说理性，同时通过类案检索发挥类案的示范作用。通过类案检索和比对，通过裁判文书的详细论理，向检察机关、被告人以及社会公众说明本案与其他类案的同与不同，实现刑事审判法律效果、社会效果和政治效果的统一。

二、民商事类案裁判中损害赔偿金额的确定

在民商事审判领域中，《民法典》合同编、侵权责任编对损害赔偿规定的内容较多，本章节主要探讨上述法律规范涉及的损害赔偿金额标准统一中的几个重点问题。

（一）合同纠纷中损失赔偿统一标准的问题

1. 农村房屋买卖合同无效后的损失赔偿

《民法典》第 157 条规定：“合同无效或者被撤销后，因该合同取得的财产，应当予以返还；不能返还或者没有必要返还的，应当折价补偿。有过错的一方应当赔偿对方因此所受到的损失，双方都有过错的，应当各自承担相应的责任。”在农村房屋买卖合同纠纷中，由于买受人为城镇居民，并非房屋所在地的农村集体经济组织成员，该房屋买卖合同归于无效。农村房屋买卖合同无效之后，房屋买受人和出卖人应当按照《民法典》第 157 条的规定处理合同无效后的房屋返

〔1〕 石经海：《“量刑规范化”解读》，载《现代法学》2009 年第 3 期。

还和损失赔偿问题。司法实践中,大多由于涉案房屋面临拆迁、利益巨大,房屋出卖人时隔多年又来起诉要求确认房屋买卖合同无效。此时,如何处理房屋拆迁背景下的损失分担问题,存在不同的观点。

《第八次全国法院民事商事审判工作会议(民事部分)纪要》第 19 条规定:"在国家确定的宅基地制度改革试点地区,可以按照国家政策及相关指导意见处理宅基地使用权因抵押担保、转让而产生的纠纷。在非试点地区,农民将其宅基地上的房屋出售给本集体经济组织以外的个人,该房屋买卖合同认定为无效。合同无效后,买受人请求返还购房款及其利息,以及请求赔偿翻建或者改建成本的,应当综合考虑当事人过错等因素予以确定。"该条规定了农村房屋买卖合同效力认定的一般规则,对于合同无效的后果明确了购房款、利息、翻建或者改建成本等,但是未涉及房屋拆迁利益的分配问题。"在农村宅基地房屋买卖中,由于买卖双方均应当知道法律及国家政策对于农村房屋交易的限制性规定,故双方对于合同无效均有过错。由于此类纠纷的诱因大多在于土地增值抑或土地及房屋征用与拆迁将获得补偿安置,出卖人受利益驱动等因素,裁判时应视买卖的具体情况适用不同责任比例,不宜采取固定的责任区分标准。"[1]

有观点认为,基于房地一体的原则,农村房屋拆迁安置时一般有三种补偿模式:一是仅对房屋进行补偿;二是对房屋和土地分别补偿;三是不区分房屋和土地,确定一定的方案进行补偿。其中第二种模式涉及了农村宅基地的补偿,与特定身份有密切关系。而第一种、第三种则无须考虑特定身份的问题。故对第一种、第三种模式下,对双方损失标准参照房屋征收部门规定的各项补偿标准确定,对于第二种模式,由于拆迁补偿是针对占用土地的补偿,与原农村集体土地使用权人的身份相关联,建议该部分补偿费用应由出卖人享有。[2] 在北京市的农村房屋拆迁模式中,由于土地的价值较高,其拆迁补偿方式主要是按上述第二种、第三种模式进行,较少存在仅对房屋进行补偿的模式。由于宅基地区位补偿价一般远远高于房屋重置成新价,北京市各级人民法院在处理农村房屋买卖合同无效的后果时,也未采取将宅基地区位补偿价全部归出卖人享有的方式。

---

〔1〕 杜万华主编:《〈第八次全国法院民事商事审判工作会议(民事部分)纪要〉理解与适用》,人民法院出版社 2017 年版,第 346 页。

〔2〕 参见徐远志、何亚平:《农村房屋买卖合同纠纷的裁判路径》,载微信公众号"审判研究",2014 年 5 月 21 日发布。

关于农村宅基地上的房屋买卖被确认无效之后的赔偿问题,《北京市法院农村私有房屋买卖纠纷合同效力认定及处理原则研讨会会议纪要》(2004 年 12 月)指出,要综合权衡买卖双方的利益,全面考虑到合同无效对双方当事人的利益影响,尤其是出卖人因土地升值或拆迁、补偿所获利益,以及买受人因房屋现值和原买卖价格的差异造成的损失。《北京市法院民事审判实务疑难问题研讨会会议纪要》(2006 年 9 月)明确,在合同无效的原因方面,出卖人负有主要责任,买受人负有次要责任;在合同无效的处理上,应全面考虑出卖人因土地升值或拆迁、补偿所获利益,以及买受人因房屋现值和原买卖价格的差异造成损失两方面因素,平衡买卖双方的利益,避免认定合同无效给当事人造成利益失衡。司法实践中,北京市各级人民法院也基本上按照上述指导原则确定出卖人的赔偿数额,出卖人向买受人返还原房款,支付房屋重置成新价与原房款的差额及装修添附残值,并支付相应比例的宅基地区位补偿款,具体比例由法院根据不同案件中买卖双方的过错程度酌定。北京市各级人民法院的上述处理方法,既考虑了合同无效后的双方过错问题,又考虑了与拆迁模式和拆迁进度相结合,不仅有利于平衡房屋买受人和出卖人之间的利益,更有利于辖区范围内统一裁判标准。

2. 合同解除后守约方的可得利益

《民法典》第 577 条规定:"当事人一方不履行合同义务或者履行合同义务不符合约定的,应当承担继续履行、采取补救措施或者赔偿损失等违约责任。"第 584 条规定:"当事人一方不履行合同义务或者履行合同义务不符合约定,给对方造成损失的,损失赔偿额应当相当于因违约所造成的损失,包括合同履行后可以获得的利益,但不得超过违反合同一方订立合同时预见到或者应当预见到的因违反合同可能造成的损失。"根据上述规定,违约方承担的责任包括赔偿损失,损失部分又包括守约方的可得利益。从司法实践来看,守约方主张可得利益损失一般都是在主张解除合同之后的一项附随请求,在合同能够继续履行的情形下,守约方主张可得利益损失的相对较少。

《最高人民法院关于当前形势下审理民商事合同纠纷案件若干问题的指导意见》(法发〔2009〕40 号,以下简称《最高法院合同纠纷指导意见》)第 9 条规定:"在当前市场主体违约情形比较突出的情况下,违约行为通常导致可得利益损失。根据交易的性质、合同的目的等因素,可得利益损失主要分为生产利润损失、经营利润损失和转售利润损失等类型。生产设备和原材料等买卖合同违约中,因出卖人违约而造成买受人的可得利益损失通常属于生产利润损失。承包经营、租赁经营合同以及提供服务或劳务的合同中,因一方违约造成的可得利益损失通常属于经营利润损失。先后系列买卖合同中,因原合同出卖方违约而造成其后的转售合同出售方的可得利益损失通常属于转售利润损失。”第 10 条规定:“人民法院在计算和认定可得利益损失时,应当综合运用可预见规则、减损规则、损益相抵规则以及过失相抵规则等,从非违约方主张的可得利益赔偿总额中扣除违约方不可预见的损失、非违约方不当扩大的损失、非违约方因违约获得的利益、非违约方亦有过失所造成的损失以及必要的交易成本。”

根据《民法典》《最高法院合同纠纷指导意见》的上述规定,法院在计算和认定可得利益损失时应当综合考量各种因素,这些因素主要包括可预见规则、减损规则、损益相抵规则、过失相抵规则以及必要的交易成本。上述需要考量的规则缺一不可,法院在审理该类案件时应当释明双方当事人针对上述规则充分举证,然后在此基础上作出裁量,避免出现裁量金额考虑要素不全导致畸高的情形。根据《最高法院合同纠纷指导意见》第 9 条规定的内容,不同的交易模式下交易方可得利益的计算方式会有所不同。

在涉及民间借贷的违约责任承担计算可得利益时,可以考虑按照民间借贷利率的标准计算。例如,甲、乙公司于 2014 年 12 月签订借贷合同,甲公司向乙公司出借 4 亿元,借款利率为月 2.5%。甲公司依约支付出借款项。2015 年 1 月,甲、乙两公司签订合作开发房地产合同,将此前所借款项转为甲公司合作开发投资,双方共同经营管理,合作开发收益甲公司占 51%,乙公司占 49%。2017 年 12 月,甲、乙公司签订结算协议,明确甲公司已经收回本金 4 亿元和利润约 4 亿元,双方未分配利润 2 亿元用于继续开发二期房地产项目。后由于乙公司违约,导致甲公司无法参与二期房地产项目的开发和经营管理。甲公司起诉至法院,要求返还合作开发二期项目投入及赔偿可得利益损失 2 亿元。鉴于二期合作开发项目未实际完成,双方对于可得利益的计算产生争议。就本案而言,通过审计或者鉴定的方法来确定守约方的损失,效率低下,既影响当事人利益及时实现,也导致审判效率较低,其本身也是大致估算,并不可取。综合裁量法是在其他方法无法使用的情况下才采纳的方法,在本案中可以通过类比法来确定守约方可得利益的情况下,不宜采用综合裁量法。就本案而言,结合前期合作的实际收益以及前期合作系来自当事人民间借贷的特殊情形,确定损失赔偿额为投入资金按照年利率24%计算的利息,既符合当事人合作开发房地产的法律关系由民间借贷法律关系演化而来的实际,也符合当事人前期合作开发的收益实际;既符合当事人特别是守约方的合理预期,也符合合理预见规则,还符合可得利益赔偿中扣除守约方因解除合同而节约支出等应减除的赔偿额部分。[1]

在涉及租赁或者承包合同纠纷的违约责任计算可得利益时,可以考虑在合理确定转租租金差额的基础上综合各种规则予以酌定。例如,2012 年 12 月 13 日,嘉泰风尚公司(乙方)与霍家营村委会(甲方)签订《房屋租赁合同书》,约定嘉泰风尚公司承租房屋 20 年。2012 年 12 月 31 日,嘉泰风尚公司(甲方)与永辉超市(乙方)签订租赁合同,将上述房屋出租给永辉超市作为商业经营使用。双方对于租金标准、房屋交付时间、违约责任等问题作了约定。2015 年 5 月至 6 月,霍家营村委会口头告知嘉泰风尚公司,解除《房屋租赁合同书》。2015 年 6 月 6 日,嘉泰风尚公司向永辉超市公司送达《说明函》,就无法交付租赁物的原因进行了说明,并表示系因政府行为项目推迟交付。2015 年 12 月 8 日,嘉泰风尚公司向永辉超市送达《关于合同终止的说明函》,表示因政府不可抗力原因造成双方合同终止。嘉泰风尚公司起诉至法院,请求判令霍家营村委会赔偿因其根本违约给公司造成的可得利益损失 102,828,137 元(计算方式为:应收租金减去应付租金之差,乘以利润率)。在嘉泰风尚公司确定可以转租获取利润,但在具体数额举证不足的情况下,法院对于嘉泰风尚公司的可得利益损失在考虑以下主要因素的基础上予以酌定。

第一,可预见性。霍家营村委会虽然可以预见到嘉泰风尚公司系通过转租获取商业利润,应当能够预见到其违约将会造成嘉泰风尚公司无法获得此项经营性利润,但没有证据证明霍家营村委会在签订合同时即知晓嘉泰风尚公司与次承租人的合同内容,故霍家营村委会无法预见嘉泰风尚公司与次承租人之间关于租期、租金标准等约定,即对于可得利益损失的数额无法预见。故不能完全依据嘉泰风尚公司与承租人的租赁合同约定计算租金差价,而应当同时考虑当时的租赁市场平均合理的租金标准。此外,由于《房屋租赁合同书》及嘉泰风尚公司与次承租人之间的合同均未实际履行,而各租赁合同所涉租赁期限均为 15 年或 20 年的较长期限,在此过程中产生商业风险或其他情形导致合同无法完全

[1] 参见人民法院出版社编:《最高人民法院司法观点集成(2017~2020 年增补本)》(民事卷),人民法院出版社 2020 年版,第 294~295 页。

履行的风险较大。可得利益损失赔偿数额,亦应当考虑合同约定的履行期限及实际履行情况对可预见规则产生的影响。

第二,减损规则。嘉泰风尚公司因霍家营村委会违约导致合同解除后,嘉泰风尚公司即可以也应当在合理的期限内将原用于《房屋租赁合同书》履行而投入的资金,用于新的经营活动,而不应消极等待至约定剩余租期的结束。法院将考虑另行缔约的合理期限,支持嘉泰风尚公司的利润损失,超过合理期限后的利润损失,法院不予支持。

第三,必要的交易成本。法院依据嘉泰风尚公司与永辉超市之间的租赁合同约定的租金标准、永辉超市的承租面积占总租赁面积的比例、参考嘉泰风尚公司自认的向万盛公司转租的租金标准以及适当的市场波动状况,计算嘉泰风尚公司合理期限内的租金差价损失,同时在此基础上考虑合同尚未履行的情况,并扣减必要的磋商、缔约、履行成本,最终酌情确定嘉泰风尚公司的可得利益损失为2000万元。[1]

需要注意的是,违约方主张合同约定的违约金过高要求降低时,法院既需要考虑守约方的可得利益损失,又应当考虑约定违约金与守约方实际损失之间的差距是否过大。《民法典》第585条规定:“当事人可以约定一方违约时应当根据违约情况向对方支付一定数额的违约金,也可以约定因违约产生的损失赔偿额的计算方法。约定的违约金低于造成的损失的,当事人可以请求人民法院或者仲裁机构予以增加;约定的违约金过分高于造成的损失的,当事人可以请求人民法院或者仲裁机构予以适当减少。”《最高人民法院关于适用〈中华人民共和国合同法〉若干问题的解释(二)》(以下简称《合同法司法解释(二)》)第29条规定:“当事人主张约定的违约金过高请求予以适当减少的,人民法院应当以实际损失为基础,兼顾合同的履行情况、当事人的过错程度以及预期利益等综合因素,根据公平原则和诚实信用原则予以衡量,并作出裁决。当事人约定的违约金超过造成损失的百分之三十的,一般可以认定为合同法第一百一十四条第二款规定的‘过分高于造成的损失’。”

根据上述规定,违约金可以高于实际损失但不能过分高于造成的损失,这体现了违约金以补偿性为主、以惩罚性为辅的特点。在违约金高于实际损失但并

〔1〕 参见北京市高级人民法院(2018)京民终520号民事判决书。

未过分高于实际损失的情形下，法院一般不予调整。例如，守约方包括可得利益在内的实际损失为100万元，合同约定的违约金为130万元。此时，即便违约方主张违约金过高，法院一般也不宜调整。

3. 合同迟延履行下的损失赔偿

根据《民法典》合同编相关条文的规定，违约方迟延履行合同义务时，守约方可以视情况主张解除合同和违约责任，或者主张继续履行合同并主张迟延履行的违约责任。在各类典型合同中，租赁合同、借贷合同的迟延履行责任的标准相对容易确定，在租赁合同中可以结合租金标准确定迟延履行的违约责任，在借贷合同中可以结合借贷合同的约定或者参照银行贷款利率予以确定。在房屋买卖合同纠纷中，关于开发商迟延交房、迟延办证的责任相对复杂一些。《最高人民法院关于审理商品房买卖合同纠纷案件适用法律若干问题的解释》（法释〔2003〕7号，以下简称《商品房买卖合同纠纷司法解释》）第13条规定："商品房买卖合同没有约定违约金数额或者损失赔偿额计算方法，违约金数额或者损失赔偿额可以参照以下标准确定：逾期付款的，按照未付购房款总额，参照中国人民银行规定的金融机构计收逾期贷款利息的标准计算。逾期交付使用房屋的，按照逾期交付使用房屋期间有关主管部门公布或者有资格的房地产评估机构评定的同地段同类房屋租金标准确定。"

在开发商逾期交房的情形下，由于房屋价格处于持续上涨的态势，房屋买受人一般多是主张继续履行合同及迟延交房的违约责任。关于开发商迟延交房的违约责任，一般很难直接按照上述司法解释"有关主管部门公布或者有资格的房地产评估机构评定的同地段同类房屋租金标准确定"，但上述标准可以作为法院确定开发商迟延履行交房责任的一个参考。根据《商品房买卖合同纠纷司法解释》第14条的规定，由于出卖人的原因，买受人未能取得房屋权属证书的，除当事人有特殊约定外，出卖人应当承担违约责任。合同没有约定违约金或者损失数额难以确定的，可以按照已付购房款总额，参照中国人民银行规定的金融机构计收逾期贷款利息的标准计算。上述条文规定的是合同没有约定违约金的情形下如何裁量，但对于合同约定了违约金条款，但是标准过高如何处理并未作出具体规定。

部分省、市的高级人民法院结合商品房交易合同的约定和司法实践，确立了相应的裁判规则。《北京市高级人民法院关于审理房屋买卖合同纠纷案件若干疑难问题的会议纪要》(京高法发〔2014〕489 号,2014 年 12 月 16 日,以下简称《北京高院房屋买卖会议纪要》)第 20 条规定:"同时主张逾期交房、办证违约金的处理。出卖人存在违反房屋买卖合同约定逾期交房和逾期办证的违约行为,买受人同时主张上述两项违约金的,可予以支持。出卖人主张两项违约金相加数额过高的,法院可以综合买受人所受实际损失、出卖人的过错程度、是否使用格式条款等因素,对于违约行为重复期间的违约金,择一高标准予以支持。商品房买卖合同约定出卖人逾期取得初始登记和逾期办理过户登记应当支付违约金,买受人同时主张两项违约金的,依前款原则处理。"第 21 条规定:"逾期办证违约金过高的判断标准。出卖人主张房屋买卖合同约定的逾期办证违约金数额明显过高,经审查买受人实际损失无法确定的,法院可以买受人已付购房款为基数,在日万分之三的标准范围内对违约金数额进行调整。"

《江西省高级人民法院开发商逾期交房、办证违约责任纠纷案件审判指引》(2020 年 6 月 9 日,以下简称《江西高院逾期交房审判指引》)第 4 条[1]和第 6 条[2]也有相关规定。

分析和比较上述两地高级人民法院的规定,可以看出有以下特点。

一是确定迟延履行违约金标准的上限。由于不同地区房屋市场价格差别较大,对于当事人利益受损程度亦会不同,例如,《北京高院房屋买卖会议纪要》规定的逾期办证违约金的上限(万分之三/日)要高于《江西高院逾期交房审判指引》规定的逾期办证违约金的上限(万分之一点五/日),《江西高院逾期交房审

[1] 《江西高院逾期交房审判指引》第 4 条规定:"合同约定的逾期交房违约金每日标准在已付购房款或房屋总价款的万分之一至万分之三(均含本数)范围内的,开发商主张约定过高请求调整的,原则上不予支持。购房人认为该约定低于其实际损失请求调整并举证证明的,可按实际损失予以调整。合同约定的逾期交房违约金每日标准低于万分之一或高于万分之三的,当事人请求调整的,可结合合同履行情况、违约方的过错程度、违约时间的长短、合同的预期利益、双向义务是否对等、社会经济发展等综合因素,根据公平原则和诚实信用原则,酌情调整到日万分之一至万分之三的范围内。"

[2] 《江西高院逾期交房审判指引》第 6 条规定:"开发商交房和办证均构成逾期时,购房人主张逾期交房违约金和逾期办证违约金的,应予支持。合同约定的逾期办证违约金每日标准在已付购房款或房屋总价款万分之零点五至万分之一点五(均含本数)范围内的,开发商主张约定过高请求调整的,原则上不予支持。购房人认为该约定低于其实际损失请求调整并举证证明的,可按实际损失予以调整。合同约定的逾期办证违约金每日标准低于万分之零点五或高于万分之一点五的,当事人请求调整的,可结合合同履行情况、违约方的过错程度、违约时间的长短、合同的预期利益、双向义务是否对等、社会经济发展等综合因素,根据公平原则和诚实信用原则,酌情调整到日万分之零点五至万分之一点五的范围内。"

判指引》同时规定了逾期交房违约金的上限(万分之三/日)和下限(万分之一/日)。这种原则上规定迟延履行违约金区间的方式,可以有效统一辖区内该类案件的裁判标准,避免出现违约金畸高或者畸低的情形。

二是确保买卖双方的利益平衡。无论是对于买受人还是对于出卖人,都有权利主张违约金过高或者过低,然后由法院结合损失的实际情况,并参照迟延履行金的区间确定最终的责任标准。

三是区分迟延履行行为的具体内容。开发商迟延交房、迟延办证都属于迟延履行行为,但两者的内容不同,对买房人造成的损失不同。因此,《江西高院逾期交房审判指引》分别确定了迟延交房违约金和迟延办证违约金的一般标准,且迟延交房违约金的标准区间要高于迟延办证违约金的标准区间。《北京高院房屋买卖会议纪要》仅规定了迟延办证违约金的标准区间,没有规定迟延交房违约金的标准区间,这意味着辖区法院在确定迟延交房违约金时有更大的自由裁量权。

四是原则上排除迟延履行金的最高限额。根据《江西高院逾期交房审判指引》的规定,实际上排除了合同条款约定的迟延履行金最高限额的约定。根据法律规定,当事人就迟延履行约定违约金的,违约方支付违约金后,还应当履行债务。根据上述规定,开发商在迟延交房或办证的情形下,既应当支付迟延履行违约金,又应当履行交房或办证的义务。如果开发商长时期的迟延履行交房或办证义务,则其需要支付的迟延履行违约金应当是持续计算,而不应当受到合同约定金额上限的约束。如果迟延履行违约金达到合同约定的最高限额,开发商就可以不再支付在此之外的迟延履行违约金,既不符合法律的基本原理,也会引发开发商怠于履行合同交房或办证义务的道德风险。

除上述介绍的因逾期交房、逾期办证承担违约责任的情况之外,实践中常见的还有一类涉及房屋买卖交易中逾期履行行为的纠纷,就是出卖人逾期迁出户口应当向买受人承担违约责任的纠纷。北京市第三中级人民法院专门统计过2015~2017年审理的涉户口迁移的房屋买卖合同纠纷案件的基本情况,指出该类案件呈现以下五个特点:一是涉"学区房"案件较多,二是涉案外人户口案件较多,三是部分出卖人不配合迁出户口,四是部分出卖人户口不具备迁出条件,五是涉案违约金数额较高且法院调整情形较多。

关于出卖人违反合同约定逾期迁出户口需要承担违约责任的案件,实践中常见的判决方法有以下三种。

第一种判决方法,判决出卖人按日支付固定金额的违约金。

例如,(2013)海民初字第12105号民事判决书的判决结果(二审维持原判):一、王某于判决生效后7日内给付李某违约金3550元;二、王某于判决生效后10日内按每日50元的标准给付李某自2012年10月12日起至王某的户口实际迁出之日止的违约金。该案中,房屋成交价格为136万元,合同约定出卖人应当在该房屋所有权转移之日起10日内,向房屋所在地的户籍管理机关办理完成原有户口迁出手续,如因出卖人自身原因未如期将与本房屋相关的户口迁出的,应当向买受人支付相当于已付房款5‰的违约金;逾期超过10日未迁出的,自期限届满之次日起,出卖人应当按日计算向买受人支付全部已付款5‱的违约金。出卖人已经收到全部房款136万元,2012年9月21日,买受人取得402号房屋的所有权证书。对于合同约定的未如期迁出户口违约金,法院进行了酌减。同时,按照判决结果测算逾期迁出户口违约金,该案中法院采用的标准大体相当于按照已支付房屋款项的0.37‱/日支付。

第二种判决方法,判决出卖人按日支付固定标准的违约金。

例如,(2014)朝民初字第20623号民事判决书的判决结果(二审维持原判):一、高某于判决生效后7日内给付李某违约金98,500元;二、高某于判决生效后7日内给付李某自2014年4月25日起至户口迁出之日止的违约金(违约金以197万元为基数,按1‱/日的标准计算)。该案中的房屋买卖合同约定,出卖人应当在该房屋所有权转移之日起90日内,向房屋所在地的户籍管理机关办理原有户口迁出手续,如因出卖人自身原因未如期将与本房屋相关的户口迁出的,应当向买受人支付房屋总价款5%的违约金,逾期超过10日未迁出的,自逾期超过10日起,出卖人应当按日计算向买受人支付全部已付款5‱的违约金。涉案房屋的总价款为197万元,买受人向出卖人交纳了全部购房款,双方于2014年1月14日办理了房屋所有权过户手续。该案中,法院判决采用的标准是已支付房屋款项的1‱/日支付逾期迁出户口的违约金。

第三种判决方法,判决出卖人支付截至判决作出之日的固定金额违约金,对于判决作出之后一定期间内出卖人仍然未迁出户口的,买受人可以再行起诉要求出卖人承担逾期迁出户口的违约责任。

例如,(2014)朝民初字第33070号民事判决书的判决结果(二审维持原判）：一、李某于判决生效之日起10日内向任某支付违约金5万元；二、驳回任某的其他诉讼请求。该案中涉案房屋的成交价格为196万元，双方在合同中约定："出卖人应当在该房屋所有权转移之日起10日内，向房屋所在地的户籍管理机关办理完成原有户口迁出手续。如因出卖人自身原因未如期将与本房屋相关的户口迁出，应当向买受人支付相当于已付房款千分之五的违约金，逾期超过10日未迁出的，自期限届满之次日起，出卖人应当按日计算向买受人支付全部已付款万分之五的违约金。"2012年8月30日，涉案房屋转移登记至任某名下。该份判决书在"本院认为"部分论述，双方约定的违约金确实过分高于任某可能因户口问题而遭受的损失，故法院予以减少。李某迁出涉案房屋原有户口的日期尚无法确定，且任某将来亦可能因出售涉案房屋等因素而与该房屋户口事宜脱离利害关系，故法院在本案中仅将违约金支持至判决作出之日，并酌定数额为5万元；如李某此后仍不能迁出涉案房屋原有相关户口，任某在与该房屋户口事宜存在利害关系的时间范围内仍可继续主张。经过测算，该案判决支持的5万元违约金，大体标准是已支付房屋款项的0.27‱/日支付逾期迁出户口的违约金。

根据上述介绍，虽然司法实践中有三种常见的判决方法，但该三种判决方式有共性的特征：

一是总体支持的逾期迁出户口违约金，基本都在已支付房屋款项的1‱/日标准之下，实际上保持着裁量标准的基本统一，避免出现逾期迁出户口违约金标准过高的情形。

二是逾期迁出户口违约金的标准要低于逾期办证违约金的标准。《北京高院房屋买卖会议纪要》规定，逾期办证违约金过高的判断标准可以在已付购房款的3‱/日的标准范围内对违约金数额进行调整。由于逾期迁出户口给买受人造成的损失一般情况下要少于逾期办证给买受人造成的损失，所以逾期迁出户口违约金的标准一般控制在已付购房款的1‱/日之下，符合法理规范和实际情况。

三是逾期迁出户口违约金是持续的责任。根据房屋买卖合同的约定，出卖人负有将户口从交易房屋迁出的义务，如果未能如约迁出，应当支付逾期迁出户口的违约金。按照约定，只要出卖人一天没有迁出户口，其就应当支付相应的逾期违约金。不论逾期违约金标准的高低，该项约定以及法院的相应判项，都是在督促出卖人及时履行合同义务将户口迁出，以实现纠纷的最终解决。

(二)侵权责任纠纷中损害赔偿统一标准的问题

在《民法典》侵权责任编的实施中,涉及损害赔偿标准统一问题的主要有两类,分别是人身损害赔偿的城乡标准和精神损害赔偿的标准。

1. 人身损害赔偿的城乡标准统一

《最高人民法院关于审理人身损害赔偿案件适用法律若干问题的解释》(2003 年 12 月 4 日由最高人民法院审判委员会第 1299 次会议通过,2020 年 12 月 23 日最高人民法院审判委员会第 1823 次会议修正。以下简称《人身损害赔偿司法解释》)第 12 条规定:"残疾赔偿金根据受害人丧失劳动能力程度或者伤残等级,按照受诉法院所在地上一年度城镇居民人均可支配收入或者农村居民人均纯收入标准,自定残之日起按二十年计算。"第 18 条规定:"赔偿权利人举证证明其住所地或者经常居住地城镇居民人均可支配收入或者农村居民人均纯收入高于受诉法院所在地标准的,残疾赔偿金或者死亡赔偿金可以按照其住所地或者经常居住地的相关标准计算。"上述司法解释区分了城镇居民和农村居民的标准,但对于如何区分适用这两种标准没有具体规定。

针对这一问题,《最高人民法院民一庭关于经常居住地在城镇的农村居民因交通事故伤亡如何计算赔偿费用的复函》[(2005)民他字第 25 号]指出:"人身损害赔偿案件中,残疾赔偿金、死亡赔偿金和被扶养人生活费的计算,应当根据案件的实际情况,结合受害人住所地、经常居住地等因素,确定适用城镇居民人均可支配收入(人均消费性支出)或者农村居民人均纯收入(人均年生活消费支出)的标准。本案中,受害人唐顺亮虽然是农村户口,但在城市经商、居住,其经常居住地和主要收入来源地均为城市,有关损害赔偿费用应当根据当地城镇居民的相关标准计算。"该复函内容体现的关键要素是受害人的住所地、经常居住地,由于自然人的住所地、经常居住地直接关联和影响的是该自然人的收入来源,因此可以说确定人身损害赔偿标准的表面因素是受害人的住所地、经常居住地,实质因素是受害人的收入来源和标准。

部分地方高级人民法院的相关问题解答与最高人民法院上述意见相互呼应,例如,《上海高院民一庭关于侵权损害赔偿标准若干问题的解答》(沪高法民一〔2006〕19 号)第 1 条规定,经常居住在城镇的农村居民,因交通事故造成伤亡的赔偿,主要以受害人的经常居住地和主要收入来源地来确定是否适用城镇居民或农村居民标准。又如,《福建高院民一庭关于审理人身损害赔偿纠纷案件疑难问题的解答》(闵高法行〔2008〕2号)第18条规定,户籍是判断当事人是城镇居民还是农村居民的标准之一,但并不是唯一的标准。审判实践中,以下几种情形可按城镇居民标准计算相关赔偿费用:(一)农村居民在城镇务工、经商、经常居住地及主要收入来源地在城镇的;(二)农村户口的未成年人损害发生时在城镇上学、生活的;(三)损害事故发生时受害人是农村居民,但在生效判决宣告以前因法定事由成为城镇居民的。

比较上述两地高级人民法院的规定可以看出,福建省高级人民法院确定可以适用城镇居民标准计算赔偿费用的范围更加广泛,上述第二种情形损害发生时在城镇上学、生活的农村户口的未成年人,根据常理和经验判断该类未成年人未来大概率是在城镇生活和工作,其将来的主要收入来源于城镇。第三种情形是受害人已经由农村居民转变为城镇居民,其生活和工作的区域发生变化,收入来源也相应地由从农村转变为城镇。上述两种情形考量的最终因素,还是其收入来源情况。

由于受害人的住所地、经常居住地以及收入来源的不同导致残疾赔偿金、死亡赔偿金的标准不同,特别是在受害人死亡的情况下按照农村居民和城镇居民分别计算出来的赔偿标准会有较大的差距,在社会上也引发了"同命不同价"的激烈讨论。根据学界的主流观点,受害人的残疾赔偿金或者死亡赔偿金赔偿的是因受伤或者死亡而丧失的未来可得利益。既然是可得利益,就与受害人的住所地、经常居住地以及收入来源直接相关,这也是最高人民法院相关司法解释的法理基础。也只有理解了这一法理基础,才能真正理解"同命同价"实际是一个伪命题。[1]

关于人身损害赔偿标准的区分也有例外情形。"在审判实务中,人民法院在处理'三鹿奶粉'事件和众多的诸如沉船、矿难、空难、火灾等侵权损害赔偿案件时,均按照同一标准确定受害人死亡赔偿金数额,实践证明社会效果是好的,当事人反响也是好的。这些处理方案体现了权利平等、以人为本的理念。"[2]

〔1〕 生命本无价,也就不存在"同命同价"或者"同命不同价"的问题。张新宝:《侵权责任法立法研究》,中国人民大学出版社2009年版,第375页。

〔2〕 最高人民法院侵权责任法研究小组编著:《〈中华人民共和国侵权责任法〉条文理解与适用》,人民法院出版社2010年版,第142页。

“在《侵权责任法》起草过程中,有的人大常委会委员、有关部门和专家提出,在许多情况下,根据死者年龄、收入状况等情形,确定的死亡赔偿数额有所不同,但在因同一事故造成多人死亡时,为便于解决纠纷,实践中不少采用相同数额予以赔偿。例如,有的地方,对药物损害事故中的多个死者统一赔偿每人 20 万元,这样的做法收到良好的社会效果,《侵权责任法》应当吸收实践中的这些有益做法,增加相关规定。”〔1〕最终,《侵权责任法》第 17 条规定:“因同一侵权行为造成多人死亡的,可以以相同数额确定死亡赔偿金。”《民法典》第 1180 条延续了上述内容。

需要注意的是,《人身损害赔偿司法解释》和最高人民法院批复中关于区分农村居民和城镇居民标准的规定是一般规则,《民法典》第 1180 条的规定是特殊情形下方可适用,而且《民法典》第 1180 条规定的是“可以”而非“应当”以相同数额确定死亡赔偿金。笔者认为,此处的“可以”至少体现了三层含义:一是该条规定不能与已有司法解释规定的一般规则直接冲突,所以用“可以”而非“应当”,在规范的强制程度上适当弱化。二是该条规定赋予了法官的自由裁量权,法官可以根据案件情况决定是否采用该规则,在案件处理中是否还有个别的特殊情形需要适当考量。三是该条体现了人文关怀和价值判断。由于采用同一数额的赔偿金必定是就高原则,不可能按照农村居民的标准适用同一侵权行为导致的不同类别受害人。在同一侵权行为中采用较高的标准统一赔偿,社会公众更容易理解和接受。

采用统一赔偿标准的,还有工伤保险制度。随着工伤事故的增多,国家为了保护劳动者的利益设立了工伤保险制度。“工伤保险是指劳动者在工作中或法定的特殊情况下发生意外事故,或因职业性有害因素危害而负伤(或患职业病)、致残、死亡时,对本人或其供养的亲属给予物质帮助和经济补偿的一项社会保障制度。”〔2〕2010 年修订的《工伤保险条例》第 39 条规定:“职工因工死亡,其近亲属按照下列规定从工伤保险基金领取丧葬补助金、供养亲属抚恤金和一次性工亡补助金:……(三)一次性工亡补助金标准为上一年度全国城镇居民人均可支配收入的 20 倍。”此前的标准为:48 个月至 60 个月的统筹地区上年度职工月平均工资。从统筹地区的工资标准为基数,到全国城镇居民人均可支配收

〔1〕 王胜明主编:《中华人民共和国侵权责任法释义》,法律出版社 2010 年版,第 91 页。
〔2〕 郑尚元:《工伤保险法律制度研究》,北京大学出版社 2004 年版,第 32 页。

入为基数,实现了不同地域的统一标准。“以工伤保险的方式赔偿工业事故和职业病受害人的人身损害,具有十分明显的优势:受害人(或其近亲属)可以迅速获得赔偿,受害人和雇主都可以避免费事费钱的民事诉讼程序,不因受害人的一般过失而减少赔偿金等。”[1]需要注意的是,从性质上看工伤保险属于社会保险范畴,与民事损害赔偿存在根本的差别,应该由劳动法进行调整。

2019年5月5日发布的《中共中央 国务院关于建立健全城乡融合发展体制机制和政策体系的意见》第17条规定:“统筹城乡社会救助体系。做好城乡社会救助兜底工作,织密兜牢困难群众基本生活安全网。推进低保制度城乡统筹,健全低保标准动态调整机制,确保动态管理下应保尽保。全面实施特困人员救助供养制度,提高托底保障能力和服务质量。做好困难农民重特大疾病救助工作。健全农村留守儿童和妇女、老年人关爱服务体系。健全困境儿童保障工作体系,完善残疾人福利制度和服务体系。改革人身损害赔偿制度,统一城乡居民赔偿标准。”从该条规定的体系解释的角度来看,该条内容主要围绕统筹城乡社会救助体系展开,包括社会救助兜底、健全低保标准、特困人员救助、重大疾病救助、福利制度和服务体系等内容。人身损害赔偿制度与该部分内容既有联系,也有一定的区别。

2019年9月,最高人民法院发出《关于授权开展人身损害赔偿标准城乡统一试点的通知》(法明传〔2019〕513号)指出,授权各省、自治区、直辖市高级人民法院根据各省具体情况在辖区内开展人身损害赔偿纠纷案件统一城乡居民赔偿标准试点工作。《北京市高级人民法院关于开展人身损害赔偿纠纷案件统一城乡居民赔偿标准试点工作的通知》第1条规定:“全市法院受理的侵权行为发生于2020年4月1日(含本日)后的机动车交通事故责任纠纷案件、交通肇事刑事案件的附带民事诉讼案件不再区分城镇居民与农村居民,试行按统一赔偿标准计算残疾赔偿金、死亡赔偿金及被扶养人生活费(被扶养人生活费计入残疾赔偿金或死亡赔偿金):残疾赔偿金、死亡赔偿金按照北京市上一年度全市居民人均可支配收入标准计算;被扶养人生活费按照北京市上一年度全市居民人均消费性支出标准计算。”由于是试点开展该项改革,北京市法院首先在涉及交通事故领域的人身损害赔偿进行,其他领域的人身损害赔偿仍然适用《人身损害

---

〔1〕 张新宝:《侵权责任法立法研究》,中国人民大学出版社2009年版,第302页。

赔偿司法解释》的相关规定，需要区分受害人的城镇居民或者农村居民标准。

2. 精神损害赔偿的标准统一

关于精神损害赔偿问题，需要依次分析三个层面的问题：一是精神损害赔偿与残疾赔偿金、死亡赔偿金的关系；二是适用精神损害赔偿的前提条件；三是精神损害赔偿的标准。

精神损害赔偿与残疾赔偿金、死亡赔偿金的区分。关于“残疾赔偿金”采取的是“劳动能力丧失说”，同时结合受害人的收入丧失与否的情况来确定；将“死亡赔偿金”的性质确定为财产性质的收入损失赔偿，而非“精神损害抚慰金”。[1] 精神损害赔偿与残疾赔偿金、死亡赔偿金要区分认定，精神损害赔偿主要针对精神上的伤害，残疾赔偿金、死亡赔偿金主要针对财产上的收入损失。

关于受害人死亡后精神损害赔偿的对象，尚需进一步探讨。从当代各国有关人格权保护的理论和司法实践来看，大多支持对死者的人格利益进行保护，这也是当代人格权法律制度发展的一个重要方面。在普遍赞同对死者人格利益进行保护的前提下，是采取对死者人格利益进行直接保护，还是通过对其遗属的利益进行保护以达到对死者人格利益进行间接保护的目的，这是理论界存在的两种观点。

1989 年，《最高人民法院关于死亡人的名誉权应受法律保护的函》认为：“吉文贞（艺名荷花女）死亡后，其名誉权应依法保护，其母陈秀琴亦有权向人民法院提起诉讼。”1990 年，《最高人民法院关于范英莲诉敬永祥等侵害海灯法师名誉权一案有关诉讼程序问题的复函》认为：“海灯死亡后，其名誉权应依法保护，作为海灯的养子，范英莲有权向人民法院提起诉讼。”该答复也进一步确认了死者的名誉权应当受到保护，最高人民法院上述两个函件对死者名誉权的规定采用的是对死者名誉“直接保护”的办法。

《民法典》人格权编第 994 条规定：“死者的姓名、肖像、名誉、荣誉、隐私、遗体等受到侵害的，其配偶、子女、父母有权依法请求行为人承担民事责任；死者没有配偶、子女且父母已经死亡的，其他近亲属有权依法请求行为人承担民事责任。”《最高人民法院关于确定民事侵权精神损害赔偿责任若干问题的解释》（2001 年 2 月 26 日由最高人民法院审判委员会第 1161 次会议通过，2020 年 12

[1] 参见张新宝：《人身损害赔偿规则的统一》，载《法制日报》2004 年 2 月 24 日。

月23日由最高人民法院审判委员会第1823次会议修正。以下简称《精神损害赔偿司法解释》)第3条规定:"死者的姓名、肖像、名誉、隐私、遗体、遗骨等受到侵害,其近亲属向人民法院起诉请求赔偿精神损害的,人民法院应当依法予以支持。"对于上述条文的理解应当注意以下几点:一是人格权具有一定的人身属性。当受侵害人尚未死亡时,应当由受侵害人本人行使人格权请求权,仅在其死亡后才适用本条由其近亲属主张权利。二是本条的适用范围为自然人,不包括非自然人的其他民事主体。三是死者的近亲属行使权利存在先后顺序。先由死者的配偶、子女、父母行使权利,如果死者没有配偶、子女且父母已经死亡的,再由其他近亲属行使权利。四是法条不再具体区分是死者还是死者的近亲属的人格利益受到侵害,因为该项区分在实践中处于难以区分的模糊状态。

关于适用精神损害赔偿的前提条件。《民法典》第1183条规定:"侵害自然人人身权益造成严重精神损害的,被侵权人有权请求精神损害赔偿。因故意或者重大过失侵害自然人具有人身意义的特定物造成严重精神损害的,被侵权人有权请求精神损害赔偿。"从该条的规定来看,受害人的人身权益遭受侵害时,均可向法院提起诉讼要求精神损害赔偿,该人身权益的范围比较广泛。同时,从该条规定来看,对受害人主张精神损害赔偿能够获得支持的条件进行了严格限定,需要达到"严重精神损害"的程度。

人身权益包括生命权、身体权、健康权。生命权的保护范围,既包括生命安全,也包括生命尊严,这是其作为人格权一部分的典型特征。身体权的保护范围除了身体完整之外,还包括行动自由。任何组织或者个人都不得侵害他人的行动自由,否则构成侵害人格权。健康概念的外延通常是十分宽泛的,健康是指身体的心理机能的正常运转以及心理状态的良好状态,包括生理健康和心理健康。[1] 在受害人的生命权、身体权、健康权受到侵害时,特别是在致残、致死的情形下,一般可以认为受害人本人或者其近亲属的精神损害程度达到了"严重后果",可以考虑支持精神损害赔偿。受害人的姓名权、肖像权受到了侵害,如果同时导致其社会评价降低,可以认定其名誉权也同时遭到了侵害,此时其精神损害程度已经达到了"严重后果",可以同时支持精神损害赔偿。如果受害人受到侵害的是隐私权,由于隐私与自然人的精神世界直接关联,一般可以考虑支持

〔1〕 参见王利明主编:《人格权法新论》,吉林人民出版社1994年版,第303页。

精神损害赔偿。如果受害人的姓名权、肖像权受到侵害时,其社会评价并未降低,在名誉权侵权不成立的情况下,一般应当认为其遭受的精神损害并未达到"严重后果",此时不宜支持精神损害赔偿。

特别是对于公众人物,其名誉权侵权的构成更应该掌握较高的标准。市场经济发展到一定程度,必然会出现人格权商品化的结果。在人格权商品化的过程中,公众人物的人格权商品化表现得更为突出和明显,公众人物的人格权特别是姓名权、肖像权通过市场的方式表现出更高的商业价值。与此相应,当公众人物的人格权特别是姓名权、肖像权遭受商品化侵害时的损害赔偿,原则上应当以财产损害赔偿为主,以精神损害赔偿为辅。在公众人物肖像权受到侵害但不构成名誉权侵权的情况下,一般不宜支持精神损害赔偿,而应以财产损害赔偿辅以停止侵害、消除影响、赔礼道歉等形式的责任承担,这也是在市场经济发展成熟、人格权商品化背景下的妥当做法,也符合《精神损害赔偿司法解释》中的规定和裁判导向。

关于精神损害赔偿的标准。《精神损害赔偿司法解释》第 5 条规定:"精神损害的赔偿数额根据以下因素确定:(一)侵权人的过错程度,法律另有规定的除外;(二)侵害行为的目的、方式、场合等具体情节;(三)侵权行为所造成的后果;(四)侵权人的获利情况;(五)侵权人承担责任的经济能力;(六)受诉法院所在地平均生活水平。"有学者认为,"受害人死亡时年龄的大小与近亲属精神痛苦的程度之间无法得出存在正相向或者反相向关系的结论。仅就死亡导致的单纯精神损害赔偿而言,在标准上具有更多的统一性或者说赔偿数额的平等性,不能认为死者因年龄、性别、受教育程度、死亡前的收入状况、城镇或者农村居民身份等存在差别,导致其近亲属的精神损害程度不同。只能得出这样的假定:任何人由于加害行为或者准侵权行为而死亡,给其近亲属造成的精神损害是基本相同的,一次相关的精神损害赔偿数额也应当是大致相当的"。精神损害赔偿的性质不同于死亡赔偿金,不能与死者丧失的未来收入直接关联,而应当与死者近亲属精神上所受到的损害程度、侵权人的过错、侵权行为方式以及当地的经济水平等因素相互关联。

《福建省高级人民法院民一庭关于审理人身损害赔偿纠纷案件疑难问题的解答》(闽高法行〔2008〕2 号)第 22 条规定:"根据我省的经济发展状况和生活水平,并结合审判实践经验,一般情况下,可以参照以下几点把握精神损害抚慰金的标准：(一)受害人遭受轻微伤害请求精神损害抚慰金的，人民法院不予支持；(二)受害人遭受一般伤害未构成伤残等级的，精神损害抚慰金在1000元至5000元之间酌定；(三)受害人遭受的伤害已构成伤残等级的，精神损害抚慰金在5000元至80,000元之间酌定；(四)受害人死亡的，精神损害抚慰金在50,000元至80,000元之间酌定。个别案情较为特殊的案件，精神损害抚慰金数额，可以不受上述标准限制。”上述规定区分了受害人的受伤程度、伤残等级和死亡的不同情形，并结合当地的经济水平区分了不同的精神损害赔偿标准，分别确定了赔偿的区间，这对于统一辖区内精神损害赔偿标准具有指导意义。当然，并不排除特殊个案中的特殊考量，并不排除更高金额的精神损害赔偿，这需要法官在具体的案件中进行综合判断。

有学者做过统计后发现，“在大部分相同的法律事实维度上，精神损害赔偿实现了统计意义上的同判，法官并非主观随意、武断地判决数额，而是诉诸第三方机构的权威文件，将身体伤残等级鉴定作为评估精神损害的有效替代，以此为客观依据确定赔偿金额，尽力维护裁判一致性，这支持了同案同判”[1]。如果试图设计一个公式或者一种模型来统一精神损害赔偿的标准，这无疑是徒劳无功的。更为可行的方式是，法官在司法实践中结合法律、司法解释的有关规定，通过类案检索和比对，衡量出该类案件精神损害赔偿的大体区间，抑或由各地高级人民法院参照福建省高级人民法院的方法设定不同情形下精神损害赔偿的大体区间，最后由法官结合个案情况作出判断。这种判断方式既不会出现畸高畸低的情形，又能体现出个案的特点，实现个案的公正。当然，上述精神损害的判断区间并非一成不变，既然其与经济社会发展水平密切相关，就应当随着时间的推移适当地提高。如果某地法院确定了精神损害赔偿的区间，其应当每隔三年到五年集中调整一次。如果该地区法院并未确立精神损害赔偿的区间，法官们更应当在类案检索的基础上，结合具体个案的情形和经济社会发展水平，逐步提高精神损害赔偿标准，这种标准的提高是随着类案检索、类案参照、类案推送的模式，从点到面、从个案到类案进行，其提高的过程也是循序渐进、潜移默化的过程。

---

〔1〕 武西锋、秦前红：《精神损害赔偿同案同判：实证检验和实践路径》，载《学术论坛》2020年第3期。

三、知识产权审判中损害赔偿金额的确定

我国知识产权领域的损害赔偿主要包括法定赔偿和惩罚性赔偿两种方式，由于知识产权本身具有非物质性的特点，无论是法定赔偿还是惩罚性赔偿，在司法实践中都存在较大的不确定性，需要通过类案检索方法进一步统一知识产权领域的损害赔偿标准。

（一）知识产权损害赔偿的基本规则

1. 知识产权损害赔偿的法律规范和政策导向

2000 年 11 月 22 日，在总结地方法院司法实践经验的基础上，最高人民法院在《关于审理涉及计算机网络著作权纠纷案件适用法律问题的解释》中首次规定了法定赔偿的内容。其后，在 2001 年修订《著作权法》和《商标法》时，法定赔偿制度正式纳入法律之中。[1]“关于知识产权法定赔偿的定位，更多应从司法实践对法定赔偿的实际适用的角度进行把握。在知识产权损害赔偿司法实践中，已经体现了一定的惩罚性因素，坚持认为知识产权损害赔偿应仅具有补偿性的观点并不符合司法实践的实情。可以说，在司法实践中，法定赔偿制度体现出

[1] 《关于审理涉及计算机网络著作权纠纷案件适用法律问题的解释》第 10 条规定：人民法院在确定侵权赔偿数额时，可以根据被侵权人的请求，按照其因侵权行为所受直接经济损失和所失预期应得利益计算赔偿数额；也可以按照侵权人因侵权行为所得利益计算赔偿数额。侵权人不能证明其成本或者必要费用的，其因侵权行为所得收入，即为所得利益。被侵权人损失额不能确定的，人民法院依被侵权人的请求，可以根据侵害情节在人民币 500 元以上 30 万元以下确定赔偿数额，最多不得超过人民币 50 万元。《著作权法》第 49 条规定：法院根据侵权行为的情节，可以判决 50 万元以下的赔偿。《著作权法》2020 年再次修订，将赔偿上限提高至 500 万元。2013 年《商标法》修改时，将法定赔偿额标准明确为 300 万元以下。《最高人民法院关于审理专利纠纷案件适用法律问题的若干规定》第 21 条对法定赔偿作了规定，赔偿的上限是 50 万元，2008 年修正的《专利法》作了类似规定，主要变化在于法定赔偿数额变更为 100 万元以下。

的实际样态是以补偿性为主，兼具惩罚性的功能。”[1]

在强化加大保护理念的同时，要注意坚持分类施策、比例协调。在处理具体案件时，要注意平衡以下几种关系：一是加大保护力度与中国国情、经济发展水平之间的平衡；二是发挥司法能动性与保持裁判中立之间的平衡；三是填补权利损害与具体侵权情节之间的平衡；四是保障激励创新与防止权利滥用之间的平衡。在保障知识产权权利人合法权益的同时，尊重市场规律，实现补偿和惩罚的双重效果，探索建立与知识产权市场价值相协调的损害赔偿机制。加大保护力度不能是人为提高判赔标准，必须与案件事实、当事人举证情况以及证据规则的运用相结合。侵权行为损害后果的大小，属于事实认定范畴，以查明的损害事实为基础确定的赔偿数额更具有说服力和公信力。对于损害事实，应尽可能通过适用证据规则及举证责任分配予以查清。在权利人的实际损失和侵权人的侵权获利均难以查清时，应引导当事人对于实际损失、侵权获利进行充分阐述，对可供参照的因素积极举证，提高损害赔偿计算的合理性，使赔偿数额的确定尽可能与知识产权的真实市场价值、权利人的创新贡献度和侵权人的侵权情节、主观过错相适应。

惩罚性赔偿是知识产权领域的热点问题，《民法典》第 1185 条规定：“故意侵害他人知识产权，情节严重的，被侵权人有权请求相应的惩罚性赔偿。”在司法实践中适用惩罚性赔偿，应有明确的法律依据。目前，仅《商标法》和《反不正当竞争法》分别针对侵害商标权和侵害商业秘密行为作出了明确规定[2]，在侵犯著作权、专利权以及其他不正当竞争案件中不能适用惩罚性赔偿。在《民法典》对故意侵害知识产权的惩罚性赔偿作出统一规定后，还需要知识产权领域相关部门法予以细化，界定惩罚性赔偿适用的领域和赔偿标准。关于惩罚性赔偿的计算基数，可以是以精确计算方式得出的权利人实际损失、侵权人获利或者许可使用费，也可以是采用上述方法、以裁量性赔偿的方式合理确定的赔偿数额。

---

[1] 袁秀挺、凌宗亮：《我国知识产权法定赔偿适用之问题及破解》，载《同济大学学报》（社会科学版）2014 年第 6 期。

[2] 《商标法》第 63 条规定：侵犯商标专用权的赔偿数额，按照权利人因被侵权所受到的实际损失确定；实际损失难以确定的，可以按照侵权人因侵权所获得的利益确定；权利人的损失或者侵权人获得的利益难以确定的，参照该商标许可使用费的倍数合理确定。对恶意侵犯商标专用权，情节严重的，可以在按照上述方法确定数额的 1 倍以上 5 倍以下确定赔偿数额。赔偿数额应当包括权利人为制止侵权行为所支付的合理开支。《反不正当竞争法》第 17 条规定：经营者恶意实施侵犯商业秘密行为，情节严重的，可以在按照上述方法确定数额的 1 倍以上 5 倍以下确定赔偿数额。

2. 知识产权损害赔偿的司法实践

为了规范知识产权损害赔偿中的裁量标准,《最高人民法院关于审理商标民事纠纷案件适用法律若干问题的解释》第16条第2款规定:"人民法院在确定赔偿数额时,应当考虑侵权行为的性质、期间、后果,商标的声誉,商标使用许可费的数额,商标使用许可的种类、时间、范围及制止侵权行为的合理开支等因素综合确定……"虽然上述司法解释进行了相应规定,但无法做到精准化。"知识产权法定赔偿酌定情节的空洞化导致法官在个案裁判中的自由裁量权过大,损害赔偿数额确定的随意性以及主观性都很大。这也导致了在类似案件中确定的赔偿数额存在较大差异,同案不同判的现象突出。"[1]具体表现为两个方面:一是相同法院不同时期确定的损害赔偿额并不统一,早期判决认定的赔偿额要高于最近几年确定的赔偿额。二是不同法院在同一时期的赔偿金额并不统一。

在强调裁判标准统一的同时,也应当注意到不同案件情况的差别,当事人的举证能力、举证情况不尽相同,司法裁量权在法律规范的范围内有运行的空间。在裁量权的行使上,不同审级的法院应有准确的定位。以赔偿数额为例,在适用法定赔偿时,一审法院对于权利人的赔偿主张未予全额支持的,应当充分说理,阐述所确定赔偿数额的合理性;二审法院对于一审法院关于赔偿数额的确定重在审查其合理性,同时也要注意对一审法官自由裁量权的尊重,一审法官自由裁量权的行使没有明显不当的,判决的金额不存在畸高或者畸低的情形的,二审法官在没有更为确凿的证据或更为充分理由的情况下,一般不宜因赔偿数额改判一审判决。再审法院也只有在一、二审判决存在《民事诉讼法》规定的错误情形下才能依法进行纠错。司法权威需要上下级人民法院共同维护,上一级人民法院对下一级人民法院的司法裁量权应当保持应有的尊重,对裁量权的肆意行使,不利于司法权威的整体性维护。

(二)知识产权损害赔偿标准的统一

1. 知识产权损害赔偿标准化的理论探讨

知识产权损害赔偿的标准化计算,是一个世界性的难题。理论界和实务界

---

[1] 袁秀挺、凌宗亮:《我国知识产权法定赔偿适用之问题及破解》,载《同济大学学报》(社会科学版)2014年第6期。

都在开展不同路径的尝试,有一种方案是对法定赔偿规则予以细化,例如明确法定赔偿数额针对的是侵权行为还是作品或商标,并参照比较法经验引入法定赔偿的具体分档,[1]或者总结损害赔偿计算公式,标明不同因素(如侵权持续时间、被告主观状态等)在损害赔偿计算中的权重。[2]"这类方案对希望减轻裁判负担的法院颇有吸引力,但同样不是回应知识产权损害赔偿领域底层矛盾的最有效方案。很难想象法院可以在不深究损害本质的情况下借助公式或模板正确地酌定损害,而且细化之后的法定赔偿规则与实际损失、违法获利与许可费之间的关系难免又会成为新问题。无论是在引入法定赔偿时要求法官优先适用传统损害赔偿计算方式,还是在发现法定赔偿泛滥后力图细化法定赔偿规则,都是在追求提高整个知识产权损害赔偿的裁判精度。但从现状看来,这些努力并没有消除期待和现实的差距。"[3]

中共北京市委全面依法治市委员会于2019年7月25日印发《关于加强知识产权审判领域改革创新的实施意见》(以下简称《实施意见》),《实施意见》指出,要重视知识产权市场价值,着力破解"赔偿低"问题。积极探索确定损害赔偿的途径和方法,努力实现赔偿数额认定的精细化、科学化。善于运用根据具体证据酌定实际损失或侵权所得的裁量性赔偿方法,综合考虑当事人举证、证据保全情况以及证据妨碍后果,充分体现在案证据及举证责任对于赔偿数额计算的作用。《实施意见》既提出了加大知识产权保护力度、提高赔偿额的方向,又提出了裁判赔偿数额精准化的要求,同时指出了要结合在案证据认定赔偿数额的工作要求。特别需要注意的是,在知识产权损害赔偿领域需要将当事人的举证情况与法官的自由裁量权有效结合,才能保证案件损害赔偿裁量的标准化。

2. 知识产权损害赔偿标准化的实践探索

《最高人民法院关于审理著作权民事纠纷案件适用法律若干问题的解释》第25条规定:"权利人的实际损失或者侵权人的违法所得无法确定的,人民法院根据当事人的请求或者依职权适用著作权法第四十八条第二款的规定确定赔偿

[1] 参见王迁、谈天、朱翔:《知识产权侵权损害赔偿:问题与反思》,载《知识产权》2016年第5期。
[2] 参见黄学里、李建星:《理性的量化:知识产权法定赔偿之恪守与超越——基于310份案例之SPSS统计分析》,载《建设公平正义社会与刑事法律适用问题研究——全国法院第24届学术讨论会获奖论文集》(上册),最高人民法院2012年版,第514~518页。
[3] 蒋舸:《知识产权法定赔偿向传统损害赔偿方式的回归》,载《法商研究》2019年第2期。

数额。人民法院在确定赔偿数额时,应当考虑作品类型、合理使用费、侵权行为性质、后果等情节综合确定……”该条对于法院裁量损害赔偿金额应当考虑的因素进行了原则性的规定,地方法院在该条规定的基础上又进行了相应的细化。例如,2020 年 4 月出台的《北京市高级人民法院关于侵害知识产权及不正当竞争案件确定损害赔偿的指导意见及法定赔偿的裁判标准》(以下简称《北京高院知识产权赔偿标准》),围绕损害赔偿问题进行了全面的规定。

《北京高院知识产权赔偿标准》第 1.7 条规定,确定权利人的实际损失和侵权人的获利,应当运用证据规则,采取优势证据标准,考虑知识产权的市场价值、贡献率等合理因素。确定侵权人的获利,一般以营业利润为准;被告完全以侵权为业的,可以销售利润为准。原告确有必要自行修复商誉的,为修复商誉已实际支出的合理广告费可以作为确定实际损失的考量因素。第 1.9 条规定,参照许可使用费确定赔偿数额的,一般不低于可比较的合理许可使用费。认定合理的许可使用费,可以综合考虑下列因素:(1)许可使用合同是否实际履行,有无发票、付款凭证等相应证据;(2)许可使用合同是否备案;(3)许可使用的权项、方式、范围、期限等因素与被诉行为之间有无可比性;(4)许可使用费是否为正常的商业许可费用而未受到诉讼、并购、破产、清算等外在因素的影响;(5)许可人与被许可人之间是否存在亲属关系、投资或关联公司等利害关系;(6)其他因素。第 1.10 条规定,在案证据难以确定权利人的实际损失、侵权人的获利、许可使用费,也难以采用其他合理方式确定赔偿数额的,可以适用法定赔偿。原告明确请求适用法定赔偿,被告对此不予认可且提供一定证据证明权利人的实际损失、侵权人的获利、许可使用费等,被告提供的证据可以作为确定赔偿数额的参考。第 1.12 条规定,法定赔偿数额的确定,应当遵循裁判标准一致性原则,综合考虑权利、行为、过错、后果、因果关系等因素,体现案件之间的相同点和不同点,合理确定赔偿数额。

《北京高院知识产权赔偿标准》对于知识产权损害赔偿确定标准和考量因素作出了相应规定,对于保障知识产权个案裁判的合法性、妥当性具有积极意义。同时,《北京高院知识产权赔偿标准》也规定了法定赔偿数额的确定应当遵循裁判标准一致性原则,这就需要通过类案检索方法,在个案裁量的基础上推动知识产权类案损害赔偿裁判标准的统一。

（三）以类案检索推动损害赔偿标准统一

1. 知识产权损害赔偿标准不统一的具体显现[1]

某图像技术公司从2008年起在全国多个省、市进行了大规模的诉讼，各地区法院之间损害赔偿裁判标准不统一的现象突出。据统计，2008～2015年，北京市各级人民法院共受理并以判决结案的涉及该图像技术有限公司的著作权案件150件，不同法院之间就单幅图片的平均判赔额度存在不均衡现象。受理案件数量较多的区法院，判赔额度相对近似，而受理案件数量较少的法院之间，判赔额度差距在一倍以上。

全国涉某图像技术公司案件的单幅图片平均判赔额度与北京一样，总体呈下降趋势，在2012～2014年单幅图片的平均判赔额度基本稳定在2500元左右。但是这一平均值比北京市2012～2014年的平均值高出500～1000元。对于单幅图片的判赔额来说，这一差距还是很大的。另外，全国不同省份之间的差异则更大。2014～2015年，涉某图像技术公司案件的单幅图片的平均判赔额，广东省在2500元左右，而北京市在1500元左右。对于两个受理大量涉某图像技术公司案件的省份来说，单幅图片判赔额存在1000元的差距是比较大的。从两地对不同使用方式的判赔情况来看，平面媒体广告、图书、宣传册的判赔额相差较小，但是在涉及信息网络传播权的微博和网站侵权中，两地的处理结果存在明显的差异。尤其是在网站方面，广东省的判赔额比北京市的判赔额高出1.5倍以上。

2. 以类案检索推动知识产权类案损害赔偿标准统一

有法官建议，建立量化标准的远期目标是构建以数学模型为基础的综合评价体系，但这一目标显然十分复杂、困难，近期可以考虑建立较为明晰、可操作的量化标准，准确评估行为内容及损害，并保证一段时期内的个案赔偿额之间不会出现较大的偏离，实现公开、稳定、公平等价值。以销售侵害商标权商品案件为例，通过梳理权利人基本情况（包括涉案商标情况、涉案商标许可使用情况等）、侵权人基本情况（包括侵权商品情况、侵权人主观过错、社会影响情况等），并以

---

〔1〕 本节部分统计数据援引自巫霁：《关于著作权案件酌定赔偿情况的统计分析——以某图像技术有限公司系列案件为视角》，北京市朝阳区人民法院2017年度调研课题。

100 分为限,根据实践经验评估各项考量因素对侵权行为及确定赔偿额的影响程度,并为其初步赋值。接下来需要运用大数据分析工具,对司法辖区内近期相应案件赔偿额分布情况进行分析,将赔偿额分别与同一时期本省其他地区、周边地区和全国平均值分别进行对比及检验,确保本地区判决赔偿额并未发生较大偏离。检验通过后,根据本地区赔偿额分布情况,结合初步赋值形成初步赔偿等次。最后,结合真实案件对数值进行检验和调整,即进行二次赋值。[1]

笔者认为,上述的量化方式在理论上可行,但在实务操作上比较复杂。在影响知识产权损害赔偿的考量因素方面,理论界和实务界并无大的分歧,但上述量化方式的两个关键步骤,均无法形成一致的、标准的量化公式。在初步赋值阶段,需要将各个影响损害赔偿的因素进行比重赋值,在二次赋值阶段,需要将初步赋值形成的各种比例与具体案情相结合。实际上,在上述两个阶段,由于法官主观认识的不同、知识产权本身的非物质性特点、不同案件的不同情节,最终还是会导致出现裁量结果的不确定性。上述量化方式带来了知识产权损害赔偿案件计算过程的复杂性,其计算结果的不确定性以及结果是否妥当的不可验证性,决定了上述量化计算方式无法获得理论上的严密论证,也较难获得实务上的广泛接受。但是,其中运用大数据工具,对类似案件的损害赔偿结果进行比对分析,并进而得出参照值的做法是值得借鉴的。该种方法的实质,是通过类案检索比较同类案件的损害赔偿结果,避免出现同类案件裁判标准不统一或者损害赔偿结果畸高畸低的情况。

在知识产权损害赔偿领域,KTV 行业的著作权侵权案件是非常显著的一种类案。处理涉 KTV 行业的著作权侵权案件应当符合国家关于知识产权保护的政策,加大侵权赔偿力度是加强知识产权司法保护的重要体现。同时,该类案件的处理涉及权利人、KTV 经营者、著作权集体管理组织、消费者等多方主体,需要注意平衡各方利益,确定与市场价值相符合的赔偿标准,判定赔偿金额中也需要进行利益衡量。在认定标准上,卡拉 OK 经营者未经权利人许可,也未与著作权集体管理组织签订许可使用合同并支付费用,因使用作品、制品被权利人或集体管理组织起诉侵权的,赔偿数额应考虑歌曲的知名度、创作时间、卡拉 OK 经营场所的规模及所处的地理位置等因素酌情确定。有观点认为,是否可以参照

---

〔1〕 参见白帆:《知识产权法定赔偿量化标准初探》,载“知产力”微信公众号,2020 年 6 月 27 日发布。

国家版权局公布的卡拉 OK 经营者版权使用费标准,即按天计算包间费用的标准计算每首歌曲的赔偿数额。有不同观点认为,近年来 KTV 行业利润下滑严重,包间空置率较高,若完全按照现行国家版权局公布的“天/包房”的计费方式有不合理之处,建议按照歌曲点击率的计费方式收取费用。

北京市高级人民法院在对全市法院同类案件梳理和总结的基础上,在征求法官以及行业代表和相关主管部门意见的基础上,对于该类案件的损害赔偿标准作出了规定。《北京高院知识产权赔偿标准》第 6.10 条规定,卡拉 OK 经营者未经权利人许可,也未与著作权集体管理组织签订许可使用合同并支付费用的,每首歌曲赔偿数额一般为 200 ~ 800 元。卡拉 OK 经营者与著作权集体管理组织签订许可使用合同并支付费用,但著作权集体管理组织未获得涉案歌曲授权的,卡拉 OK 经营者仍应承担赔偿责任,每首歌曲赔偿数额一般不高于 200 元。上述标准区分了卡拉 OK 经营者与著作权集体管理组织是否签订许可使用合同两种情形,分别规定了每首歌曲赔偿数额一般不高于 200 元、200 ~ 800 元。法官在裁判时区分案件情形,在上述两个区间内根据具体案情行使自由裁量去进行酌定,这样既体现了个案的具体特点,又能避免损害赔偿的结果出现畸高畸低的情形。

(四)类案检索与知识产权高判赔额案件

随着知识产权价值的提升以及对知识产权保护力度的提升,知识产权损害赔偿判赔额也在不断提升,许多判决的数额已经远远超出法定赔偿的限额。例如,根据江苏省高级人民法院发布的蓝皮书,2019 年江苏法院判赔额在 50 万 ~ 300 万元的案件有 147 件,300 万 ~ 500 万元的有 13 件,500 万 ~ 1000 万元的有 5 件,1000 万元以上的有 4 件。事实上,江苏法院近年来一直在通过提高判赔案体现严格保护知识产权的司法理念,而在 2016 ~ 2018 年 3 年间判赔额在 1000 万元以上的案件共 24 件,其中 2018 年有 18 件,比 2017 年增长了 3.5 倍。[1]

有法官对 2019 年度北京等 8 地法院十大案件中千万元以上高判赔额案件裁判情况进行梳理,结合 2019 年度最高人民法院及 8 地法院知识产权司法保护

---

〔1〕 参见《2019 年江苏法院知识产权司法保护蓝皮书》,载“江苏高院”:https://mp.weixin.qq.com/s/e-yFfiXH_IrPpCsR5B7NnA,2020 年 4 月 22 日访问;《2018 年江苏法院知识产权司法保护蓝皮书》,载“江苏高院”:https://mp.weixin.qq.com/s/IHw9S6FnY-vr3WAdrcmbhw,2019 年 4 月 23 日访问。

状况认为,“在知识产权及不正当竞争案件中,法院确定赔偿额的方式无非是酌情确定和计算确定两种,进而总结出以下几点认识:首先,在高判赔额案件中,以酌定方式确定赔偿额,仅具有个案价值。其次,高判赔额主要应当通过计算加以确定。最后,关于赔偿额计算中的难点困惑问题,包括:计算与估算的关系;精细计算、精确计算、估算、酌情确定的具体含义;法律规定权利人损失、侵权获利的计算与司法政策规定的裁量性赔偿的关系;司法计算与经济学计算的关系;高额法定赔偿要否一定程度上引入计算”[1]。

笔者认为,在知识产权高判赔额案件中,通过类案检索参照类案的判决方式,统一类案裁判标准具有重要意义。下面,结合几个高判赔额的典型案例进行说明。

1. 借鉴类案裁判规则,统一法律适用认识

在网易公司与华多公司侵害著作权及不正当竞争纠纷一案中,网易公司上诉认为,《著作权法》规定侵权应赔偿违法所得,应以华多公司经营梦幻西游直播业务的收入来确定赔偿数额,不应扣除无关成本费用,即使按照欢聚时代公司年度财务报告的总体毛利率计算,华多公司在侵权期间的获利也远超1亿元。对此法院认为,《著作权法》第49条规定:“侵犯著作权或者与著作权有关的权利的,侵权人应当按照权利人的实际损失给予赔偿;实际损失难以计算的,可以按照侵权人的违法所得给予赔偿。赔偿数额还应当包括权利人为制止侵权行为所支付的合理开支。”确定知识产权损害赔偿数额,首先应当考察侵权行为给权利人造成的实际损失,其次考察侵权人违法所得。从法律规定的字面解释,“违法所得”显然不是指侵权人的销售收入,“违法所得”应指违反《著作权法》规定而获得的“利润”,即扣除必要成本之后的合理利润。从知识产权法律体系解释,同为侵害知识产权的赔偿,“违法所得”与专利法中的侵权获利应作一致的理解。因此,网易公司将“违法所得”理解为华多公司经营梦幻西游直播业务的收入既没有依据,也不合理。[2]

在上述案件中,二审法院同时纠正了一审法院关于损害赔偿期间的不当认定。二审法院认为,《最高人民法院关于审理著作权民事纠纷案件适用法律若

---

[1] 宋健:《2019年度高判赔额案件分析报告——以北京等八地法院高判赔额案件为样本》,载《科技·知产财经》2020年第2期。

[2] 参见广东省高级人民法院(2018)粤民终137号民事判决书。

干问题的解释》第28条规定:“侵犯著作权的诉讼时效为二年,自著作权人知道或者应当知道侵权行为之日起计算。权利人超过二年起诉的,如果侵权行为在起诉时仍在持续,在该著作权保护期内,人民法院应当判决被告停止侵权行为;侵权损害赔偿数额应当自权利人向人民法院起诉之日起向前推算二年计算。”据此,著作权侵权的诉讼时效为二年,著作权人须在知道或者应当知道侵权行为之日起二年内起诉,否则将丧失胜诉权;若在侵权行为持续且权利仍在保护期的情况下,即使权利人超过二年起诉,其关于停止侵权的诉讼请求仍应获得法院支持,但是仅能获得起诉之日向前推算二年计算的赔偿。这是因为对于持续至起诉之日的侵权行为来说,起诉之日向前推算二年期间的该部分侵权行为实则尚未超过诉讼时效,权利人理应享有主张停止侵权和二年期间持续侵权行为对应赔偿的胜诉权,但对于此前的持续侵权行为,由于著作权人怠于行使权利导致起诉超过二年诉讼时效期间,则著作权人丧失相应胜诉权,其赔偿请求将不能得到法院的支持。需要注意的是,权利人仅能获得起诉之日倒推二年期间赔偿的前提条件是其已经超过诉讼时效期间起诉,若其在诉讼时效期间内提起诉讼,则不适用该规定。一审法院以本案起诉之日倒推二年作为确定赔偿数额的计算期间有误,本院予以纠正。

上述判决对于知识产权损害赔偿中的“违法所得”概念和损害赔偿计算期间,都进行了详细的论理和准确的认定,类案判决时应当与上述规则保持一致。

2. 借鉴类案计算方式,统一赔偿计算方法

在网易公司与华多公司侵害著作权及不正当竞争纠纷一案中,法院采取了计算加估算的方式。该案判决书载明,由于依据证据无法计算华多公司经营梦幻西游直播业务所获得的利益,应综合本案其他证据估算华多公司自2011年10月至2014年12月的获利情况。其中,2014年财务年度报告的统计项目和数据较为全面,游戏直播业务营收约为367,837×4.2%≈15,449(万元),以此推算游戏直播业务营收在“其他互联网增值服务项目”营收占比约为15,449÷60,982×100%≈25%。2013年财务年度报告中没有对游戏直播业务营收在公司净经营收入占比作出说明,但是根据相近年来游戏直播业务在“其他互联网增值服务项目”营收占比大致相同的合理推断,2013年的游戏直播业务营收约为20,521×25%≈5130(万元)。同理,关于2012年的游戏直播业务营收,按照上述估算方法计算,约为8365×25%≈2091(万元)。关于华多公司经营游戏直

播业务的获利，一审法院按照该年度总体毛利润率来计算该年度游戏直播业务毛利润，虽然不可避免将游戏直播业务与其他业务的利润进行平均计算，但是在无法获取华多公司经营游戏直播业务直接、必要的真实成本数据的情况下，该方法亦为可取。

据此，华多公司在2012～2014年经营游戏直播业务获得毛利润约为2091×49.2%＋5130×51.6%＋15,449×49.7%≈11,354（万元）。上述金额包含直播梦幻西游以外其他游戏所获得的利润。由于华多公司拒绝提交真实、全面的财务资料或直播数据，导致无法获取准确数据计算华多公司在不同游戏直播中的分别获利情况，一审法院结合有关因素酌情确定梦幻西游直播业务在华多公司所有游戏直播业务中利润占比为1/3。综上，华多公司在2012～2014年经营梦幻西游直播业务获利约为11,354×1/3≈3785（万元）。该估算数额不包含华多公司2011年10～12月的侵权获利。网易公司没有提交证据可供计算该时间段的侵权获利，考虑到当时游戏直播产业刚刚兴起的实际获利情况，本院综合估算华多公司自2011年10月至2014年12月经营梦幻西游直播业务获利合计约为4000万元。[1]

上述裁判文书关于违法所得的计算方式，既有基于当事人提供证据的精准计算，又有在现有证据基础上的合理推断，通过两者的结合计算出最终的违法所得金额，可以为同类案件审理时借鉴参考。[2] 当然，上述的计算方式只是裁判的基础，法院尚需结合侵权的时间、方式、侵权人的主观状态等各种因素最终确定损害赔偿金额。

3. 借鉴类案判赔额度，保持赔偿金额总体均衡

在明河社公司、完美世界公司、火谷网络公司、昆仑乐享公司、昆仑万维公司

---

〔1〕 参见广东省高级人民法院（2018）粤民终137号民事判决书。

〔2〕 在该类高判赔额案件中，法院计算时的推定比较常见。在上诉人成都天象互动科技有限公司、北京爱奇艺科技有限公司因与被上诉人苏州蜗牛数字科技股份有限公司侵害著作权纠纷一案中，法院认为，《花千骨》2015年度在标的公司的收入利润率为13.9%，2016年1～3月在标的公司的收入利润率32.68%。尽管该收入利润率并非仅针对天象公司财务报表计算，但对天象公司的收入利润计算仍具有较大参考意义。该数据系计算了《花千骨》IP方、研发方的分成成本、服务器成本、期间费用及所得税金额等成本，且考虑到《二次回复公告》中披露标的公司业绩承诺期间预测收入利润率为52.68%、考量其他同类游戏平均收入利润，一审法院认为以13.9%的收入利润率计算应属公允数据。本案中就爱奇艺运营游戏收入利润率并无直接可供参考的计算依据，一审法院酌情按照前述天象公司数据参照估算。参见江苏省高级人民法院（2018）苏民终1054号民事判决书。

因侵犯改编权及不正当竞争纠纷一案中，二审法院认为，在按照权利人的实际损失、侵权人的违法所得均无法精确计算赔偿数额时，一审判决参照完美世界公司取得涉案作品在中国大陆 3 年的独家移动终端游戏软件改编权所支付的许可费 800 万元的合理倍数，即 2 倍确定了本案的赔偿数额。由于上述计算方法缺乏直接的法律依据，直接据此确定赔偿数额欠妥。但就本案而言，首先，上述许可费标准对本案具有一定参照意义，但考虑到涉案侵权行为的持续时间和对涉案作品的使用情况，本案不宜将上述许可费等同于明河社公司和完美世界公司因涉案行为遭受的全部损失；其次，根据在案证据，火谷网络公司、昆仑乐享公司和昆仑万维公司因合作运营涉案游戏，于 2013 年至 2015 年 3 月获得的营业利润达人民币 170, 236, 250 元，尽管上述利润的取得存在多方面因素，且难以精确量化涉案作品对上述利润的贡献率，但即便从低考量，其金额亦逾千万元。同时，结合涉案作品的知名度、市场价值，火谷网络公司、昆仑万维公司和昆仑乐享公司的主观过错、行为性质、侵权持续时间、经营规模以及明河社公司和完美世界公司为本案支付的合理费用等因素，一审法院最终裁量确定的赔偿数额，并无明显不当。在缺乏更为直接充分、可量化证据支持的情况下，本院对一审法院关于赔偿数额的处理结果予以确认。[1]

根据上述判决内容可知，二审法院并不认同一审法院计算损失的方式，但由于缺乏直接量化的计算方式，二审法院认为一审法院确定的损害赔偿数额并无明显不当，最终维持一审的判决结果。基于此种情况，当事人在主张损害赔偿金额、法院在判定损害赔偿金额时，应当考虑涉案的侵权类别所在行业的市场情况、利润情况以及类似判决的总体裁判金额。

面对知识产权损害赔偿金额确定这一难题，应当在法律规定的框架内，准确适用法律规则，结合侵权类别的行业特征，依据大数据和类案检索，及时发现类案裁判标准不统一的问题。通过比对类案和广泛征求意见，确定某一类案件侵权损害赔偿的数额区间，发挥对法官自由裁量权的规制作用。特别是在知识产权高判赔额案件中，通过类案检索，参照适用法律规则、计算方式、酌情情节、总体判赔金额等，防止出现同类案件判赔金额差距过大的情况，确保类案裁判标准的统一。

---

〔1〕 参见北京市高级人民法院(2018)京民终 226 号民事判决书。

第六章
类案检索与案例分析方法

法官判案的过程就是适用司法三段论的过程,将作为大前提的法律规范与作为小前提的法律事实进行连接并得出结论的过程。将法律规范与法律事实相结合的过程需要运用法律关系分析方法和请求权基础分析法,而这两种案例分析方法的运用都与法律解释方法密切关联。本章内容主要就法律关系分析方法、请求权基础分析法和法律解释方法在民商事审判中的运用予以介绍。在民商事审判领域,法官首先需要判断当事人之间的法律关系争议,其次对原告的请求权基础进行分析,在此基础上归纳争议焦点开展类案检索,才能做到有的放矢,事半功倍。

一、法律关系分析方法在民商事审判中的运用

所谓法律关系分析方法,是指通过理顺不同的法律关系,确定其要素及变动情况,从而全面地把握案件的性质和当事人的权利义务关系,并在此基础上通过三段论准确适用法律,作出判决的一种案例分析方法。法律关系分析方法具有以下特征:

1. 它以法律关系为媒介,实现司法三段论大小前提的有效衔接:案件事实—法律关系—法律规范—案件裁判。

2. 它既是对事实要件的分析方法,也是对法律适用的分析方法。在对事实

问题进行判断的时候也不能离开法律规定而单纯论之,法官在裁判时目光必须在大前提和生活事实之间往复流转。它是法律人的一种基本思维方法。

3. 请求权体系方法与法律关系方法有不同之处,法律关系方法的适用面更宽。因为各种关系都可以从法律关系着手,请求权的适用面则较窄,它只适用于给付之诉。法律关系的分析方法实际上是从案件的事实着手,而请求权分析方法则是将其作为诉讼来考虑的。是否存在请求权基础,是以诉讼发生争议为前提,这也是它们的一个区别。

法律关系分析方法的运用步骤大体可以分为四步:

第一步:明确争议焦点。

第二步:区分生活关系与法律关系。

第三步:界定法律关系的性质。

第四步:分析考察法律关系的要素。

(一)明确争议焦点

法官的任务就是解决诉讼当事人的争议。在请求权基础分析方法中,首先要结合当事人的诉讼请求,来确定该诉讼是给付支付、确认之诉还是形成之诉,其次再判断是否适用请求权基础分析方法。在法律关系分析方法中,首先是要确定当事人双方的争议焦点,可以通过原告的诉讼请求、被告的答辩意见以及被告提起的反诉进行归纳。在分析当事人争议焦点过程中,也要判断当事人所请求的内容和所提供的依据。在明确争议焦点的环节,需要根据原告的请求区分确认之诉、形成之诉与给付之诉,根据被告提出的意见区分抗辩与反诉。

1. 确认之诉、形成之诉与给付之诉

确认之诉,是指原告请求法院确认其与被告存在或不存在某种法律关系的诉。确认判决旨在确认某种法律关系是否存在。在合同纠纷中,当事人可以提起诉讼确认合同有效或者无效。就物权归属争议而言,确认判决只是判断当事人是否享有所争议的物权,并不改变既存物权关系,也就是说,确认判决的生效并非“物权设立、变更、转让或者消灭”的原因。

例如,《最高人民法院关于适用〈中华人民共和国民法典〉物权编的解释(一)》(法释〔2020〕24 号,以下简称《民法典物权编司法解释(一)》)第 2 条规定:“当事人有证据证明不动产登记簿的记载与真实权利状态不符、其为该不动产物权的真实权利人,请求确认其享有物权的,应予支持。”本条是对不动产物权确认纠纷中,是否可以否定不动产登记簿在证明不动产物权归属中的证明力所作的规定。在不动产物权确认纠纷中,如一律赋予不动产登记簿以终局证明效力,既为不动产登记制度功能所不能承受之重,又有违诉讼证据的基本原则。承认不动产登记簿记载事项存在不实这一点在内部关系中尤为重要,而在外部关系中,则需协调好真实权利保护与交易安全维护之间的关系。

形成之诉,是指原告请求法院变动或消灭其与对方当事人之间现存的民事法律关系的诉。原告胜诉的形成判决,在确定之时,无须强制执行就自动发生法律关系变动的效果。形成判决具有设权性或权利变更性,它通过实现要求形成的权利而改变了实体法律状态,既不能执行,也不需要执行。例如,《民法典物权编司法解释(一)》第 7 条规定:“人民法院、仲裁委员会在分割共有不动产或者动产等案件中作出并依法生效的改变原有物权关系的判决书、裁决书、调解书,以及人民法院在执行程序中作出的拍卖成交裁定书、以物抵债裁定书,应当认定为民法典第 229 条所称导致物权设立、变更、转让或者消灭的人民法院、仲裁委员会的法律文书。”

给付之诉,是指原告向被告主张给付请求权,并要求法院对此作出给付判决的请求。给付判决旨在确认原告针对被告的权利,并命令被告向原告给付。就给付判决而言,法院是在认定当事人享有请求权的基础上,判令对方当事人履行原已存在的义务,当负有义务的一方当事人不履行裁判确定的义务时,享有权利的一方当事人有权申请法院强制执行。可见,给付判决并没有使既存的法律关系发生改变,而只是经由法院判决实现当事人既存的法律关系,具有执行力而不具有变更权利义务关系的形成力。

2. 抗辩与反诉

所谓抗辩,是针对请求权提出的一种防御方法,是指当事人通过主张与对方的主张事实所不同的事实或法律关系,以排斥对方所主张的事实的行为。第一类抗辩为权利不发生抗辩,又称权利障碍抗辩;第二类抗辩即为权利消灭抗辩,又称权利毁灭抗辩;第三类抗辩即是抗辩权。反诉,是指在本诉的诉讼程序中,本诉的被告以本诉的原告为被告,提起的与本诉相关的诉。

抗辩与反诉存在本质区别:第一,二者的性质不同。反诉的本质属性是诉,是一种独立的诉讼请求,其基础可能是请求权、支配权或者形成权。而抗辩是对抗请求权的主张,是一种诉讼行为,不会产生新的诉讼请求。第二,二者的内容不同。作为一个独立的诉,反诉一定有实体方面的内容。而抗辩则不同,抗辩可以有实体方面的内容,也可以有程序法上的内容。第三,二者的目的不同。反诉是一个独立的诉讼请求,是被告主动进攻的武器,旨在抵消、吞并本诉原告的权利,使原告的权利部分或全部失控,甚至超出原告所主张的权利范围。抗辩的目的是直接否定对方当事人的诉讼理由或请求,是一种被动防御的工具,其成立的直接后果是原告的主张得不到全部支持甚至败诉。

(二)区分生活关系与法律关系

在社会生活中每天都发生大量的生活事实,形成各种生活关系。通常法律所不调整的生活事实,可能需要通过道德、习惯等来调整,法律只是调整立法者认为重要的、需要由法律调整的生活事实。[1]

1. 好意施惠关系

好意施惠关系,是指当事人之间无意设定法律上的权利义务关系,而由当事人一方基于良好的道德风尚实施的使另一方受恩惠的关系,其旨在增进情谊的行为。我国理论上一般认为,以下情况为好意施惠:搭顺风车到某地、火车过站叫醒、顺路投寄信件、邀请参加宴会或郊游等。这些好意施惠关系,无须通过民法上的权利义务关系去调整。

2. 自然之债

债分为法律之债和自然之债,“自然”是相对于法律而言的,不受法律保护。自然之债,是指虽为法律所认可,但却不受强制执行力保护的债。对于自然之债,债务人不履行时,债权人不能请求法院强制执行,债务人自愿履行,则履行有效。大陆法系中对自然之债概括为四类:因婚姻居间而约定的报酬、赌债、限定继承的债务以及超过诉讼时效的债务。其理论基础在于,道德与法律作为社会的不同调控手段,并非非此即彼的关系,在道德和法律中间存在一个中性的地带,从道德或法律的不同视角观察,就会得出不同的结论。从道德角度出发,自然债务可以被视为道德义务的升华;从法律的角度出发,自然债务可以被视为法律义务的贬降。

---

[1] 参见朱虎:《法律关系与私法体系》,中国法制出版社2010年版,第35页。

案例

原告博石公司(法定代表人:杨某)曾以联营合同纠纷为由,起诉瑞木公司(法定代表人:苏某),要求撤销双方签订的《合作协议书》和《合作备忘录》,返还投资款1100万元及利息损失等。在该案审理过程中,法院查明,博石公司的法定代表人杨某与瑞木公司的法定代表人苏某之妻徐某为情人关系。在苏某得知上述关系后,苏某与杨某于2011年4月3日协商解决前述问题。2011年4月17日,博石公司与瑞木公司签订《合作协议书》;2011年4月19日,博石公司向瑞木公司汇款1500万元;2011年5月2日,瑞木公司与博石公司签订《合作备忘录》。后瑞木公司的苏某与博石公司的法定代表人杨某达成口头协议,由瑞木公司打回400万元至博石公司账户,再由博石公司账户向新公司注册账户办理400万元的出资手续。2011年6月17日,徐某通过网上银行从瑞木公司账户向博石公司账户打款400万元。在诉讼过程中,杨某承认双方合作协议书的1500万元是基于杨某与徐某之间存在情人关系,在苏某的胁迫下给予的感情补偿费。该案中,法院经审理认为,民事活动应当尊重社会公德,合法的债权受法律保护。通过博石公司在起诉书的陈述、杨某本人的自认、相关录音资料的内容,结合合作协议书中双方关于权利义务的约定,可以认定双方系基于杨某与徐某之间存在的前述关系所签订的合作协议书,且杨某也承认该合作协议书中的1500万元系支付的感情补偿费。因不正当两性关系等行为产生的"感情补偿费"等系有损社会公序良俗的感情债务,现博石公司以合作协议书的形式向瑞木公司支付1100万元感情补偿费,属于有损社会公序良俗的感情债务,该债权债务关系不受法律强制力所保护,故法院判决驳回了博石公司的诉讼请求。

本案中,博石公司起诉瑞木公司请求:要求确认双方签订的《合作协议书》《合作备忘录》于2016年2月4日解除;瑞木公司返还1100万元及利息。在本案的诉讼过程中,博石公司认可本案所涉及的《合作协议书》《合作备忘录》与上述判决中涉及的《合作协议书》《合作备忘录》是同一份材料;本案所涉及的1100万元与上述判决中处理的1100万元是同一笔款项。法院认为,当事人就已经提起诉讼的事项在诉讼过程中或者裁判生效后再次起诉,同时符合下列条件的,构成重复起诉:(一)后诉与前诉的当事人相同;(二)后诉与前诉的诉讼标的相同;(三)后诉与前诉的诉讼请求相同,或者后诉的诉讼请求实质上否定前诉裁判结果。当事人重复起诉的,裁定不予受理;已经受理的,裁定驳回起诉。本案中,虽然博石公司将案由调整为"与公司有关的纠纷",且诉讼请求第一项调整为确认《合作协议书》《合作备忘录》解除,与先前案件中的诉讼请求略有区别,但实质上,博石公司均是以《合作协议书》《合作备忘录》为诉讼依据主张瑞木公司返还1100万元和利息。而关于《合作协议书》《合作备忘录》和1100万元款项的性质,在先前案件判决书中均予以认定,并对1100万元款项是否应当返还作出了处理。故博石公司此次起诉违反民事案件一事不再理的原则,裁定驳回博石公司的起诉。

(三)界定法律关系的性质

法律关系的性质确定,不仅是事实的发现过程,也是法律的价值判断过程。

1. 物权关系抑或合同关系

为遏制房价过快上涨,国家对主要城市的商品房采取限购政策,对购房人的条件和购买的套数作了限制。为规避商品房限购政策,不符合购房条件的借名人借名购买房屋,不以自己的名义进行房屋所有权登记,而以出名人的名义进行登记。由于借名人(实际出资购房人)与出名人(所有权登记人)分离,当借名人(实际出资购房人)主张房屋所有权,而出名人(所有权登记人)基于产权登记不予认可时,双方就会发生纠纷。

《北京高院房屋买卖会议纪要》第10条规定:"借名买房的认定和处理:借名人以出名人(登记人)为被告提起诉讼,要求确认房屋归其所有的,法院应当向其释明,告知其可以提起合同之诉,要求出名人为其办理房屋过户登记手续。《北京市高级人民法院关于审理房屋买卖合同纠纷案件适用法律若干问题的指导意见(试行)》第16条规定中的政策性保障住房包括经济适用住房、两限房等保障中低收入家庭住房困难的房屋。借名人要求办理房屋过户登记手续,经审查借名购买的经济适用住房的原购房合同系2008年4月11日(含)之前签订的,可以参照前述指导意见第6条第2款的规定处理。房屋腾退纠纷中,被告方以双方之间存在借名买房关系作为抗辩的,法院应当释明其可以提出反诉要求办理房屋过户登记手续,当事人坚持不反诉的,应就其抗辩是否成立进行审理并作出判定。"《浙江省高级人民法院审理房屋买卖合同纠纷案件的若干意见》第8条规定:"实际买受人为规避限购、禁购政策,以他人名义与出卖人订立合同并办理房屋权属证书后,以其系实际买受人为由,请求确认其为房屋产权人的,不予支持,但调控政策重新调整并准许其取得产权的除外。"

关于借名买房行为上述两份指导意见给出了不同的意见和处理思路,按照北京市高级人民法院的意见借名买房引发的纠纷应当按照合同纠纷处理,按照浙江省高级人民法院的意见借名买房引发的纠纷可以按照所有权确认纠纷处理。不同的法律关系的定性,直接决定了当事人的诉请请求能否成立、法官的审查思路以及法院判决最后的判项如何表述等关键问题。

2. 合同关系抑或侵权关系

实践中存在合同关系与侵权关系相互交织的情形,当事人选择基于合同关系或侵权关系主张权利,由于债权请求权与侵权请求权成立的构成要件不同,因此,选择不同的诉讼路径对于当事人权利的实现会产生不同的影响。例如,《民法典》第593条规定:"当事人一方因第三人的原因造成违约的,应当向对方承担违约责任。当事人一方和第三人之间的纠纷,依照法律规定或者按照约定处理。"上述法条中"因第三人原因"既包括第三人违反合同约定的情形,也包括第三人存在侵权行为的情形,此时,需要处理好侵权关系与合同关系的协调问题。

案例

A公司诉称:2014年6月16日,我公司与王某签订《房屋租赁合同》,约定向王某承租房屋,用于办公经营,租赁期自2014年6月18日至2015年6月17日,月租金18,000元。2015年1月10日,涉诉房屋楼上漏水,导致涉诉房屋被淹,公司无法正常使用涉诉房屋,只得另行租房经营。王某未能尽到合同义务,保障公司安全、正常使用涉诉房屋,存在违约行为,故公司诉至法院,要求解除双方签订的租赁合同,王某赔偿公司物品损失5万元、租金损失8万元、营业损失2万元,返还押金18,000元、2015年1月10日至3月18日已付租金40,800元,并支付违约金36,000元。王某辩称:A公司于2015年3月27日撤离涉诉房屋,故认为双方的租赁合同已于当日解除。不认可公司提出的解除合同的理由,涉诉房屋漏水，楼上业主已经维修，公司也验收合格。2015 年 3 月 18 日，公司未按期缴纳租金，且于 3 月 27 日自行搬离。

法院认为，A 公司在合同履行期限内单方撤离涉诉房屋，其以行为明确表明不再履行租赁合同，且根据 A 公司提供短信记录及物业公司出具的收条，可以证明 A 公司于 2015 年 3 月 17 日已将涉诉房屋交还王某，故本院认为双方之间的租赁合同已于 2015 年 3 月 17 日解除。王某提供的物业公司证明及证人的陈述可以证明其在涉诉房屋被水淹后，已尽到协调处理及维修义务，在涉诉房屋维修完毕后 A 公司以涉诉房屋存在安全隐患无法使用为由要求解除合同，缺乏事实依据，A 公司应对合同解除承担违约责任。A 公司要求王某返还押金及违约金的诉讼请求，法院不予支持。依据双方合同约定，因维修房屋影响公司使用的，可相应减少租金，法院根据维修期间酌情对公司要求返还的租金金额予以支持。公司提供的证据可以证明因涉诉房屋被水淹导致其产生物品损失，王某作为出租人未能保障涉诉房屋的安全使用，应对此承担赔偿责任，但公司主张的物品损失过高，法院对此项诉讼请求酌情予以支持。公司主张的在外租房租金损失及营业损失，缺乏事实及法律依据，不予支持。法院判决如下：一、A 公司与王某之间的房屋租赁关系于 2015 年 3 月 17 日解除；二、王某于本判决生效后 10 日内返还 A 公司租金 12,000 元；三、王某于本判决生效后 10 日内支付 A 公司物品损失 3 万元。

上述案例原告作为承租人是按照合同关系向出租人主张权利，根据《民法典》第 593 条的规定，当事人一方因第三人的原因造成违约的，应当向对方承担违约责任。当事人一方和第三人之间的纠纷，依照法律规定或者按照约定解决。本案判决出租人向承租人承担违约责任，本案判决后出租人基于其承担的责任可以向楼上的业主主张侵权损害赔偿。当然，承租人作为受损一方也可以直接向楼上的业主主张侵权损害赔偿，但其在侵权损害赔偿纠纷中仅能主张损失而无法主张租金返还。所以，不论侵权纠纷在先进行还是合同纠纷在先进行，都无法通过一个诉讼解决楼上漏水导致的出租人和承租人的损失问题。但是通过合同纠纷的路径显然对承租人更为有利，其通过该路径可以解决其自身的全部损失和租金返还问题，而不必提起两个诉讼。

3. 合同关系抑或不当得利

《民法通则》第 92 条规定："没有合法根据，取得不当利益，造成他人损失的，应当将取得的不当利益返还受损失的人"。《最高人民法院关于贯彻执行〈中华人民共和国民法通则〉若干问题的意见（试行）》第 131 条规定："返还的不当利益，应当包括原物和原物所生的孳息。利用不当得利所取得的其他利益扣除劳务管理费用后，应当予以收缴。"《民法典》第 122 条规定："因他人没有法律根据，取得不当利益，受损失的人有权请求其返还不当利益。"

案例

2013 年 4 月，王某从其账户中电汇给新时代信托公司 6000 万元款项，附加信息及用途为认购新时代单一信托，汇出行签章王某。王某起诉至一审法院称，其曾将 6000 万元款项汇至新时代信托公司账户，意欲购买新时代信托公司发行的信托产品，但款项汇出后，王某并未购买新时代信托公司发行的任何信托产品。新时代信托公司已经构成了不当得利，王某要求新时代信托公司返还不当得利款项 6000 万元及相关利息。一审法院认为，王某从其账户电汇给新时代信托公司账户 6000 万元，汇款凭证上面明确载明附加信息及用途为认购新时代单一信托，王某与新时代信托公司之间应为合同纠纷，至于双方之间是否成立信托合同关系以及是否履行，亦属于合同纠纷审理的范围。根据法律规定，不当得利是没有合法根据，取得不当利益，造成他人损失的，应当将取得的不当利益返还受损失的人。经法院释明，王某仍坚持按不当得利起诉，要求新时代信托公司返还不当得利款及利息，无法律依据，证据不足，判决驳回王某的诉讼请求。

王某提起上诉，要求撤销一审判决，要求对《新时代信托单一资金信托计划信托合同》及《交易指令》等"一揽子"信托文件中王某的签名进行司法鉴定，王某主张其与新时代信托公司之间并未签订任何合同，也没有履行任何合同，合同关系不成立，新时代信托公司提交的《新时代信托单一资金信托计划信托合同》及《交易指令》等"一揽子"信托文件都是伪造的。新时代信托公司辩称，双方成立信托合同关系，整个交易过程中，无论是缔约阶段还是交易阶段，王某都知道用信托资金购买债券。在合同成立后，新时代信托公司按照计划运作了一年，在整个过程中王某从没有以不当得利为由提出过任何意见。王某委托的律师和他的儿子还参加过新时代信托公司召开的相关会议。信托合同和交易指令上是否是王某本人签字并不影响王某的真实意思表示,不同意做鉴定。本案是投资失败以后造成的,王某为了挽回损失,故意扭曲双方当事人之间的真实法律关系。投资是有风险的,双方之间有合同关系,原审判决正确。

二审法院认为,王某从其账户电汇给新时代信托公司账户6000万元,汇款凭证上面明确载明附加信息及用途为认购新时代单一信托。《信托法》第8条规定:“设立信托,应当采取书面形式。书面形式包括信托合同、遗嘱或者法律、行政法规规定的其他书面文件等。采取信托合同形式设立信托的,信托合同签订时,信托成立。采取其他书面形式设立信托的,受托人承诺信托时,信托成立。”王某与新时代信托公司因信托是否设立发生纠纷属于信托纠纷,王某以不当得利提起本案之诉,无法律和事实依据。信托是否设立不属于本案审理范围,故王某申请对新时代信托公司提供的“一揽子”信托文件上王某的签字进行鉴定,对待证事实无意义,故一审法院不予准许并不违反法律规定。王某在一审法院释明的情况下,仍坚持以不当得利起诉,一审法院驳回其诉讼请求并无不当。二审法院判决驳回上诉,维持原判。

不当得利请求权应当是辅助性权利,如原告得以通过合同之债请求权、无因管理之债请求权、物上返还请求权获得救济的,则应适用相应的请求权予以救济,只有在其他请求权无法适用的前提下才得以适用不当得利请求权。在侵害他人财产权及名誉权等具有财产性的人身权时,侵权损害赔偿请求权得与不当得利请求权产生竞合,优先适用侵权请求权。在侵害他人无财产性权利的人身权时,仅构成侵权,不构成不当得利。合同被确认无效、被撤销、变更、解除后引起的相关纠纷,仍然属于合同项下纠纷,不构成不当得利。法院在审理上述合同类案件时,法官应当向当事人释明,一并处理后续的返还事项,避免当事人就后续的返还事项再次起诉。如因法官未释明或当事人在法官释明后未提出返还的诉讼请求,之后就返还事项再次起诉的,法院应按照相应的合同案由立案,不应以不当得利案由立案。

4. 承揽关系抑或建设工程合同关系

承揽合同是承揽人按照定作人的要求完成工作,交付工作成果,定作人支付报酬的合同。建设工程合同是特殊的承揽合同,由于建设工程与工程质量相关,且进一步会影响到公共安全和公共利益,所以法律法规对于建设工程领域有更高标准和更严要求的规定。对于当事人之间的合同关系是承揽关系还是建设工程合同关系的认定,将影响到合同效力以及后续责任的承担。

案例

原告马某诉称:2007 年 9 月,侯某与 A 公司签订《温室大棚建设协议书》,约定工程总价款 1400 万元。2008 年 3 月,侯某将温室大棚建设工程转包给原告马某。工程施工期间,侯某因他案涉嫌诈骗罪获刑。2008 年 7 月,工程经 A 公司验收,但 A 公司差欠工程款一直推托未付。原告马某根据《建设工程司法解释》第 26 条第 2 款规定提起诉讼,请求判令:1. 确认 2008 年 3 月侯某与马某签订的《协议书》无效;2. 被告侯某给付原告剩余工程款,被告 A 公司对此承担连带责任。

本案的争议焦点是当事人之间就农业温室大棚建设签订的合同,认定为建设工程施工合同还是承揽合同。关于农业大棚建设合同法律关系定性和案由的确定,对合同双方当事人的影响主要体现在两个方面:一是合同约定的违约金条款能否适用,如果将农业大棚建设合同定性为建设工程施工合同,鉴于农业大棚建设合同的承包方为自然人作为主体签订,不具备任何资质,按照《最高人民法院关于审理建设工程施工合同纠纷案件适用法律问题的解释(一)》(以下简称《建设工程司法解释(一)》)关于承包人资质的要求将导致该合同无效。合同无效后,合同中的违约条款将无法适用,只能根据合同签订双方的过错主张缔约过失责任。二是能否适用《建设工程司法解释(一)》第 26 条的规定,如果将农业大棚建设合同定性为建设工程施工合同,实际施工人可以主张发包人在欠付工程款的范围内对实际施工人承担责任。如果将农业大棚建设合同定性为承揽合同,实际施工人将无法适用《建设工程司法解释(一)》第 26 条的规定、突破合同的相对性向发包人主张权利。

司法实践中,关于农业大棚建设合同有不同的审判思路:(1)在法律关系和案由的确定上,有的判决将其确定为建设工程施工合同纠纷,但在合同效力问题上又分为三种情况:一是合同双方当事人均未提出合同无效的,法院判决直接认定合同有效,并按照合同约定处理双方的纠纷;二是原告主张合同有效并基于合同主张工程款,被告明确提出合同无效抗辩的,判决回避合同定性以及合同效力问题,根据合同履行和工程验收情况,解决工程款的问题;三是不论原、被告是否提出合同效力问题,法院主动依据《建设工程司法解释(一)》以大棚建设承包人不具有资质为由认定合同无效,但根据合同履行和工程验收情况,解决工程款的问题。(2)有的判决将农业大棚建设合同纠纷确定为承揽合同纠纷,如果没有《民法典》规定的无效情节,一般认定当事人之间签订的大棚建设合同有效。(3)原告明确提出确认农业大棚建设合同无效的诉讼请求的,法院需要在"本院认为"部分明确该类合同的性质,以及是否适用《建设工程司法解释(一)》关于合同效力问题的规定,并在判决主文中予以判定。此时,法院无法再回避合同的定性和效力问题。

《建筑法》第2条规定:"本法所称建筑活动,是指各类房屋建筑及其附属设施的建造和与其配套的线路、管道、设备的安装活动。"《建筑法》第83条规定:"省、自治区、直辖市人民政府确定的小型房屋建筑工程的建筑活动,参照本法执行。抢险救灾及其他临时性房屋建筑和农民自建低层住宅的建筑活动,不适用本法。"国务院法制办编著的《建设工程质量管理条例释义》中明确:"建设工程是指土木工程、建筑工程、线路管道、设备安装工程及装修工程。这里所指的土木工程包括矿山、铁路、公路、隧道、桥梁、堤坝、电站、码头、飞机场、运动场、营造林、海洋平台等工程;建筑工程是指房屋建筑工程,即有顶盖、梁柱、墙壁、基础以及能够形成内部空间,满足人们生产、生活、公共活动的工程实体,包括厂房、剧院、旅馆、商店、学校、医院和住宅等工程。"

结合上述法律的规定,可以对建设工程定义如下:建筑面积、体量达到法定标准,需要一定的资金投入,且需要申请建设施工许可证等行政许可的不动产建设。建设工程施工合同不同于承揽合同,其主要有以下几个特性。

(1)建设工程事关公共利益、公共安全,承包人资质及工程质量有严格要求。由于建设工程质量不仅涉及发包人的利益,更关乎社会上不特定第三人的人身财产安全,所以法律对于建设工程承包人的资质有明确要求。建设工程施工合同作为一种结果之债,其特别强调的是承包人所提交的工程成果既应符合当事人约定的标准,还应符合国家规定的质量标准。国家对建设工程质量规定了施工验收规范和质量检验标准,其中不少是强制性规范,即便当事人没有约定或另有约定，也不能低于国家标准来执行。国家对于建设工程验收的组织、实施等也有直接规定。

(2)建设工程是在建设用地上进行的工程，在农用地上进行的工程不属于建设工程。《土地管理法》第 43 条规定："任何单位和个人进行建设，需要使用土地的，必须依法申请使用国有土地；但是，兴办乡镇企业和村民建设住宅经依法批准使用本集体经济组织农民集体所有的土地的，或者乡(镇)村公共设施和公益事业建设经依法批准使用农民集体所有的土地的除外。前款所称依法申请使用的国有土地包括国家所有的土地和国家征收的原属于农民集体所有的土地。"该条可以理解为，建设工程是在建设用地上进行的工程，该建设用地既包括国有建设用地，也包括乡村建设用地，但在农用地上进行的建设不属于建设工程。乡村建设用地可以用于建设乡镇企业、乡(镇)村公共设施、公益事业、农村村民住宅等。在最高人民法院的案由规定中，将农村建房施工合同纠纷与建设工程施工合同纠纷并列在建设工程合同纠纷项下，意味着将农村建房合同明确界定为建设工程合同。

(3)根据相关法律规定，建设工程应当经过立项并申领国有土地使用权证、建设用地规划许可证、建设工程规划许可证以及建设工程施工许可证(以下简称"四证")。建设工程应当申领"四证"，未取得相关许可证的建设工程施工合同无效。《北京市高级人民法院关于审理建设工程施工合同纠纷案件若干疑难问题的解答》规定："发包人就尚未取得建设用地规划许可证、建设工程规划许可证等行政审批手续的工程，与承包人签订的建设工程施工合同无效。但在一审法庭辩论终结前发包人取得相应审批手续或者经主管部门批准建设的，应当认定合同有效。发包人未取得建筑工程施工许可证的，不影响施工合同的效力。"一般认为，建设工程没有取得建设用地规划许可证、建设工程规划许可证的，属于违法建筑，就违法建筑所签订的施工合同应当无效。在建设工程正式施工前发放施工许可证，是建设行政主管部门对建设工程项目加强监管的一种行政手段，主要目的是审查建设单位或者承包单位是否具备法律规定的建设或者施工条件，具有行政管理的性质，不影响建设工程施工合同的效力。

笔者认为，农业温室大棚建设不符合建设工程的定义和特征：(1)农业温室大棚对于公共利益、公共安全并无直接影响。由于农业温室大棚主要是用于农业生产，大棚内部主要功能为种植农作物，因此，农业温室大棚对公共利益和公共安全并无直接的影响，行政主管机关对于农业温室大棚的建设管理，也明显不同于建设工程。(2)农业温室大棚建在农用地上，无法获取建设工程要求的“四证”。农业温室大棚属于农业设施，农业设施含日光温室(三面砖墙、拱形钢结构)、钢架大棚、智能温室(基础、墙、高大)。[1] 上述案件中的涉诉土地经咨询镇政府土地科，答复为农业用地。经咨询区规划委，对于农用地上进行建设不属于其审批范畴(因不可以在农用地上兴建建筑)。因此，兴建农业温室大棚无法获取建设工程所需的规划许可证、施工许可证等审批手续。关于对大棚进行施工的企业资质问题，目前也无法律、行政法规的特别明确的规定。

综上，农业温室大棚建设于农用地上属于农业设施，不属于《建筑法》规定的建筑范围，农业温室大棚建设不具备建设工程的诸多特点，无法申领建设工程的“四证”。因此，无论农业温室大棚建设面积多大、资金多少，都不应归入建设工程范围，当事人之间就农业温室大棚建设签订的合同，依据其性质应归入承揽合同进行法律规制。如果将当事人之间就农业温室大棚建设签订的合同界定为建设工程施工合同，那么即便承包人具备较高等级的施工资质，也会因为无法申领建设用地规划许可证、建设工程规划许可证，而导致该类合同归于无效。

5. 合同关系抑或劳动争议

案例

2011 年 11 月，原告 A 公司与刘某签订无固定期限《劳动合同书》，同日签订《补偿协议书》，约定 A 公司聘用刘某担任执行董事，刘某在聘用期间主要工作任务包括但不限于：组织规划、人才引进、战略落实、绩效管理、培训与培养、薪酬激励、体系建设、干部管理、企业文化建设。《劳动合同书》第 12 条约定：“除第 11 条所列情况外，乙方(刘某)在本合同期内如主动书面向甲方(A 公司)提出辞职，导致本合同终止的，乙方将《补偿协议书》中甲方给予其的全部补偿权益无条件返还甲方”。第 13 条约定：“在乙方开始依法享受基本养老保险待遇时，

---

[1] 《北京市设施农业用地导则(试行)》中规定的种植业设施，含连栋温室、日光温室、塑料大棚、操作间、种子检验室等，其中载明日光温室是指由保温蓄热墙体、北向保温屋面和南向采光屋面构成的可充分利用太阳能、夜间用保温材料对采光屋面外覆盖保温，可以进行作物越冬生产的单屋面温室。

本合同终止。甲方如需另行聘用且乙方同意接收聘用的,双方另行协商签订补聘用协议”。第 14 条约定:“本合同终止后,上述《补偿协议书》中甲方给予乙方的全部权益归乙方所有。”双方在《补偿协议书》中约定,鉴于刘某因就职甲方而放弃原单位利益(包括但不限于股权、分红收益等),A 公司给予其补偿权益价值人民币 5000 万元,补偿事项方式:一、在协议签订后三日内,A 公司支付刘某人民币 1000 万元现金(税后);二、在协议签署后七日内将 1 商铺产权过户给刘某,商铺估价为人民币 2000 万元;……同时,约定“若因乙方主动书面提出辞职,导致甲乙双方劳动合同关系终止,则乙方不再享有约定各项权益,已补偿的权益应在十五日内作出相应退还,尚未补偿完的权益视为自动放弃;除此之外的其他任何原因导致甲乙双方劳动合同关系终止,甲方应在劳动合同关系终止七日内全额兑现本协议第一款约定的各项权益,已补偿的权益归乙方所有,尚未补偿完的权益,在双方劳动合同终止后七日内,甲方将未补偿权益以现金方式支付给乙方作为补偿”。

上述《劳动合同书》和《补充协议书》签订后,刘某入职 A 公司工作,A 公司按照刘某指示,通过汇款方式向其支付现金 1000 万元;并将约定的商铺过户至刘某名下。2013 年 3 月 12 日,A 公司向刘某发出《解除劳动合同通知》,载明因刘某缺勤 19 个工作日,构成旷工,严重违反公司规章制度,通知于 2013 年 3 月 14 日解除与刘某之间的劳动合同。2013 年 3 月 20 日,刘某办理离职交接手续。

A 公司认为,由于刘某严重违反公司规章制度行为导致双方《劳动合同书》提前解除,与此对应的《补偿协议书》也应一并解除,刘某对于补偿协议中约定的补偿丧失取得基础,应予以返还。A 公司要求:1. 确认我公司与刘某于 2011 年 11 月签订的《补偿协议书》自 2013 年 3 月 20 日解除;2. 刘某返还现金 1000 万元;3. 刘某腾退商铺并将房屋变更登记至我公司股东名下。刘某辩称,A 公司解除劳动合同的行为属于违法解除劳动合同,刘某担任 A 公司的执行董事职务,根本不需要上班打卡,旷工的理由不成立。并且按照《补偿协议书》的约定,除非刘某主动辞职,其他任何情况补偿金都要足额支付,没有要求返还的依据。

一审法院经审理认为,A 公司与刘某认可双方于 2011 年 11 月签订《劳动合同书》及《补偿协议书》的事实。根据双方约定,《补偿协议书》为《劳动合同书》的附件,《补偿协议书》约定的双方权利义务的履行以《劳动合同书》约定的双方权利义务履行为基础。A 公司诉讼请求亦以《劳动合同书》第 12 条及《补偿协议书》第 3 条的约定为依据。故 A 公司与刘某间为劳动合同法律关系，双方就订立、履行、解除《补偿协议书》产生的“合同纠纷”为劳动争议。劳动者与用人单位之间发生争议，应先向劳动争议仲裁委员会提出书面申请，对仲裁裁决不服的才能向人民法院起诉。原告的诉讼请求，未经仲裁前置程序处理，不符合有关法律规定。裁定如下：驳回原告 A 公司的起诉。A 公司不服一审裁定，上诉至二审法院。

二审法院认为，刘某与 A 公司签订《补偿协议书》是对刘某任职、离职补偿的约定，与劳动报酬并非直接相关，属于以劳动关系存续为条件的约定，并不属于劳动合同项下的纠纷，因此，A 公司关于涉案劳动合同与《补偿协议书》事实上是两份独立的合同的上诉理由成立，予以采纳。二审法院撤销一审裁定，指令一审法院对本案进行审理。

合同关系和劳动争议分别适用不同的法律规制，特别是劳动争议还有法定的前置程序。在涉及公司企业高管类的争议案件中，确定好当事人之间的争议属于合同关系抑或劳动争议非常重要。法律关系认定错误就会导致错误的裁判结果，更会导致程序的空转，当事人的纠纷由于案件被二审法院指定一审法院审理，而导致诉讼周期的大幅延长，未能得到高效的解决。

6. 委托理财抑或民间借贷

案例

2014 年 10 月，陈某与 A 公司签署《白银理财协议》，约定：陈某投资 25 万元用于白银理财，月收益率 3%，本产品以白银实物金形式为担保，保证陈某的收益。以实际成交价格买入白银，留存 A 公司，白银价格上涨陈某收益，白银价格下跌由 A 公司承担风险。自陈某付款到账之日开始计算收益。当日，陈某向 A 公司法定代表人吴某转账汇款 25 万元，A 公司向陈某开具了收据。A 公司向陈某支付了截至 2015 年 6 月 30 日的投资收益，未支付其他款项。陈某提起诉讼，要求：1. A 公司立即退还投资本金 25 万元；2. A 公司自 2015 年 6 月 30 日起每月按投资本金 25 万元的 3% 支付投资收益款直至 25 万元退还为止。

一审法院认为,陈某与A公司签署的《白银理财协议》系双方真实意思表示,内容不违反法律及行政法规的强制性规定,合法有效。陈某支付了投资款,A公司应当按照协议约定支付收益。现A公司未按期支付收益,构成违约,陈某要求A公司退还投资款并支付收益,符合合同约定及法律规定,法院予以支持。一审法院判决如下:被告A公司于本判决生效后10日内退还原告陈某投资款25万元并支付投资款收益(以25万元为基数,自2015年6月30日起至实际给付之日止,按照每月3%标准计算)。

A公司提起上诉,二审法院认为,《白银理财协议》中的条款与“下保底、上分成”条款不同,所谓“下保底、上分成”条款,是指受托人保证委托人的投资本金不受损失,对于投资收益部分由委托人与受托人约定相应的分成比例。当事人之间签订“下保底、上分成”条款,并不影响委托理财关系的认定。本案中,双方当事人仅约定保证陈某的投资收益率为每月3%,而未约定白银上涨收益部分由双方分成,《白银理财协议》中的条款应属于“保证本息固定回报条款”。因为委托人缔约的目的在于纯粹追求资产的固定本息回报,而对受托人管理资产行为及收益后的分成并无预期,故无论委托人直接交付给受托人的资产是资金还是可以融资的证券,均应认定为以委托理财为表现形式的借贷关系,应按照法律关于民间借贷的规定处理,即“名为理财,实为借贷”。《最高人民法院关于审理民间借贷案件适用法律若干问题的规定》(法释〔2015〕18号,以下简称《民间借贷司法解释》)第26条规定:“借贷双方约定的利率未超过年利率24%,出借人请求借款人按照约定的利率支付利息的,人民法院应予支持。借贷双方约定的利率超过年利率36%,超过部分的利息约定无效。借款人请求出借人返还已支付的超过年利率36%部分的利息的,人民法院应予支持。”二审法院依据上述规定改判如下:A公司于本判决生效后10日内退还原告陈某借款25万元并支付利息(以25万元为基数,自2015年6月30日起至实际给付之日止,按照每月2%标准计算)。

委托理财关系与民间借贷关系性质不同,委托理财关系在享受高收益的同时也要承担理财损失的风险,委托理财关系中的保底条款一般被认定为无效。[1] 民

〔1〕《九民会会议纪要》第92条规定:信托公司、商业银行等金融机构作为资产管理产品的受托人与受益人订立的含有保证本息固定回报、保证本金不受损失等保底或者刚兑条款的合同,人民法院应当认定该条款无效。受益人请求受托人对其损失承担与其过错相适应的赔偿责任的,人民法院依法予以支持。实践中,保底或者刚兑条款通常不在资产管理产品合同中明确约定,而是以“抽屉协议”或者其他方式约定,不管形式如何,均应认定无效。

间借贷关系中的出借人的合同目的在于获得本息固定回报，并不关注借款人借款之后是否用于投资，且借款人的投资收益或者亏损均与出借人无关。但是，民间借贷的利息标准受到法律和司法解释的规制。《民法典》第680条规定："禁止高利放贷，借款的利率不得违反国家有关规定。"《最高人民法院修改〈关于审理民间借贷案件适用法律若干问题的规定〉的决定》（法释〔2020〕6号）对于借款利率的上限进行了下调，出借人请求借款人按照合同约定利率支付利息的，人民法院应予支持，但是双方约定的利率超过合同成立时一年期贷款市场报价利率4倍的除外。

7. 民事诉讼抑或行政诉讼

一个案件可能涉及不同法律部门所规定的多种民事关系，例如，既有民事的又有刑事的还有行政的，这个时候就要把各种关系区别开来。民事责任的承担并不免除行为人所应承担的行政或刑事责任，但首先应从民事法律关系的角度进行考虑。例如，《北京市高级人民法院关于审理房屋租赁合同纠纷案件若干疑难问题的解答》第10条规定："出租人将房屋及以该房屋为经营场所办理的企业（或个体工商户）营业执照一并租赁给承租人，约定承租人持该营业执照在租赁房屋中实际经营，该合同包含了挂靠经营和房屋租赁两部分内容，当事人主张租赁合同无效的，一般不予支持。但承租人实际经营的行业属于国家限制经营、特许经营或特殊资质行业的，应当认定合同无效。裁判文书中应当写明法院对租赁合同效力的认定不影响行政主管机关对违反行政管理规定的违法行为予以处理。"

又如，涉及不动产登记的民事诉讼与行政行为、行政诉讼之间的关系问题。在我国现有的法律规范体系下，基于法律行为的不动产物权变动模式采取的是登记生效主义，即非经登记不产生物权变动的效力。办理不动产登记事项需要到相应的行政机关进行，属于行政机关的工作事项。因此，涉及不动产登记会产生相应的民事诉讼和行政诉讼，二者之间既相互关联又有本质区别。

案例

二原告张某、许某甲系夫妻关系，被告许某乙为二原告之子。诉争房屋原登记在张某名下，是张某、许某甲的夫妻共同财产。2016年4月15日，被告许某乙作为申请人向不动产登记事务中心申请对诉争房屋进行法定继承,当日诉争房屋办理产权过户手续过户至被告名下。不动产登记事务中心据以办理过户手续的文件为《公证书》,内容如下:被告许某乙因继承二原告的遗产,于2016年3月3日向该处申请办理继承权公证,提交了申请人的身份证和户口簿、二原告的死亡证明、登记在张某名下的房屋产权所有证、二原告及被告的人事档案情况摘抄表等,查明二原告均已在北京市因病死亡,诉争房屋系二原告的夫妻共同财产,二原告未有遗嘱亦未与他人签订遗赠抚养协议,故诉争房屋由被告继承。二原告表示,被告伪造二原告去世的事实,持虚假的继承《公证书》办理了诉争房屋的产权过户手续,将房屋过户至被告名下。二原告曾向公证处询问,公证处答复上述《公证书》系伪造。

2016年4月18日,被告许某乙与案外人崔某签订《主债权及不动产抵押合同》,被告许某乙将诉争房屋抵押给案外人崔某,主债权金额为250万元,双方当日办理了诉争房屋的抵押登记手续。经询,被告许某乙表示,当日崔某向其名下工商银行账户打款250万元,其中80万元到账当日即按照崔某要求转走,实际取得170万元,均用于偿还之前所欠债务。被告许某乙与崔某曾至公证处进行公证,公证处出具了《公证书》及执行证书。2016年6月27日,崔某申请强制执行,法院对诉争房屋采取查封措施并进入强制执行阶段。2017年,二原告对上述执行措施提出执行异议,要求中止对诉争房屋的执行。法院受理后依法进行审查,认为依张某自述其自2016年4月18日得知诉争房屋过户至被告名下后,至本院2016年7月18日采取查封措施前,怠于行使自己的合法权益,二原告主张不符合相关法律规定,故裁定驳回二原告的执行异议请求。该裁定书现已生效。

2016年4月,二原告张某、许某甲向一审法院提出诉讼请求:确认现登记在许某乙名下的诉争房屋归张某、许某甲所有。[1] 一审法院认为,不动产物权的设立、变更、转让和消灭,应当依法进行登记,经依法登记,发生效力。本案中,诉争房屋原登记在张某名下,后被告以继承方式过户至自己名下,事实上二原告尚健在,公证书中所载"二原告均已去世"并不属实,被告依法不享有继承权。但诉争房屋目前已进入法院强制执行阶段,属于执行标的物,被告为被执行人,二

〔1〕本案审理过程中,张某、许某甲对市规划和国土委员会提起了行政诉讼,诉请撤销对许某乙在涉案房屋所有权的登记。

原告应当通过民事诉讼法及相关司法解释有关案外人执行异议之诉的有关规定主张权利，其以被执行人为被告就执行标的物提起确权之诉，法院依法予以驳回。2018 年 4 月，一审法院作出裁定，驳回原告张某、许某甲的起诉。原告张某、许某甲不服一审判决结果，提起上诉。

二审法院认为，本案的争议焦点在于张某、许某甲提起的所有权确认之诉法院是否应当依法审理。《最高人民法院关于适用〈中华人民共和国物权法〉若干问题的解释(一)》(法释〔2016〕5 号，以下简称《物权法司法解释(一)》)第 1 条规定："因不动产物权的归属，以及作为不动产物权登记基础的买卖、赠与、抵押等产生争议，当事人提起民事诉讼的，应当依法受理。"根据该条文的规定，本院认为法院应当依法审理张某、许某甲提起的所有权确认之诉。当然，在法院对涉案房屋的强制执行中，张某、许某甲亦可在其提出的执行异议被法院驳回后依法提起执行异议之诉，在执行异议之诉中亦可一并提出对涉案房屋的确权请求。但本案的特殊之处在于，张某、许某甲于 2016 年 4 月提出本案确权之诉，早于 2016 年 7 月一审法院对涉案房屋采取强制执行措施。在 2017 年 10 月一审法院作出驳回张某、许某甲提出的执行异议的裁定后，张某、许某甲基于本案所有权确认之诉一审并未审结的情况并未提起执行异议之诉，而是继续等待本案一审的结果。如果按照本案一审法院 2018 年 4 月作出的民事裁定书的意见，张某、许某甲再向一审法院提起执行异议之诉，则必将面临超出收到执行异议裁定书的十五天内提起执行异议之诉的时限要求。实际上，本案一审裁定书为张某、许某甲指出的权利救济路径是行不通的。二审法院认为，一审法院未考虑到本案的特殊情况，未能充分保护当事人的诉讼权利，法律适用不当，裁定撤销一审法院作出的民事裁定，指令一审法院审理本案。

由于前期理论研究的不足和立法司法上的缺陷，民事诉讼和行政诉讼之间曾缺乏完备的衔接机制，导致司法实践中对涉及不动产登记的诉讼出现了一定的混乱局面。《物权法司法解释(一)》第 1 条与《行政诉讼法》第 61 条规定〔1〕相互呼应，从规范层面作出了指引。对于上述规定的理解和适用，关键是要清楚地认识我国法律规定的不动产物权变动模式。就物权变动的形式而言，主要分

〔1〕《行政诉讼法》第 61 条规定："在涉及行政许可、登记、征收、征用和行政机关对民事争议所作的裁定的行政诉讼中，当事人申请一并解决相关民事争议的，人民法院可以一并审理。"

为两类:第一类是基于法律行为发生的物权变动;第二类是非依法律行为发生的物权变动。基于法律行为发生的物权变动,就是通过交易关系和当事人的意思表示引起物权变动。根据我国《民法典》的规定,我国不动产物权变动以登记生效为原则,登记对抗为例外。基于法律行为的不动产物权变动,除了当事人的意思表示之外,原则上还需要进行登记才能产生物权变动的效力。即需要通过意思表示与登记相结合的方式才能产生不动产物权变动的法律后果,上述两个因素缺一不可。其中,合意是依法律行为变动物权的基础,在学理上也常常将物权变动的合意称为基础关系。[1] 所谓合意是指当事人就是否设定物权以及物权的内容等方面达成一致的意思表示,法院对于当事人之间关于意思表示是否真实、是否合法有效的争议解决,需要依据民事法律规范予以判断,属于民事诉讼的受理范围,通过行政诉讼依据行政法律规范是无法对当事人之间关于意思表示的相关争议进行审查的。

司法实践中,经常发生行政争议与民事争议交叉的情况。"由于这些诉讼请求具有异质性,依法不能合并审理,但是考虑到诉讼效益原则和判决的确定性原则,人民法院可以并案的方式,将这些诉讼请求纳入同一审理过程。"[2]关联性是一并审理行民争议制度的本质特征,凡与民事案件存在关联交叉情形,且一并审理符合制度定位的行政案件类型,均可适用该程序。但由于制度设计相对粗疏,行民案件一并审理制度并未有效运行起来,仍然处于"休眠"状态。而且,适用行民案件一并审理制度的案件类型较为集中,以行政登记类案件(主要是不动产登记类和工商登记类案件)和行政裁决类案件为主。[3] 根据《行政诉讼法》第61条的规定,当事人在行政诉讼中申请一并解决相关民事争议的,人民法院"可以"一并审理。既然规定的是"可以"而非"应当"一并审理,亦由于行政审判法官与民事审判法官的专业区分等因素。因此,法院在适用一并审理制度时并无强制性,也缺乏一定的积极性。

---

〔1〕 黄松有主编:《〈中华人民共和国物权法〉条文理解与适用》,人民法院出版社2007年版,第89页。

〔2〕 江必新:《行政诉讼法疑难问题探讨》,北京师范大学出版社1991年版,第95页。

〔3〕 参见北京市第二中级人民法院课题组:《完善一并审理制度促进纠纷实质性解决——北京二中院关于行政诉讼一并审理民事争议制度运行情况的调研报告》,载《人民法院报》2019年1月24日。

我国目前的不动产登记审查原则是形式审查为主,实质审查为辅。[1] 在司法实践中,关于涉及不动产登记的纠纷亦可通过民事诉讼和行政诉讼分别进行、有序衔接的方式予以解决。在前述原告张某、许某甲与被告许某乙所有权确认纠纷案中,由于张某、许某甲并未死亡。因此,许某乙不能基于继承的法律关系获得涉案房屋的所有权,虽然涉案房屋现登记在许某乙名下,但是张某、许某甲应当是涉案房屋的真实权利人。张某、许某甲可以提起行政诉讼,依据《行政诉讼法》第70条的规定,[2] 主张撤销涉案房屋登记在许某乙名下的行政登记行为。张某、许某甲的该项请求能够获得支持的理由在于,行政登记机关将涉案房屋登记在许某乙名下的依据是《公证书》中载明张某、许某甲已经死亡的事实,但事实上张某、许某甲并未死亡,因此,人民法院可以行政机关作出行政行为的主要证据不足为理由,撤销行政机关对于涉案房屋作出的将不动产登记在许某乙名下的登记行为。

如果纠纷仅是发生在张某、许某甲与许某乙之间,不涉及第三人利益,当事人可以依据《不动产登记条例实施细则》关于更正登记的规定进行更正登记。[3] 但是,涉案房屋已经设定了抵押并进行了登记,崔某对涉案房屋享有抵押权。鉴于行政程序和行政诉讼无法解决崔某是否对涉案房屋享有抵押权这一民事权利的争议问题,张某、许某甲需要提起民事诉讼以消灭崔某对涉案房屋享有的抵押权。张某、许某甲可以依据《物权法司法解释(一)》第2条[4] 的规定,提起民事诉讼确认其为涉案房屋的真正所有权人,同时将登记的抵押权人崔某列为被告,通过举证证明许某乙与崔某之间存在恶意串通损害张某、许某甲权益而设定的抵押行为无效的方式,或者是举证证明崔某对涉案房屋的抵押权不构成善意取得,进而消灭崔某的抵押权。只有通过这样的民事诉讼,才能从根本上清除将涉

---

〔1〕《民法典》第212条规定:登记机构应当履行下列职责:(一)查验申请人提供的权属证明和其他必要材料;(二)就有关登记事项询问申请人;(三)如实、及时登记有关事项;(四)法律、行政法规规定的其他职责。申请登记的不动产的有关情况需要进一步证明的,登记机构可以要求申请人补充材料,必要时可以实地查看。

〔2〕《行政诉讼法》第70条规定:行政行为有下列情形之一的,人民法院判决撤销或者部分撤销,并可以判决被告重新作出行政行为:(一)主要证据不足的……

〔3〕《不动产登记条例实施细则》第80条规定:"不动产权利人或者利害关系人申请更正登记,不动产登记机构认为不动产登记簿记载确有错误的,应当予以更正;但在错误登记之后已经办理了涉及不动产权利处分的登记、预告登记和查封登记的除外。"

〔4〕《物权法司法解释(一)》第2条规定:"当事人有证据证明不动产登记簿的记载与真实权利状态不符、其为该不动产物权的真实权利人,请求确认其享有物权的,应予支持。"

案房屋变更登记回张某、许某甲名下的法律障碍。[1]

(四)分析考察法律关系的要素

分析考察法律关系的要素可以重点从以下三个方面进行:

一是对法律关系主体的确定。要区分不同法律关系的主体,是合同主体还是侵权主体,是本人责任还是雇主责任抑或是监护责任。

要区分法律关系的内部效力和外部效力,例如,《民法典》第 1065 条规定:"男女双方可以约定婚姻关系存续期间所得的财产以及婚前财产归各自所有、共同所有或者部分各自所有、部分共同所有。约定应当采用书面形式。没有约定或者约定不明确的,适用本法第一千零六十二条、第一千零六十三条的规定。夫妻对婚姻关系存续期间所得的财产以及婚前财产的约定,对双方具有法律约束力。夫妻对婚姻关系存续期间所得的财产约定归各自所有,夫或者妻一方对外所负的债务,相对人知道该约定的,以夫或者妻一方的个人财产清偿。"

要准确界定债务人和债务履行辅助人、债权人和接受债权履行辅助人等,例如,《民法典》第 522 条规定:"当事人约定由债务人向第三人履行债务,债务人未向第三人履行债务或者履行债务不符合约定的,应当向债权人承担违约责任。法律规定或者当事人约定第三人可以直接请求债务人向其履行债务,第三人未在合理期限内明确拒绝,债务人未向第三人履行债务或者履行债务不符合约定的,第三人可以请求债务人承担违约责任;债务人对债权人的抗辩,可以向第三人主张。"

要考虑个人在民事活动中的不同的身份,例如,《民法典》第 504 条规定:"法人的法定代表人或者非法人组织的负责人超越权限订立的合同,除相对人知道或者应当知道其超越权限外,该代表行为有效,订立的合同对法人或者非法人组织发生效力。"

二是对法律关系内容的确定。要区分物权、合同、侵权、不当得利和无因管理等不同法律关系项下权利义务的不同。例如,在物权领域需要区分所有权、用益物权、担保物权和占有;在合同领域,需要确认合同约定的内容、合同履行情况、违约行为及违约责任承担等;在侵权领域,需要按照《民法典》侵权责任编的

[1] 《不动产登记条例》第 14 条规定:"因买卖、设定抵押权等申请不动产登记的,应当由当事人双方共同申请。属于下列情形之一的,可以由当事人单方申请:……(三)人民法院、仲裁委员会生效的法律文书或者人民政府生效的决定等设立、变更、转让、消灭不动产权利的。"

规定要件确定侵权是否构成以及责任承担形式;在不当得利和无因管理方面,其构成要件相比侵权更为特别。

三是确定法律关系要素变动的确定。这就需要采用历史分析方法,它是指从最初的法律关系发生开始,来分析法律关系产生、变更和消灭的整个过程,确定案件中每一个具体事实发生变化的时间顺序和历史过程,从而把握法律关系的变动情况。

二、请求权基础分析法在民商事审判中的运用

(一)请求权基础分析法的概念和步骤

"请求权基础分析法又称为归入法、涵摄法,是指通过寻求请求权基础,将小前提归入大前提,从而确定请求权是否能够得到支持的一种案例分析方法。"[1]与法律关系分析方法比较,其主要特点在于:第一,法律关系分析方法要把案件事实分析与法律适用作为两个步骤分别适用,请求权基础分析法注重将事实与法律结合起来考察。第二,法律关系分析方法强调对法律关系三要素进行全面考察,请求权基础分析法考察范围限于与请求权相关的法律事实和规范基础。第三,法律关系分析方法是法学最基本的分析方法和分析框架,请求权基础分析法更侧重于对案例进行分析。[2] 请求权基础的寻找,"是处理实例题的核心工作,请求权基础是每一个学习法律的人必须彻底了解、确实掌握的基本概念及思考方法。"[3]

请求权基础分析法的构造为"谁得向谁,依据何种法律规范,主张何种权利"。其中,"谁得向谁"涉及诉讼主体即原告和被告的资格问题,"主张何种权利"涉及原告的诉讼请求问题,上述两方面的内容是否成立核心在于"依据何种法律规范"。如果缺乏法律规范的支撑,存在两种可能的后果,一种是原告与被

〔1〕 王泽鉴:《法律思维与民法实例》,中国政法大学出版社2001年版,第200页。

〔2〕 参见王利明:《法学方法论》,中国人民大学出版社2012年版,第280~281页。

〔3〕 王泽鉴:《法律思维与民法实例》,中国政法大学出版社2001年版,第50页。

告之间根本不存在其主张的法律关系,法院裁定驳回原告的起诉。另一种是原告与被告之间存在一定的法律关系,但是原告主张缺乏法律依据,法院判决驳回原告的诉讼请求。可见,请求权基础分析法的关键在于"依据何种法律规范"。因此,有学者将请求权基础的运用称为"找法",即寻找该请求权的实体法依据,尤其是现行法依据。[1]

王利明教授认为,请求权基础分析法在适用中通常分为以下几个步骤:判断请求权关系的存在、请求权检索、请求权的初步锁定、请求权基础的分析、事实要件与法律规范的对应、消极规范构成要件的检索、请求权竞合与聚合。[2] 邹碧华法官编写的《要件审判九步法》以权利请求为出发点,将审判活动分为环环相扣的九个步骤,分别是:固定权利请求—确定权利请求基础规范—确定抗辩权基础规范—基础规范构成要件分析—诉讼主张的检索—争点整理—要件实事证明—事实认定—要件归入并作出裁判。《要件审判九步法》的实质就是请求权方法,最关键的是以权利请求基础作为诉讼的出发点。[3] 分析上述学者和法官的观点,基本上大同小异,其核心都在于寻找妥当的法律规范,在该规范的基础上对应原告的诉讼请求和被告的抗辩意见,并将案件事实与法律规范予以对应,最终得出法律适用的结论。

(二)请求权基础分析法的注意事项

1. 原告的诉讼请求和请求权基础不明确、不具体时,法官应当依法作好释明工作[4]

例如,原告诉请解除合同,需要明确是要确认合同已于某日解除还是请求法

---

〔1〕 参见张俊浩主编:《民法学原理》,中国政法大学出版社 1991 年版,第 84 ~ 85 页。

〔2〕 王利明:《法学方法论》,中国人民大学出版社 2012 年版,第 282 ~ 293 页。

〔3〕 邹碧华:《要件审判九步法》,法律出版社 2010 年版,第 1 ~ 2 页。

〔4〕 浙江省高级人民法院 2009 年 12 月出台的《关于规范民商事案件中法官释明的若干规定》第 14 条规定:对当事人提出的诉讼请求不明确、不充分、不正确的,法官可以要求当事人就诉讼请求的具体内容进行说明。当事人的诉讼请求不明确,即当事人的诉讼主张不明了、有歧义或自相矛盾,法官应当要求当事人将诉讼主张陈述清楚,但应以了解当事人真实意思为限,不能影响当事人对自己实体权利的处分。当事人的诉讼请求不充分,即当事人因对法律理解不够而造成不能充分提出诉讼主张,如应一并主张的诉讼请求没有主张,且可能产生失权后果的,法官应当根据案件的具体情况,告知其法律的相关规定。当事人的诉讼请求不正确,即当事人诉讼请求与相关法律规定的要求不一致时,法官应当告知不正确的原因及可能产生的法律后果,告知当事人可变更诉讼请求。经释明,当事人仍不变更的,可视案件具体情况依法处理。

院判决解除。如果是要确认合同已于某日解除,原告需要提交已于该日向被告作出解除合同意思表示的证据。如果是请求法院判决解除合同,法院需要确认原告请求解除合同的起诉状送达被告的时间,同时结合解除合同的请求能否成立,最终判决确认合同的解除时间。[1] 原告需要同时明确,其行使合同解除权的依据是约定解除权、法定解除权还是任意解除权。

《民法典》第 565 条第 1 款规定:“当事人一方依法主张解除合同的,应当通知对方。合同自通知到达对方时解除;通知载明债务人在一定期限内不履行债务则合同自动解除,债务人在该期限内未履行债务的,合同自通知载明的期限届满时解除。对方对解除合同有异议的,任何一方当事人均可以请求人民法院或者仲裁机构确认解除行为的效力。”根据该条的规定,如果双方对于合同是否解除发生争议,任何一方均可以提起诉讼或者仲裁,由法院或者仲裁机构依法判断合同解除的效力。

2. 原告提出的诉讼请求和请求权基础应当具有对应性,如果该种对应性比较模糊,法官应当进行综合判断

例如,原告请求撤销合同,需要明确其请求权基础是基于重大误解、欺诈、胁迫或是显失公平还是上述多种原因叠加。[2] 原告主张合同无效,需要明确其请求依据的具体法律条款,还是多个条款叠加。《民法典》涉及合同无效的条款,主要是第 144 条、第 146 条、第 154 条、第 197 条、第 388 条、

---

〔1〕《民法典》第 565 条第 2 款规定:当事人一方未通知对方,直接以提起诉讼或者申请仲裁的方式依法主张解除合同,人民法院或者仲裁机构确认该主张的,合同自起诉状副本或者仲裁申请书副本送达对方时解除。

〔2〕《民法典》第 147 条规定:基于重大误解实施的民事法律行为,行为人有权请求人民法院或者仲裁机构予以撤销。第 148 条规定:一方以欺诈手段,使对方在违背真实意思的情况下实施的民事法律行为,受欺诈方有权请求人民法院或者仲裁机构予以撤销。第 150 条规定:一方或者第三人以胁迫手段,使对方在违背真实意思的情况下实施的民事法律行为,受胁迫方有权请求人民法院或者仲裁机构予以撤销。第 151 条规定:一方利用对方处于危困状态、缺乏判断能力等情形,致使民事法律行为成立时显失公平的,受损害方有权请求人民法院或者仲裁机构予以撤销。

第 497 条。[1] 合同效力是法院依职权应当审理的范围,所以,对于当事人未主张合同无效或者主张合同无效但是依据不明确的,法官均应当围绕法律关于合同效力的相关规定对涉案合同予以全面的审查。对于原告提出合同无效的主张,如果一审未全面审查无效的情形而认定有效,或者原告未提出合同无效的主张一审直接认定合同有效,如果二审认定涉案合同应当无效,该案将被二审法院发回重审。

3. 原告提出的诉讼请求不全面的,法官应当释明原告补充诉讼请求,力争一次性解决纠纷

例如,合同无效之后的处理问题。《民法典》第 157 条规定:"民事法律行为无效、被撤销或者确定不发生效力后,行为人因该行为取得的财产,应当予以返还;不能返还或者没有必要返还的,应当折价补偿。有过错的一方应当赔偿对方由此所受到的损失;各方都有过错的,应当各自承担相应的责任。法律另有规定的,依照其规定。"根据该条的规定,如果法院一审认定涉案合同无效,法官应当释明原告一并主张合同无效后的财产返还或者损失赔偿问题。合同无效的认定和后果的处理一并解决,既可以减少衍生的诉讼,又可以避免双方当事人利益失衡。

4. 原告的诉讼请求不正确的,法官应当释明原告变更诉讼请求

例如,原告与被告签订了不动产抵押合同,但是被告并未依约与原告办理不动产抵押登记手续。根据《民法典》关于抵押权设立的规定,此时虽然原告与被告签订了抵押合同但是并未完成登记,所以抵押权并未设立。[2] 因此,如果原

---

〔1〕《民法典》第 144 条规定:无民事行为能力人实施的民事法律行为无效。第 146 条规定:行为人与相对人以虚假的意思表示实施的民事法律行为无效。第 153 条规定:违反法律、行政法规的强制性规定的民事法律行为无效。但是,该强制性规定不导致该民事法律行为无效的除外。违背公序良俗的民事法律行为无效。第 154 条规定:行为人与相对人恶意串通,损害他人合法权益的民事法律行为无效。第 197 条规定:诉讼时效的期间、计算方法以及中止、中断的事由由法律规定,当事人约定无效。当事人对诉讼时效利益的预先放弃无效。第 388 条规定:设立担保物权,应当依照本法和其他法律的规定订立担保合同。担保合同包括抵押合同、质押合同和其他具有担保功能的合同。担保合同是主债权债务合同的从合同。主债权债务合同无效的,担保合同无效,但是法律另有规定的除外。第 497 条规定:有下列情形之一的,该格式条款无效:(一)具有本法第一编第六章第三节和本法第五百零六条规定的无效情形;(二)提供格式条款一方不合理地免除或者减轻其责任、加重对方责任、限制对方主要权利;(三)提供格式条款一方排除对方主要权利。

〔2〕《民法典》第 402 条规定:以本法第三百九十五条第一款第一项至第三项规定的财产或者第五项规定的正在建造的建筑物抵押的,应当办理抵押登记。抵押权自登记时设立。

告主张实现抵押权将不符合法律规定，法官应当释明原告可以主张被告配合原告进行不动产抵押登记或者承担相应的违约责任。[1]

原告的诉讼请求与案件的法律关系相互关联，法律关系的认定影响着原告的诉讼请求的方向。但法律关系的认定与原告的诉讼请求并非唯一的对应关系。在各种请求权基础中，损害赔偿请求权在实践中最为常见。对于原告主张的损害赔偿请求可以对应多种法律法律关系，合同关系、物权关系、侵权行为，等等。如果原告主张的是一种法律关系，法院认为是另一种法律关系，法院可以依职权变更案由(法律关系)后进行裁判。即便一审法院认定的法律关系错误，二审法院为了减少诉累，可以在二审一并解决争议，不必将案件发回重审。当然，上述变更案由后进行裁判的前提，是案件双方当事人均得以充分发表辩论意见，法院没有剥夺当事人的辩论权利。

5. 原告提出的特殊类别的诉讼请求，必须找到直接的法律依据方能获得支持

例如，原告认为被告侵害了其享有的商标权同时构成了不正当竞争，原告诉请被告停止侵害、赔偿损失并赔礼道歉。《商标法》《反不正当竞争法》对于停止侵害、赔偿损失都有相应的规定，但并未规定赔礼道歉的责任承担方式。因此，原告诉请被告赔礼道歉的请求并无直接的法律依据，法院不能支持原告的该项诉讼请求。

又如，原告诉请被告承担连带责任，由于连带责任是较重的法律责任，必须在法律明确规定或者当事人约定的情形下，被告才能承担连带责任。[2] 对于连带责任的法律依据，既要在《民法典》中寻找法律依据，又要注意《电子商务法》《消费者权益保护法》等民事特别法的相关规定。《电子商务法》第 38 条第 1 款规定："电子商务平台经营者知道或者应当知道平台内经营者销售的商品或者提供的服务不符合保障人身、财产安全的要求，或者有其他侵害消费者合法权益行为，未采取必要措施的，依法与该平台内经营者承担连带责任。"该条款实际上是由《消费者权益保护法》第 44 条第 2 款演化而来，《消费者权益保护法》第

[1] 《九民会会议纪要》第 60 条规定：不动产抵押合同依法成立，但未办理抵押登记手续，债权人请求抵押人办理抵押登记手续的，人民法院依法予以支持。因抵押物灭失以及抵押物转让他人等原因不能办理抵押登记，债权人请求抵押人以抵押物的价值为限承担责任的，人民法院依法予以支持，但其范围不得超过抵押权有效设立时抵押人所应当承担的责任。

[2] 《民法典》第 178 条第 3 款规定：连带责任，由法律规定或者当事人约定。

44 条第 2 款规定："网络交易平台提供者明知或者应知销售者或者服务者利用其平台侵害消费者合法权益，未采取必要措施的，依法与该销售者或者服务者承担连带责任。"上述两个条文均规定了网络交易平台与平台内经营者（利用平台进行交易的销售者或者服务者）承担连带责任，其核心构成要件是网络交易平台"知道"或"应当知道"平台内经营者存在侵害消费者合法权益的行为但未采取"必要"措施。

6. 对于原告提出的诉讼请求，应注意适用体系化的思维寻找对应的法律依据

例如，夫妻一方出轨，另一方在离婚时可否向出轨一方主张精神损害赔偿。根据《婚姻法》第 46 条的规定："有下列情形之一，导致离婚的，无过错方有权请求损害赔偿：（一）重婚的；（二）有配偶者与他人同居的；（三）实施家庭暴力的；（四）虐待、遗弃家庭成员的。"夫妻一方出轨的情形无法与上述规定对应，因此无法适用上述法条解决该请求的法律依据问题。但是，《精神损害赔偿司法解释》第 1 条第 2 款规定："违反社会公共利益、社会公德侵害他人隐私或者其他人格利益，受害人以侵权为由向人民法院起诉请求赔偿精神损害的，人民法院应当依法予以受理。"夫妻双方相互负有忠诚义务，一方出轨属于违反社会公德的行为，其侵害了另一方作为夫妻享有的人格利益，可以依据《精神损害赔偿司法解释》第 1 条第 2 款的规定承担精神损害赔偿。

因此，法官在处理夫妻离婚纠纷案件时，不应仅限于《婚姻法》的适用，更应注重与《民法总则》《物权法》《侵权责任法》等法律和相应司法解释的衔接。《民法典》发挥了对现有法律规范整合的作用，其第 1091 条规定，有下列情形之一，导致离婚的，无过错方有权请求损害赔偿：（一）重婚；（二）与他人同居；（三）实施家庭暴力；（四）虐待、遗弃家庭成员；（五）有其他重大过错。上述"有其他重大过错"属于兜底条款，可以涵盖前述举例当中夫妻一方向有出轨行为的另一方主张损害赔偿的情形。

7. 请求权的竞合或聚合，应作好区分适用

"所谓请求权竞合，是指同一法律事实产生了多项请求权，当事人可以选择其中一项行使。所谓请求权聚合，是指同一法律事实产生了多项请求权，当事人

可以一并行使。"[1]请求权的竞合与请求权的聚合不同,对于两者进行准确的区分,既影响到原告的举证责任问题,也影响到原告诉讼请求等否得到全面支持的问题。在《民法典》的理解和适用过程中,特别需要梳理的是人格权请求权与侵权请求权的关系问题。

《民法典》人格权编第995条规定:"人格权受到侵害的,受害人有权依照本法和其他法律的规定请求行为人承担民事责任。受害人的停止侵害、排除妨碍、消除危险、消除影响、恢复名誉、赔礼道歉请求权,不适用诉讼时效的规定。"该条款对人格权请求权作出了规定,作为保护人格利益的绝对权,人格权和其他绝对权一样,也具有自身独立的请求权。《民法典》侵权责任编第1165条规定:"行为人因过错侵害他人民事权益造成损害的,应当承担侵权责任。依照法律规定推定行为人有过错,其不能证明自己没有过错的,应当承担侵权责任。"这是过错责任的归责原则,但事实上这一归责原则很难适用于停止侵害、排除妨害等责任形式,其适用对象主要是侵权损害赔偿。

人格权请求权与侵权损害赔偿请求权相比,主要有以下几个方面的不同:

一是请求权行使的构成要件不同。行使侵权损害赔偿请求权时,除非法律有特别规定,请求权人均要证明对方主观上存在过错。在人格权遭受侵害或者有遭受侵害的危险时,赋予权利人人格权请求权,并不考虑行为人是否具有过错,有利于防止损害的发生或者扩大,更有利于人格权的保护。

二是请求权行使的功能不同。虽然《民法典》侵权责任编第1167条规定:"侵权行为危及他人人身、财产安全的,被侵权人有权请求侵权人承担停止侵害、排除妨碍、消除危险等侵权责任。"该条规定限定的是危及他人人身、财产安全的侵权行为,该条规定在整个侵权责任编中占有很小的比例,适用范围不大。《民法典》侵权责任编主要规范的还是侵权损害赔偿问题,侵权损害赔偿请求权主要是损害发生后的救济,主要发挥的是事后救济功能。人格权请求权可以行使排除妨碍、消除危险的功能,可以更好地发挥预防性功能。

三是是否适用诉讼时效不同。侵权损害赔偿之债作为一种债的关系,应当适用诉讼时效制度。人格权作为绝对权的一种,只要其权利仍受到持续的侵害、妨碍或者危险之状态,权利人自可行使人格权请求权,而不受诉讼时效的限制。

---

[1] 王利明:《法学方法论》,中国人民大学出版社2012年版,第293页。

由于行为人的行为一直处于持续状态,诉讼时效其实也无法确定起算时点。如果权利人的名誉受到了影响尚未得到恢复,权利人自可行使人格权请求权,请求行为人恢复其名誉并赔礼道歉,此时亦不受诉讼时效之限制。

《民法典》人格权编对人格权请求权进行了规定,同时《民法典》侵权责任编对于侵权损害赔偿请求权进行了规定,那么在法律适用上如何衔接适用不同的请求权就成为一个重要问题。

一是要明确两个请求权主要适用的范围。我国《民法典》人格权编第 995 条至第 997 条规定了侵害人格权的救济方式,其中停止侵害、排除妨碍、消除危险、消除影响、恢复名誉、赔礼道歉是上述法条予以规范的重点,除第 996 条提到了精神损害赔偿外,其他法条均未涉及损害赔偿问题。我国《民法典》侵权责任编中的第 1179 条至第 1187 条,规范的均是损害赔偿问题。可见,我国《民法典》人格权编和《民法典》侵权责任编关于请求权适用上是各有侧重点的,"原则上来说,人格权受到妨害(或持续的侵害)或可能受到妨害时,应当适用人格权请求权;而人格权受到侵害并且造成了损害时,就应当适用侵权损害赔偿请求权。这里的关键就是要区分妨害和损害,为人格权请求权和侵权损害赔偿请求权寻找各自的适用领域。"[1]

二是要明确两个请求权可以同时适用。《民法典》人格权编规定了受害人有权提出停止侵害、排除妨碍、消除危险等民事责任的前提条件是人格权受到侵害即可,限定的条件比较宽松,范围比较宽泛。因此,当仅存在行为人的妨害行为时,权利人应当依据人格权请求权行使权利。当同时存在行为人的侵权行为并造成了权利人的损害时,权利人应当同时依据侵权损害赔偿请求权行使权利。人格权请求权与侵权损害赔偿请求权可以同时适用,并不相互排斥。

三是要明确受损害方享有请求权的选择权。受损害方既可以选择依据《民法典》人格权编第 995 条的规定以人格权请求权为基础,也可以选择依据《民法典》侵权责任编第 1165 条的规定以侵权请求权为基础,法院应当尊重受害方的自主选择权。但是,受害方在选择了请求权基础后即承担了不同的举证责任,在行使侵权请求权时受害方应当举证证明行为人存在侵权行为,特别是行为人在主观上应当具有过错。

---

〔1〕 王利明:《论人格权请求权与侵权损害赔偿请求权的分离》,载《中国法学》2009 年第 1 期。

此外还需要注意的是,《民法典》人格权编注重对于受害人损失的完全填补。例如,第996条规定:“因当事人一方的违约行为,损害对方人格权并造成严重精神损害,受损害方选择请求其承担违约责任的,不影响受损害方请求精神损害赔偿。”虽然受害方享有请求权基础的选择权,但不论是从举证责任的角度看,还是从损害填补的角度看,受害人优先选择人格权请求权往往会对其产生更全面、更有利的保护。

8.《民法典》规定了新的请求权基础

编纂《民法典》既是对原有民事法律体系的一次汇编和整合,又是基于司法实践对于民事法律体系的一次补充和完善。在《民法典》合同编中就明确规定了新的请求权,例如,第522条第2款规定:“法律规定或者当事人约定第三人可以直接请求债务人向其履行债务,第三人未在合理期限内明确拒绝,债务人未向第三人履行债务或者履行债务不符合约定的,第三人可以请求债务人承担违约责任;债务人对债权人的抗辩,可以向第三人主张。”本条规定的是利他合同,亦称真正利益第三人的合同。利他合同虽然突破了合同的相对性,但是由于其在实践中有重要的现实意义,故各国立法都对此有所规定。第三人取得权利是直接由法律规定或者合同约定,而非由债权人继受取得,与债权让与不同。[1]

又如,第580条第1款规定:“当事人一方不履行非金钱债务或者履行非金钱债务不符合约定的,对方可以请求履行,但是有下列情形之一的除外:(一)法律上或者事实上不能履行;(二)债务的标的不适于强制履行或者履行费用过高;(三)债权人在合理期限内未请求履行。”第580条第2款规定:“有前款规定的除外情形之一,致使不能实现合同目的的,人民法院或者仲裁机构可以根据当事人的请求终止合同权利义务关系,但是不影响违约责任的承担。”该条款被称为违约方的解除权,其来源于《九民会会议纪要》第48条的规定。[2]

再如,《民法典》第149条规定:“第三人实施欺诈行为,使一方在违背真实

---

[1] 参见最高人民法院民法典贯彻实施工作领导小组主编:《中华人民共和国民法典合同编理解与适用(一)》,人民法院出版社2020年版,第414~415页。

[2] 《九民会会议纪要》第48条规定:违约方不享有单方解除合同的权利。但是,在一些长期性合同如房屋租赁合同履行过程中,双方形成合同僵局,一概不允许违约方通过起诉的方式解除合同,有时对双方都不利。在此前提下,符合下列条件,违约方起诉请求解除合同的,人民法院依法予以支持:(1)违约方不存在恶意违约的情形;(2)违约方继续履行合同,对其显失公平;(3)守约方拒绝解除合同,违反诚实信用原则。人民法院判决解除合同的,违约方本应当承担的违约责任不能因解除合同而减少或者免除。

意思的情况下实施的民事法律行为,对方知道或者应当知道该欺诈行为的,受欺诈方有权请求人民法院或者仲裁机构予以撤销。”该条规定了在第三方实施欺诈的前提下,受欺诈一方享有撤销合同的请求权。

除了上述《民法典》增加的部分请求权之外,《民法典》对《合同法》规定的请求权也有部分的删减。例如,《合同法》第 54 条规定:“下列合同,当事人一方有权请求人民法院或者仲裁机构变更或者撤销:(一)因重大误解订立的;(二)在订立合同时显失公平的。一方以欺诈、胁迫的手段或者乘人之危,使对方在违背真实意思的情况下订立的合同,受损害方有权请求人民法院或者仲裁机构变更或者撤销。当事人请求变更的,人民法院或者仲裁机构不得撤销。”根据该条的规定,当事人在重大误解、显失公平、欺诈、胁迫或者乘人之危的情形下享有变更合同的请求权。但是,《民法典》第 147 条、第 148 条、第 150 条、第 151 条规定,上述情形下当事人仅享有撤销合同的请求权,不再享有变更合同的请求权。

9. 抗辩权的行使,应注意程序要求和实体要求

当事人一方行使请求权,相对人拒绝给付时,常在诉讼外或者诉讼中提出各种抗辩,大体可以分为三种:(1)权利障碍的抗辩,即主张对方的请求权因一定的事由自始不发生;(2)权利毁灭的抗辩,即主张对方的请求权虽曾一度发生,后来因一定的事由已归于消灭;(3)抗辩权,即义务人对权利人行使权利,得拒绝给付的权利。前两者为诉讼上的抗辩,后者为实体法上的抗辩权。诉讼上抗辩的效力足以使请求权归于消灭,故在诉讼中即使当事人未提出,法院也应当审查事实,如果认为有抗辩事由的存在,为当事人利益应当依职权作出有利的裁判。抗辩权的效力不过对已存在的请求权发生一种对抗的权利而已,义务人放弃抗辩权时,法院不得予以审究。[1]

违约金调整原则上属于当事人的抗辩权,该抗辩权在一审、二审中均可以提出。根据《民法典》第 585 条的规定:“当事人可以约定一方违约时应当根据违约情况向对方支付一定数额的违约金,也可以约定因违约产生的损失赔偿额的计算方法。约定的违约金低于造成的损失的,当事人可以请求人民法院或者仲裁机构予以增加;约定的违约金过分高于造成的损失的,当事人可以请求人民法院或者仲裁机构予以适当减少。”根据上述规定,违约金是否过高一般应当由当

〔1〕 王泽鉴:《民法思维——请求权基础理论体系》,北京大学出版社 2009 年版,第 135 页。

事人提出请求,如果当事人未提出违约金过高的请求,法院一般应当按照当事人约定的标准判定承担违约金。

合同违约方在一审中主张不构成违约,但未提出违约金过高抗辩的,法院应当依法进行释明。若一审法院未释明但判决被告依合同约定承担违约金,二审法院可以根据案件具体情况直接释明并改判。违约方在一审中经法院释明后明确表示不要求调整违约金,但宣判后又以违约金过高为由提出上诉的,二审法院一般不予支持。违约方主张约定的违约金过高请求予以减少的,应当承担违约金过分高于损失的举证证明责任。当违约方履行了相应的证明义务,法院认定其减少违约金的请求具有一定合理性时,若守约方主张违约金合理,应当承担相应的举证证明责任。

抗辩权的行使应当注意权利义务相一致原则。《民法典》第525条规定:"当事人互负债务,没有先后履行顺序的,应当同时履行。一方在对方履行之前有权拒绝其履行要求。一方在对方履行债务不符合约定时,有权拒绝其相应的履行要求。"《民法典》第526条规定:"当事人互负债务,有先后履行顺序,先履行一方未履行的,后履行一方有权拒绝其履行要求。先履行一方履行债务不符合约定的,后履行一方有权拒绝其相应的履行要求。"如果允许一方当事人在对方当事人具有瑕疵行为的情况下就拒绝履行自己的全部或者部分主要义务,不利于合同的遵守并且会增加纠纷,不利于交易秩序的稳定,同时也会使履行抗辩权的适用失去其应有的目的。权利义务相一致原则应贯穿合同履行的始终,法院在处理合同纠纷时亦应坚持该项原则,以使合同双方当事人的利益达到平衡状态。合同任何一方当事人在行使自己权利的时候要遵守适度性规则,行使权利超过适当限度将承担损害赔偿责任。

10. 法官应区分主动审查事项和被动审查事项,并依法分配好举证责任

诉讼时效是指民事权利受到侵害的权利人在法定的时效期间内不行使权利,当时效期间届满时,债务人获得诉讼时效抗辩权。在法律规定的诉讼时效期间内,权利人提出请求的,人民法院就强制义务人履行所承担的义务。而在法定的诉讼时效期间届满之后,权利人行使请求权的,人民法院就不再予以保护。除斥期间是指法律规定的某种民事权利有效存续的期间。除斥期间原则上自权利确立之日开始计算,该期间不能中止、中断,在期间内当事人未行使权利的将导致相应的实体权利消灭。诉讼时效与除斥期间不同,诉讼时效属于法院的被动

审查事项，当事人未主动提出诉讼时效抗辩的，法院不主动审查。除斥期间属于法院的主动审查事项，即便当事人未提出原告的请求权已经过了除斥期间，法院也要主动审查该事项。

《民法典》关于除斥期间的规定主要涉及撤销权、占有物返还请求权和解除权，对应的法条是第 152 条、第 462 条第 2 款、第 564 条。[1] 《民法典》关于诉讼时效有特殊规定，特殊类别的请求权不受诉讼时效的规制。《民法总则》第 188 条第 1 款规定："向人民法院请求保护民事权利的诉讼时效期间为 3 年。法律另有规定的，依照其规定。诉讼时效期间自权利人知道或者应当知道权利受到损害以及义务人之日起计算。法律另有规定的，依照其规定。"根据上述法律的规定，在适用诉讼时效期间时首先需要确定诉讼时效的起算时点，即确定权利人知道或者应当知道权利受到损害以及义务人之日。该种确定诉讼时效起算时点的方式，一般适用于一次性的或者说是偶发的权利受到侵害的情形，对于持续性的对权利人的侵害情形并不能一概适用。

因此，《民法典》人格权编第 995 条规定："人格权受到侵害的，受害人有权依照本法和其他法律的规定请求行为人承担民事责任。受害人的停止侵害、排除妨碍、消除危险、消除影响、恢复名誉、赔礼道歉请求权，不适用诉讼时效的规定。"该条规定的法理基础在于，既然侵害、妨碍、危险、影响、名誉受损等情形是持续存在的，那么权利人当然可以向行为人主张权利而不受诉讼时效的限制。但因为侵害人格权所产生的损害赔偿请求权，仍然属于债权请求权的范畴，可以适用诉讼时效。

作为被告的当事人提出的抗辩，会影响原告举证责任是否完成的认定。例如，《民间借贷司法解释》（2020 年 12 月 23 日最高人民法院审判委员会第二次修正第 16 条规定："原告仅依据金融机构的转账凭证提起民间借贷诉讼，被告抗

---

〔1〕《民法典》第 152 条规定：有下列情形之一的，撤销权消灭：（一）当事人自知道或者应当知道撤销事由之日起一年内、重大误解的当事人自知道或者应当知道撤销事由之日起九十日内没有行使撤销权；（二）当事人受胁迫，自胁迫行为终止之日起一年内没有行使撤销权；（三）当事人知道撤销事由后明确表示或者以自己的行为表明放弃撤销权。当事人自民事法律行为发生之日起五年内没有行使撤销权的，撤销权消灭。第 462 条第 2 款规定：占有人返还原物的请求权，自侵占发生之日起一年内未行使的，该请求权消灭。第 564 条规定：法律规定或者当事人约定解除权行使期限，期限届满当事人不行使的，该权利消灭。法律没有规定或者当事人没有约定解除权行使期限，自解除权人知道或者应当知道解除事由之日起一年内不行使，或者经对方催告后在合理期限内不行使的，该权利消灭。

辩转账系偿还双方之前借款或者其他债务的,被告应当对其主张提供证据证明。被告提供相应证据证明其主张后,原告仍应就借贷关系的成立承担举证责任。”有观点认为,通过《民间借贷司法解释》第17条的规定可以得出结论,在被告未能证明与原告之间存在其他法律关系的情况下,以原告持有的金融机构转账凭证即可认定原被告之间为民间借贷的法律关系,实际上已经将当事人之间是否就借贷达成合意不再作为判定民间借贷法律关系成立的构成要素。

笔者认为,上述观点是不恰当的,《民间借贷司法解释》第16条的突破性体现在,只要原告持有金融机构转账凭证向被告主张民间借贷的法律关系,即首先推定原被告之间存在民间借贷的合意,而非将合意排除在民间借贷法律关系的构成要素之外,然后由被告就双方之间存在其他法律关系进行抗辩。在自然人借款的情况下,借款合同是实践合同,而且借款人和贷款人之间往往还有亲戚、朋友等特殊关系,经常不签订书面的借款协议,在有金融机构转账凭证的情况下首先推定双方存在借款合意、成立借贷关系,也符合基于经验法则的认知。

需要指出的是,被告在抗辩转账系偿还双方之前借款或其他债务时,必定会提出双方之前借款或其他债务存在的主张,被告应当提供证据证明其主张。此时的举证证明责任并非从原告转移到被告身上,因为主张借贷关系成立的原告自始并未完成其举证证明责任,原告与被告之间借贷关系的合意及成立仅是初始的推定状态。《民间借贷司法解释》第16条规定:“被告提供相应证据证明其主张后,原告仍应就借贷关系的成立承担举证证明责任。”笔者认为,被告提供“相应”的证据,达到《民诉法司法解释》第108条第2款规定的使原告主张的借贷法律关系成立的待证事实处于真伪不明的标准即可,无须达到高度盖然性标准。[1]《民间借贷司法解释》第16条规定的“原告仍应就借贷关系的成立承担举证证明责任”,该句使用了“仍应”一词,从文义解释的角度来看,举证责任自始即在主张借贷关系成立的原告一方,从未转移到被告一方。从逻辑的角度来看,如果被告就转账系偿还双方之前借款或其他债务承担并完成举证证明责任、达到高度盖然性标准后,要求“原告仍应就借贷关系的成立承担举证证明责任”

---

〔1〕《民诉法司法解释》第108条第2款规定:对一方当事人为反驳负有举证证明责任的当事人所主张事实而提供的证据,人民法院经审查并结合相关事实,认为待证事实真伪不明的,应当认定该事实不存在。

实际上是不可能完成的任务,因为对同一法律行为不可能得出两个相互冲突的高度盖然性结论。当然,如果持有金融机构转账凭证的原告承认,其与被告之间并无借款之合意,则被告无须再举证去否定双方之间的借贷关系。

三、法律解释方法在民商事审判中的运用

《最高人民法院完善统一法律适用标准意见》第 10 条规定:“独任法官、合议庭应当严格遵守司法程序,遵循证据规则,正确运用法律解释方法,最大限度降低裁量风险,避免法律适用分歧。”可见,正确运用法律解释方法对于统一法律适用标准具有关键作用。《民法典》自 2021 年 1 月 1 日起开始施行,这标志着民法学的使命同时发生了重大转变:从立法论向解释论的转变。掌握好法律解释方法,对于民商事领域的审判工作具有重要意义。

自 2020 年新冠肺炎疫情发生以来,法律界对疫情的影响和法律适用问题进行了多角度、全方位的讨论,对疫情给民事法律关系造成的各种影响进行了预判和分析,特别是对疫情给民事合同履行造成的障碍以及当事人的权利义务保护和平衡问题论述较多。这其中比较重要的问题或者说共性的问题是,新冠肺炎疫情是否构成不可抗力,在新冠肺炎疫情属于不可抗力的情形下是否还有情势变更规则的适用空间,两者之间是否存在法律适用上的冲突。本章节以此问题为视角,探讨在《民法典》实施前后法律解释方法在争议法律问题中的运用。

(一)适用不可抗力与情势变更的争论

1. 主流观点对于疫情属于不可抗力的认定

关于疫情法律定性的研究,可以参照 2003 年“非典”疫情期间最高人民法院的相关文件精神和部分法院的研究成果。2003 年“非典”疫情期间,最高人民法院印发的《关于在防治传染性非典型肺炎期间依法做好人民法院相关审判、执行工作的通知》(法〔2003〕72 号,以下简称《最高人民法院 2003 年 72 号通知》)指出:“由于‘非典’疫情原因,按原合同履行对一方当事人的权益有重大影

响的合同纠纷案件,可以根据具体情况,适用公平原则处理。因政府及有关部门为防治‘非典’疫情而采取行政措施直接导致合同不能履行,或者由于‘非典’疫情的影响致使合同当事人根本不能履行而引起的纠纷,按照《合同法》第117条和第118条的规定妥善处理。"[1]北京市第二中级人民法院课题组认为,"非典型肺炎作为一种突发性的异常事件、一种世界范围内爆发的疫情,不仅当事人不能预见,而且具有广博医学知识的医学专家也无法预见;至少在目前是人类无法预见、不可避免、不能克服的客观存在,其性质属于法律上规定的不可抗力事件,是一种自然灾害"[2]。

本次新冠肺炎疫情出现之后,北京市第一中级人民法院网上发布的《当前肺炎疫情对营商环境的影响及司法应对》一文认为,"此次疫情可以认定为不可抗力,因疫情引发的相关合同纠纷可依照《合同法》第117条的规定,减轻或免除相关当事人的违约责任"[3]。北京市第三中级人民法院网上发布的《新型冠状病毒疫情的法律定性及适用的一般规则》一文认为,"此次新型冠状病毒疫情从整体上和宏观上可以认定为民法上的不可抗力,但在个案的具体的法律适用上尚需严格掌握标准并区分不同的情况予以处理"[4]。

针对新冠肺炎疫情对于审判工作带来的影响,部分省、市的法院制定了规范意见。例如,浙江省高级人民法院于2020年2月10日发布的《关于规范涉新冠肺炎疫情相关民事法律纠纷的实施意见(试行)》,该意见第2.3条规定:"确因政府及有关部门为防控疫情而采取行政措施导致合同不能履行,或者由于疫情的影响致使合同当事人根本不能履行而引起的纠纷,当事人主张减轻或者免除自身的法律责任的,应当依照《合同法》第117条和第118条的规定妥善处理。"江苏省高级人民法院于2020年2月10日发布了《关于为依法防控疫情和促进

---

〔1〕《合同法》第117条规定:因不可抗力不能履行合同的,根据不可抗力的影响,部分或者全部免除责任,但法律另有规定的除外。当事人迟延履行后发生不可抗力的,不能免除责任。本法所称不可抗力,是指不能预见、不能避免并不能克服的客观情况。第118条规定:当事人一方因不可抗力不能履行合同的,应当及时通知对方,以减轻可能给对方造成的损失,并应当在合理期限内提供证明。

〔2〕北京市第二中级人民法院课题组:《正确处理"非典"疫情构成不可抗力免责事由案件》,载《法律适用》2003年第6期。

〔3〕丁宇翔、曹明哲:《当前肺炎疫情对营商环境的影响及司法应对》,载北京市第一中级人民法院微信公众号,2020年2月2日发布。

〔4〕齐晓丹、史智军:《新型冠状病毒疫情的法律定性及适用的一般规则》,载北京市第三中级人民法院微信公众号,2020年2月9日发布。

经济社会发展提供司法服务保障的指导意见》,该意见第 2.5 条规定:"因政府及有关部门为防治疫情而采取行政措施直接导致合同不能履行,或者由于疫情影响致使合同当事人根本不能履行而引起的纠纷,适用合同法关于不可抗力的规定处理。"从浙江省高级人民法院和江苏省高级人民法院规范意见的内容来看,基本延续了《最高人民法院 2003 年 72 号通知》的精神,即在"直接导致合同不能履行"或"致使当事人根本不能履行"的情况下,可以适用合同法关于不可抗力的规则。

总体而言,法律界的多数观点认为新冠肺炎疫情构成法律上的不可抗力,可以适用《合同法》第 117 条、第 118 条关于不可抗力的规定,解决合同履行遇到的障碍问题。

2. 关于适用情势变更规则的主要争论

法律界目前争论的主要焦点在于,在认定新冠肺炎疫情属于不可抗力的前提下,对于合同履行障碍问题的解决是否还有情势变更法律规则的适用空间。1981 年《经济合同法》第 27 条规定:"由于一方当事人虽无过失但无法阻止的外因,当事人可以变更或解除合同。"按照一些学者的解释,该条实际上是对情势变更的规定。[1] 如果允许当事人采用情势变更原则,随意对合同变更和解除,"可能会引起合同的连锁变更,即某一因合同变更而遭受损失的债务人又成为另一应予变更的合同的债权人"[2]。所以立法者决定在 1999 年制定《合同法》时暂不规定情势变更,而留待日后合适时机再对《合同法》进行补充和完善。

鉴于《合同法》并未直接规定情势变更规则,所以《最高人民法院 2003 年 72 号通知》中也并未直接出现情势变更规则,而是表述为"由于'非典'疫情原因,按原合同履行对一方当事人的权益有重大影响的合同纠纷案件,可以根据具体情况,适用公平原则处理"。直至 2009 年,《合同法司法解释(二)》第 26 条在法律上第一次明确规定了情势变更规则,以司法解释的方式填补了法律漏洞。同时,最高人民法院下发通知规定,"各级人民法院务必正确理解、慎重适用。如果根据案件的特殊情况,确需在个案中适用的,应当由高级人民法院审核。必要

〔1〕 参见耀振华:《情势变更原则的适用》,载《法学研究》1992 年第 4 期。
〔2〕 孙礼海主编:《〈中华人民共和国合同法〉立法资料选编》,法律出版社 1999 年版,第 163 页。

时应提请最高人民法院审核。”[1]

新冠肺炎疫情发生后,2020年4月16日颁布的《最高人民法院关于依法妥善审理涉新冠肺炎疫情民事案件若干问题的指导意见(一)》(法发〔2020〕12号)第3条第2项规定:“疫情或者疫情防控措施仅导致合同履行困难的,当事人可以重新协商;能够继续履行的,人民法院应当切实加强调解工作,积极引导当事人继续履行。当事人以合同履行困难为由请求解除合同的,人民法院不予支持。继续履行合同对于一方当事人明显不公平,其请求变更合同履行期限、履行方式、价款数额等的,人民法院应当结合案件实际情况决定是否予以支持。合同依法变更后,当事人仍然主张部分或者全部免除责任的,人民法院不予支持。因疫情或者疫情防控措施导致合同目的不能实现,当事人请求解除合同的,人民法院应予支持。”

实际上,在将新冠肺炎疫情定性为法律上的不可抗力之后,是否还需要引入情势变更规则解决部分合同履行遇到的障碍问题,实践中存在较大争议。一种观点认为,要直接引入情势变更规则,以江苏省高级人民法院、浙江省高级人民法院出台的规范意见为代表。另一种观点则认为,以《合同法》第5条规定的公平原则和第117条、第118条规定的不可抗力规则相结合,即可解决合同履行遇到的全部障碍问题,包括典型的租赁合同履行过程中面临的租金减免问题,不必再引入情势变更规则。这里法律推理的逻辑在于,“以各地法院处理‘非典’疫情产生的租金减免问题为例,如适用不可抗力制度,法院可以将出租人给付租金的请求归入《合同法》第107条的继续履行这一违约责任承担方式,再援引《合同法》第117条第1款关于减免债务人违约责任的规定全部或部分驳回出租人的诉讼请求,即以减免违约责任的方式事实上减免了租金”。[2] 之所以会产生上述第二种观点,主要原因在于现有的法律规定导致了不可抗力与情势变更存在适用上的逻辑冲突。

3. 不可抗力与情势变更存在适用上的逻辑冲突

情势变更与不可抗力的共同点在于都是无法预见的,不同点在于不可抗力有着更高的适用条件,除无法预见外还包括不能避免且不能克服,而情势变更主

---

〔1〕 参见2009年4月27日最高人民法院发布的《关于正确适用〈中华人民共和国合同法〉若干问题的解释(二)服务党和国家的工作大局的通知》(法〔2009〕165号)。

〔2〕 参见朱华芳、郭佑宁:《新冠肺炎疫情对合同履行的影响及其应对》,发布于天同诉讼圈网络平台。

要是指非不可抗力造成的不属于商业风险的重大变化。从上述判断进而可以得出这样的结论,即情势变更不属于不可抗力,如果适用了不可抗力条款则不能同时适用情势变更条款,不可抗力条款与情势变更条款在法律适用上存在逻辑上的冲突。

(二)适用不可抗力条款存在的法律漏洞及其填补方法

由于新冠肺炎疫情引起的合同履行障碍情形较多,不可抗力条款不能解决全部问题,需要对其存在的法律漏洞进行填补。

1. 适用不可抗力条款存在一定的法律漏洞

《合同法》第 117 条第 1 款规定:"因不可抗力不能履行合同的,根据不可抗力的影响,部分或者全部免除责任,但法律另有规定的除外。当事人迟延履行后发生不可抗力的,不能免除责任。"根据该条规定,不能履行合同一方可以部分或者全部免除责任,免除的责任范围既可包括当事人继续履行的责任,也可包括当事人的违约责任;既可包括全部不能履行的责任,也可包括部分履行不能的责任;既可包括履行客观不能的责任,也可包括暂时履行不能的责任。

问题在于,由于新冠肺炎疫情导致合同履行遇到了障碍,如果按照原合同履行将使一方当事人利益明显失衡,该种情况能否适用《合同法》第 117 条第 1 款的规定。最典型的例子是,对于大型商场内的商铺租赁合同,在确因新冠肺炎疫情导致营业时间缩短、客流大幅减少、营业收入显著降低的情形下,如果要求承租人仍然按照原有租金标准支付,则对承租人而言将导致其履约成本过高。从狭义的法律解释方法中最基本的文义解释的方法出发,《合同法》第 117 条第 1 款规定的"不能履行",显然不能包括合同可以履行但是履行成本过高的情形。因此,从这个角度可以说,在将新冠肺炎疫情确定为属于法律上不可抗力的前提下,不宜直接适用情势变更条款解决合同纠纷,但是适用《合同法》不可抗力条款仍存在一定的法律漏洞,因为不可抗力条款不可能涵盖合同履行遇到障碍的全部情形。

2. 对不可抗力条款法律漏洞的填补方法

法律漏洞的缺陷表现为,调整特定社会关系的具体法律规范的缺失,或者既有法律规范之间存在矛盾。如前所述,在《民法典》正式施行前的法律体系下,对于不可抗力和情势变更条款在适用上存在逻辑冲突,但仅依据不可抗力条款又不能解决由于不可抗力导致的合同履行遇到的全部障碍问题。因此,对法律漏洞进行填补,有以下几种方法可供选择。

(1)法律条文的类推适用。所谓类推适用,是指在对特定的案件缺乏法律规定时,法官比照援引与该案件类似的法律规定,将法律的明文规定适用于法律没有规定、但存在与明文规定类似的情形。由于目前主流观点将新冠肺炎疫情定性为法律上的不可抗力,但由于不可抗力导致的合同可以履行但按原合同履行成本过高的问题没有法律的直接规定,所以,可以类推适用《合同法司法解释(二)》第26条关于情势变更的规定。但要注意,这里是类推适用,并非直接适用。

(2)法律条文的目的性扩张。所谓目的性扩张,是指为了贯彻立法目的,对法律条文作出超出其文义的解释,使其包括原本没有包括的类型。如果从目的性扩张的解释方法出发,不可抗力法律条款的立法目的可以理解为,由于不可抗力导致合同履行遇到的各种障碍,合同当事人对该障碍并不具有可归责性,所以合同当事人可以免除相应的责任。按照目的性扩张解释的思路,可以将不可抗力导致的"合同不能履行",扩张解释为包括按原合同履行将导致合同履行成本过高对一方当事人有失公平的情形。在进行了目的性扩张解释后,一方当事人依据《合同法》第117条第1款免除的部分责任,可以指向为免除其支付按原合同履行对其有失公平的部分款项的责任。

(3)基于法律原则的漏洞填补。基于法律原则的漏洞填补,是指存在法律漏洞时,法官根据法律原则进行创造性的司法活动。《最高人民法院2003年72号通知》规定:"由于'非典'疫情原因,按原合同履行对一方当事人的权益有重大影响的合同纠纷案件,可以根据具体情况,适用公平原则处理。因政府及有关部门为防治'非典'疫情而采取行政措施直接导致合同不能履行,或者由于'非典'疫情的影响致使合同当事人根本不能履行而引起的纠纷,按照《合同法》第117条和第118条的规定妥善处理。"该通知对于适用不可抗力条款明确限定了条件,即在"直接导致合同不能履行"或者"根本不能履行"等重大影响时方可适用不可抗力条款。如果对于合同履行产生的影响并非直接的、根本的、重大的影响,则不能适用不可抗力条款。需要注意的是,最高人民法院上述通知首先引述了《合同法》的公平原则,该原则对应的法律条款是《合同法》第5条的规定"当事人应当遵循公平原则确定各方的权利和义务"。

《最高人民法院2003 年72 号通知》采取的即是基于法律原则的漏洞填补方法,用“公平原则 + 不可抗力条款”来解决疫情引发的各种合同履行障碍问题,这种处理思路对于新冠肺炎疫情可能引发的各种合同纠纷,具有重要的借鉴意义。2020 年4 月16 日发布的《最高人民法院关于依法妥善审理涉新冠肺炎疫情民事案件若干问题的指导意见(一)》的内容与《最高人民法院2003 年72 号通知》的内容一脉相承。

(三)适用不可抗力与情势变更需要注意的问题

不可抗力与情势变更属于不同的法律概念,其在法律适用上均有相应的问题需要注意。

1. 适用不可抗力规则需要注意的问题

在司法实践中,需根据《合同法》第117 条的规定,结合案件情况具体分析不可抗力的适用条件。要特别注意合同签订的时间、约定的内容、合同履行的情况等因素对不可抗力适用的影响。如在合同签订时,新型冠状病毒肺炎疫情已发生且已存在诸多行政管制措施,当事人对客观形势已经有了基本的认知,或者在合同条款中当事人对于传染性疾病等疫情的出现作出了不同的约定,或者疫情对于合同履行并非产生直接的影响等情形下,当事人以疫情构成不可抗力来进行免责抗辩,将很难获得支持。

关于新冠肺炎疫情对民事主体及合同关系产生的影响,特别需要注意以下几点:一是疫情的发生无论是在空间上还是在时间上都有一个变化的过程,疫情在不同的空间和时间上对于民事主体的影响都是不同的;二是政府采取的行政防控措施种类、形式和管控力各有不同,对民事主体的影响程度亦有不同;三是疫情的演变和政府管控措施的调整,对于不同类型合同履行的影响也有所不同。因此,在适用不可抗力规则时,要区分不同的影响程度来判断免责的范围。同时,因疫情导致不能履行合同并致使不能实现合同目的时,即符合了《合同法》第94 条第1 项规定的法定解除权的行使条件,当事人可以主张解除合同。需要指出的是,根据《合同法》第118 条的规定,当事人一方因不可抗力不能履行合同的,应当及时通知对方,以减轻可能给对方造成的损失,并应当在合理期限内提供证明。如果不履行一方不及时发出通知,由此给对方造成的损失,还应当承担相应的损害赔偿责任。

2. 适用情势变更规则需要注意的问题

情势变更与不可抗力制度在功能上有着较大的不同,“不可抗力制度的功能主要是在异常事件发生之后,如何在当事人之间合理分配风险,避免因自身原因以外的原因而仍然负担履行义务。而情势变更制度主要是要实现当事人之间的利益平衡,维护合同的实质正义”。[1] 在适用不可抗力规则时,当事人可以自行停止履行合同并免于承担违约责任。但在适用情势变更规则时,当事人必须请求法院变更或者解除合同,由人民法院根据公平原则,并结合案件的实际情况确定是否变更或者解除。

因此,在适用情势变更规则时,有两点特别需要注意:一是法院根据公平原则审理案件时具有较大的自由裁量权。当事人提出变更合同时,如何变更合同更能体现公平原则由法院决定;当事人提出解除合同时,法院可以解除合同也可以对合同进行变更,以体现公平原则。也正因如此,最高人民法院在 2009 年的通知中才要求适用情势变更时务必慎重,并应报请高级人民法院乃至最高人民法院批准。二是当事人拒绝履行合同时要注意权利义务相一致原则。情势变更规则主要解决的是按照原合同履行成本过高的问题,但由于诉讼需要一定的周期才能结束。因此,在一方当事人以情势变更为由拒绝按照原合同履行时,其仍应按照权利义务相一致的原则对合同进行部分履行,避免出现合同双方利益失衡的局面。

(四)《民法典》关于情势变更的新规定

有学者认为,不宜将不可抗力排除在情事变更的事由之外。“一方面,情事变更规则存在的目的在于,因为一定情事的发生导致当事人订立合同的基础动摇或丧失,如果按照原合同继续履行,则不符合交互正义的要求,对当事人而言也不公平。在这样的考量下,就不应当区分造成不公平的原因究竟是不可抗力还是其他原因。另一方面,无论是不可抗力还是其他原因,都是使得合同难以履行的客观原因,只要造成了履行艰难、继续履行对当事人不公平,不论其属于不可抗力还是其他客观原因,都可能构成情事变更。”[2]

---

[1] 王利明:《合同法研究》(第 2 卷),中国人民大学出版社 2015 年版,第 386 页。
[2] 王利明:《情事变更制度若干问题探讨》,载《法商研究》2019 年第 3 期。

《民法典》第533条规定:“合同成立后,合同的基础条件发生了当事人在订立合同时无法预见的、不属于商业风险的重大变化,继续履行合同对于当事人一方明显不公平的,受不利影响的当事人可以与对方重新协商;在合理期限内协商不成的,当事人可以请求人民法院或者仲裁机构变更或者解除合同。人民法院或者仲裁机构应当结合案件的实际情况,根据公平原则变更或者解除合同。”上述条款删除了《合同法司法解释(二)》第26条关于情势变更适用于“非不可抗力”的限定,这样的改动意义重大,其避免了不可抗力条款和情势变更条款在适用上的逻辑冲突。在作为不可抗力的疫情发生后,由于不可抗力造成合同直接或者根本不能履行的重大障碍时,适用不可抗力的法律条款,在不可抗力造成合同可以履行但对于当事人一方明显不公平的情形,适用《民法典》关于情势变更的法律条款。此时,无须再通过各种法律漏洞填补的方式去寻求解决路径了。

实际上,在《民法典》修订情势变更条款之前,司法实践已经依据法律的规定和最高人民法院的相关意见,结合灵活妥当的法律解释方法,处理了大量由于疫情引发的纠纷。包括在“非典”之后的一段时期,亦有相关的类案发生。这些类案处理的司法实践与法律解释路径的结合,在一定程度上也推动了本次新冠肺炎疫情发生后《民法典》对于情势变更条款的修订和完善。

第七章
类案检索与信息技术的运用

类案检索必须建立在信息技术运用的基础上,信息技术运用的越科学、越精细、越智能,类案检索在审判中发挥的作用就会越大。

一、大数据对类案检索的支撑

(一)主动检索类案与类案智能推送

类案检索的操作模式包括主动检索类案模式和智能推送类案模式,在主动检索模式中需要人工在一定的数据库中开展关键词、法条等检索,该种检索模式依赖于数据库中的案例资源和检索者对于检索关键词、法条的确定。在主动检索类案模式下,检索者选取的关键词至关重要,关键词选取的越多,检索出来的案件数量相对越少,减少检索者二次比对的工作量;关键词选取的越少,检索出来的案件数量相对越多,将大幅增加检索者二次比对的工作量。如果检索者选取的关键词不够精准,或者选取的关键词与数据库中的案件对应性不强,则会影响到类案检索的结果,甚至可能无法检索出类案。

即便是相同的关键词在不同的搜索平台产生的结果也会是不同的,例如,在百度和谷歌两个搜索平台分别输入"人工智能",从检索结果来看,谷歌更能够准确地理解用户的搜索"目的",反馈中关于人工智能技术本身的信息要优先于关于人工智能的新闻和电影广告,而百度反馈更多的是电影及电影明星。在智能性的对比上，谷歌更胜一筹，这归功于谷歌公司基于用户检索行为的历史数据学习，形成了检索“知识图谱”。目前可行的方案是将通用知识图谱技术与行业场景结合，从行业起步构建不同场景下的知识图谱，使机器首先成为某一行业的“专家”而非具有一个真实的“人类智能”。[1] 关于知识图谱技术的运用和完善，在后文中还会进一步的阐述。

类案检索系统还可以引入智能搜索功能，系统可根据用户使用的关键词的含义并结合用户的检索历史，向用户推荐相关检索词，帮助用户选择到更优的检索词，提高检索效率。通过智能搜索功能中的信息加工模块，根据用户此次输入的搜索语，并结合该用户的搜索历史及兴趣偏好，在检索页面显示“当前检索词的相似词”“当前检索词的相关词”，从而向用户推荐检索词的同义词、近义词、与检索词相关的扩展词以及其他用户检索使用过的词，帮助用户寻找准确的检索词，避免出现检索不全、检索不到的情况。智能搜索功能完成了对用户进行交互式的导航，从而实现了对案例信息的深度检索。[2] 关键词在检索出的案件中的词频率越高，说明该关键词在案件中的重要性越大，该关键词往往就是整个案件的争议焦点，案件的裁判文书通篇都在围绕该关键词反映出的争议焦点进行论述。因此，可以将关键词在裁判文书中的词频率为参照指标，以其词频率的高低为标准将检索出来的裁判文书进行排序，供检索者比对案件时使用。

在智能推送模式中，需要检索者提供待决案件的基础材料，如果是一审案件一般包括起诉状、公诉书、答辩状等材料，如果是二审案件一般包括一审判决书、上诉状、答辩状等材料。在智能推送模式中，系统会依据上述材料向检索者自动推送类案，这种检索模式既依赖于系统中的案例资源，又依赖于系统自动进行的案件材料的智能比对。如果要做到智能推送类案的精准性，那这种智能比对应当是包括了基础事实、法律争点、法律适用等核心部分的比对，其比对的仍然是其中的主要部分或者说是关键词、法条等。那这就需要在将一系列典型案例列入数据库时将其“标签化”，将影响裁判结果的基础事实、法律适用、争议焦点贴上“标签”，以便于系统将数据库中的案例与待决案件比对时更能聚焦，保持智

---

〔1〕 参见邹劭坤：《与法律人相关的人工智能是什么》，载华宇元典法律人工智能研究院编著：《让法律人读懂人工智能》，法律出版社 2019 年版，第 11～18 页。

〔2〕 参见万发文、蒋静芬：《类案检索机制的构建技术及应用分析——基于法官需求角度的实证分析》，载《山东法官培训学员学报》2019 年第 4 期。

能推送的精准性。在智能推送相应类案之后,可以建立由检索者对于推送的类案进行评价的机制。对于推送的类案与待决案件匹配度高、论理充分、裁判结果妥当的,由检索者对类案给予不同的评价。最终,通过众多的检索者不断地评价指数较高的典型案件,在之后的检索过程中由系统优先推送给检索者。

(二)类案智能推送需要的技术条件

实践中,许多大数据平台都开发了类案智能推送功能,但是大部分类案推送产品还很难满足法官的需求,主要原因在于以下几个方面:一是对法官对于类案推送期望过高,希望系统推送的类案直接能够参照适用;二是系统推送案例的精准性不够,法官还需要耗费大量的精力去比对和识别类案;三是系统推送案例过杂,各地区、各层次、各时期的案例都在其中,法官检索案例之后可能会感到无所适从。这些问题既与案例库的不完善有关,也与现有的技术条件不成熟有关。

类案推送以知识图谱和自然语言处理技术为基础,来实现类案的自动推送或主动检索。所谓知识图谱,是以关键词等为结点,使用连接线代表相互关系,构建起的揭示知识发展过程和结构关系的可视化工具。所谓自然语言处理技术,是计算机科学领域与人工智能领域中的一个重要方向。它研究能实现人与计算机之间用自然语言进行有效通信的各种理论和方法。自然语言处理是一门融语言学、计算机科学、数学于一体的科学。

类案推送主要包括以下几个步骤:

一是构建知识图谱。先由具有法律专业知识背景的人员根据法律、司法解释的规则体系以及法官在审理案件中可能考量的因素建构起尽可能细化的法律概念模型。例如,犯罪要件要素包括犯罪主体、危害行为、危害结果、行为对象、身份、违法阻却事由;法定情节包括:犯罪主观心态(故意、过失)、犯罪形态(既遂、未遂、中止)、共同犯罪、单位犯罪、累犯(一般、特别)、自首、立功、坦白、当庭自愿认罪、退赃、退赔、犯罪涉及数额的各地规定等;酌定情节包括积极赔偿、取得谅解、达成和解、前科、犯罪时机(重大灾害等)。

二是提取案例情节。“情节提取的工具是自然语言处理技术(NLP),然后,再运用信息抽取技术(IE)基于给定的案件要素特征进行信息提取,即根据预先标注的模板,在裁判文书中提出特定的信息并形成结构化数据,实现对裁判文书

信息内容的结构化处理。"〔1〕

三是比对要素标签。"要素标签比对指的是通过电子卷宗随案生成系统及文字识别(OCR)技术,将案件的起诉书电子化,并自动分析生成一整套标签,与系统中的标签进行比对,再根据比对结果和预先设定的各要素权重计算出匹配度,按照匹配度高低顺序自动推送类案文书。"〔2〕

当前,司法大数据与人工智能开发面临着较大的技术障碍。

一是知识图谱构建的技术障碍。法律知识图谱构建过程对人工的过度依赖,是现阶段司法大数据人工智能发展面临的最大难题之一。由于案件知识图谱构建速度与精度不足,导致现有的智能办案辅助系统的案由覆盖十分有限。例如,2017年7月上线的"上海刑事案件智能辅助办案系统"只覆盖了18个罪名;随后,"上海民商事、行政案件智能辅助办案系统"第一阶段只覆盖了8个案由。贵州人民法院打造的智慧审判模式在刑事方面也主要覆盖了故意伤害、抢劫、盗窃等常见案由。〔3〕

二是情节提取方面的技术障碍。自然语言处理技术的实质是让人工智能能够从法律文书的法律语言中准确提取相应情节。举例而言,在法律文书中,被告人自首可能有相当多样的自然语言表述,除了"自首"之外还可能是"自动投案""代为投案""如实供述罪名"等表述。自然语言处理技术的目标是能够把一切实际上表示"自首"的自然语言表述精准识别,哪怕整个文书中并未出现"自首"二字。"此种技术相较于传统关键词严格匹配的提取技术而言无疑有着极为显著的优势。当前普遍存在法律场景中自然语言处理技术的短板,现阶段有相当部分研发主体采用纯人工的方式为每个案件的情节打标签。这无疑极大地限制了情节提取的效率,同时也给后续的类案识别与模型训练制造了障碍。"〔4〕

三是算法决策的复杂性。算法决策是数字时代的新型权力。这种算法决策,并非简单的计算公式和无意识的程序运行,而是从一开始就被"教导"了法

〔1〕 张德:《自然语言处理技术在司法过程中应用研究》,载《信息与电脑》2017年第17期。

〔2〕 朱彬彬、祝兴栋:《类案推送的精细化:问题、成因与改进——以刑事类案推送为例》,载《法律适用》2018年第20期。

〔3〕 该部分有关内容,分别参见《上海应用"人工智能"办案防范冤假错案 全国首个"智能辅助办案系统"问世》,载《法制日报》2017年7月11日;《上海智能辅助办案覆盖民商行政全领域"206"工程民商事版试运行上线》,载《人民法院报》2017年12月3日;《贵州政法机关扎实推进科技创新与司法体制改革深度融合——大数据办案 精准又公正》,载《人民日报》2017年7月10日。

〔4〕 王禄生:《司法大数据与人工智能开发的技术障碍》,载《中国法律评论》2018年第2期。

律知识与逻辑,输入了主观的定性判断基准。算法权力也会受价值偏好影响。这些知识图谱经由程序员的代码编写和算法建模,自然又会或多或少地渗入一些人为因素。尽管代码的执行是无偏差的,但"偏差"会被编码到系统中。算法背后隐藏着算法黑箱与"算法霸权"。尽管算法权力以建模计算之必然输出结果的形式,获得了技术中立的外在表现,但它不予公开、不接受质询、不提供解释、不进行救济,难免会有演化为"算法霸权"的风险。[1]

解决上述技术障碍,需要多方面的努力。一般来说,法律知识图谱的构建包括两种方式,一种是自上而下的专家系统构建路径,另一种是自下而上的机器学习的构建路径。"在实际构建的过程中,两种路径相辅相成,计算机在构建知识图谱的过程中,需要人工标注修正;在人工构建知识图谱的过程中,也需要计算机进行深度的数据挖掘,发现隐藏的知识点。由于法律知识领域的专业性和复杂性,自顶而下的专家系统构建是主要路径。"[2]

在法律知识图谱构建的同时,还有赖于自然语言处理技术的突破。"智能法律专家系统的成功在很大程度上还依赖于自然语言理解研究工作的突破。牛津大学的一个程序组正在研究法律自然语言的理解问题,但是遇到了重重困难。原因是连法学家们自己目前还没有建立起一套大家一致同意的专业术语规范。所以 Edwina L. Rissland 认为,常识知识、意图和信仰类知识的模拟化,以及自然语言理解的模拟问题,迄今为止可能是人工智能面临的最困难的任务。"[3]"一旦自然语言处理技术结合知识图谱技术,在专业范围内建立模型,将可以实现基于一定素材的法律文书的自动撰写等工作,为高效的司法审判、探索性的司法实务提供决策支持。特别是在知识图谱构建的争议焦点与裁判规则的对应基础上,建立法律逻辑三段论,实现建立在完全人工智能基础上的、解决实质性法律专业问题的交互问答。"[4]

近年来,一些法院和技术公司联合研发量刑辅助系统或者量刑预测系统,其

---

〔1〕 马长山:《司法人工智能的重塑效应及其限度》,载《法学研究》2020 年第 4 期。

〔2〕 叶衍艳:《法律知识图谱的概念与构建》,载华宇元典法律人工智能研究院编著:《让法律人读懂人工智能》,法律出版社 2019 年版,第 25~26 页。

〔3〕 张保生:《人工智能系统的法理学思考》,载华宇元典法律人工智能研究院编著:《让法律人读懂人工智能》,法律出版社 2019 年版,第 79 页。

〔4〕 刘激扬:《自然语言处理技术在司法行业的应用——以"知识产权案例指导服务平台"为例》,载宿迟主编:《知识产权案例指导新探索》,人民法院出版社 2018 年版,第 131 页。

本质也是基于已有的大量类案的检索、比对、推送,然后依据相应的算法对于待决案件给出量刑方面的预测。量刑预测侧重于对过程的理解,主要目的是形成量刑智能算法。“第一种方法是由多个专家法官根据其自身的审判经验确定量刑标准,然后由计算机专业性人才将其输入,形成固定算法。第二种方法是利用大数据技术,基于大量的司法判决,由系统智能分析和学习判决产生的各种变量,熟悉这些变量之间的内部逻辑关系,将司法过程量化为函数公式,形成具体的量刑算法。显然,第一种算法的形成其实是若干法官的经验形成的,有其自身的局限性,但难度较小。而第二种则综合分析大量的司法数据形成,难度较大,前期准备工作较长,但从结果来看,由其自身通过学习产生的算法要比由多个法官的经验算法更加科学,更加具有说服力。”[1]实施此项工程的难点在于两方面,一是由谁组织哪些法官如何形成量刑标准,又形成了何种算法;二是依靠大数据分析大量司法判决中的哪些典型判决,系统如何具备分析判决内部逻辑关系的智能。

“人工智能算法的出现时间并不长,其本身还处于弱人工智能阶段,在美国,每周有超过1000人被机场使用的算法错误地标记为恐怖分子。”[2]如果人工智能真的可以在海量的司法判例中形成智能算法并通过和待决案件的比对得出精准的量刑预测,那似乎可以在很大程度上取代法官的职能了。上述难点都是在短期内无法妥善解决的难题,建立科学、精准、管用的量刑预测系统,还有很长的路要走。

二、高质量的案例供给与技术加工

(一)体系建设和资源整合

有学者认为,原则上可采用“一个系统、两级建库”的方式。“一个系统”是

---

〔1〕 朱晖、刘晨晖:《大数据在同案审判中的应用研究》,载《法律适用》2019年第20期。

〔2〕 许可:《人工智能的算法黑箱与数据正义》,载《社会科学报》2018年3月29日。

指最高人民法院只保留一个系统，把这项工作归于一个部门，以便于统一推进和管理；两级建库是指除最高人民法院外，各省级法院可通过选编本地判例形成省内判例库。如果两级判例库都形成了，且权威性、可信度较高，质量较差、数量较少的判例库自然会被逐步淘汰。[1]

“一个系统”其作用和优势在于发挥数据的汇总和整合作用，但问题在于目前各省、市法院采用的数据技术系统为不同的科技公司开发的不同的数据平台，可以想象的是其他准备或陆续开发数据系统的省、市法院也将会采用不同的数据平台。这样不同的技术应用平台，为未来统一整合成一个系统带来的是较难克服的技术障碍和利益分配问题。“两级建库”是一种比较可行的运行模式，可以同时发挥最高人民法院和各省、市法院的积极性，调动更广泛的资源共同建立案例库。在“两级建库”的模式下可以逐步在一定范围内统一法律适用。但是也要注意的是，不同省、市法院之间编入的典型案例可能会发生法律适用分歧，包括最高人民法院内部不同部门之间编入的案例也可能会发生法律适用分歧。因此，对于这些同类案件裁判分歧应当畅通“及时发现—层报解决”的机制。其中，问题的发现往往是在司法实践中由中级、基层法院率先发现，而层报机制和法律适用分歧的解决最终还要取决于最高人民法院。

《最高人民法院类案检索意见》第12条规定：“各级人民法院应当积极推进类案检索工作，加强技术研发和应用培训，提升类案推送的智能化、精准化水平。各高级人民法院应当充分运用现代信息技术，建立审判案例数据库，为全国统一、权威的审判案例数据库建设奠定坚实基础。”《北京高院类案检索办法》第10条规定：“各法院在类案及关联案件检索中应当注重信息化建设，以裁判文书公开、电子卷宗随案同步生成和深度运用工作为依托，加强基本案例数据库和类案裁判标准库建设，逐步建立全市统一的类案及关联案件检索报告发布平台，完善对案例的深度加工分析，探索实现类案及关联案件精准智能推送。”第11条规定：“各法院应当积极构建当事人及诉讼代理人参与类案及关联案件检索机制，加强与律协及其相关专业委员会沟通，采用培训、研讨、座谈等形式，就开展类案及关联案件检索实践操作、存在问题等进行交流，充分发挥法律职业共同体解决类案裁判尺度统一问题的作用。”《江苏高院类案检索规定》第13条规定：“省法

---

〔1〕 顾培东、李振贤：《当前我国判例运用若干问题的思考》，载《四川大学学报》（哲学社会科学版）2020年第2期。

院加强类案检索技术的研发，探索建立统一的检索案例库，开发便捷的检索工具。”根据上述规定的有关内容，正在逐步形成最高人民法院积极推动、各地高级人民法院着手组建、当事人及律师积极参与的案例库建设格局，这种案例库建设的格局也呼应了理论界的相关建议和主张。〔1〕

（二）案例供给和技术加工

有学者认为，“借助人工智能的类案类判或许不应被赋予过高的地位与期望，司法解释或最高人民法院的指导性案例应当并且可以肩负起统一司法裁判尺度、维护司法权威公正的使命。或许更悲观一点，类案类判很难成为司法领域法律人工智能的下一个大突破口。原因在于，类案类判系统所能够提供的司法产品质量有限。中国法院正在使用的类案类判系统所提供的‘类案’更多的是一种质量不佳、缺乏权威、指导意义有限的案件。同时类案被摆送至法官案头的过程不同于指导性案例的层层选拔，次次挑选，经历了明确的淘汰机制与程序。而类案仅经过了‘搜索’‘推送’工序，筛选太不严格，质量令人担忧。”〔2〕解决学者的上述疑虑，关键是要通过各级法院以及相关法律、科技人士的共同努力，增加高质量的案例供给，建设高质量的案例库。

1. 典型案例的类型化、要点化

以最高人民法院公布的案由为分类标准，以民商事案件为例，应尽量能够精准确定到四级案由。〔3〕 根据法律关系定性的不同，可以将案件区分为不同的类型和层级。这种类型和层级的划分一般都可以与《最高人民法院关于案由的规

〔1〕 有学者指出，将由最高人民法院主导推进的“制度建构”和由专家、学者、律师等民间力量推动形成的“自发秩序”两种进路有效整合，并驾齐驱，是未来案例指导发展的基本思路。参见周光权：《刑事案例指导制度——难题与前景》，载《中外法学》2013 年第 3 期。

〔2〕 左卫民：《如何通过人工智能实现类案类判》，载《中国法律评论》2018 年第 2 期。

〔3〕 最高人民法院 2011 年 2 月 18 日印发了《关于修改〈民事案件案由规定〉的决定》的通知（法〔2011〕42 号），修改后的《民事案件案由规定》以民法理论对民事法律关系的分类为基础，以法律关系的内容即民事权利类型来编排体系，将案由的编排体系重新划分为人格权纠纷，婚姻家庭继承纠纷，物权纠纷，合同、无因管理、不当得利纠纷，劳动争议与人事争议，知识产权与竞争纠纷，海事海商纠纷，与公司、证券、保险、票据等有关的民事纠纷，侵权责任纠纷，适用特殊程序案件案由，共十大部分，作为第一级案由。在第一级案由项下，细分为四十三类案由，作为第二级案由；在第二级案由项下列出了 424 种案由，作为第三级案由，第三级案由是司法实践中最常见和广泛使用的案由。基于审判工作指导、调研和司法统计的需要，在部分第三级案由项下又列出了一些第四级案由，这些第四级案由也是一些典型的、常见的案由。

定》对接,同时也可以在相关案由下面继续进行精细化的区分。例如,不当得利可以细分为给付不当得利和非给付不当得利,前者又可以继续划分为自始欠缺目的、目的削减和目的不达等具体类型,后者有可以继续划分为权益损害不当得利、支付费用不当得利和求偿不当得利等具体类型。[1]

明确典型案例的编写体例,突出典型案例的要点。典型案例的编写体例、编写水平是建设案例数据库的关键,也是实现精准的类案智能推送的关键。典型案例的编写体例一般包括以下几个部分:

一是标题。主标题简要概括本案法律适用的指导意义,副标题列明本案的当事人和案由。

二是关键词。以词或词组反映案例涉及的最关紧要的法律适用问题或者其他核心内容,标示次序可根据关键词的含义由大到小排列。

三是裁判要点。简要归纳和提炼具有指导意义的重要裁判规则、理念、方法,能够一目了然地反映出案件所涉及的主要法律问题及主要裁判观点。裁判要点的简要性、精练性的特点,使检索者可以减少时间成本,提高检索的效率。"裁判要旨的编写方法,要尽可能指明所要阐释的法律、文字表述要全面准确提炼、尽量使用法律法规、司法解释中通行的概念和表述等方面提出正向提炼标准。"[2]

四是相关法条。列明与裁判要点最密切相关的法律及其条文的序号,便于以争议法条进行类案检索和推送。

五是案件索引。由审级、审理法院、案号及结案时间组成。

六是基本案情。案情部分一般先准确概述控(诉)辩意见,再叙述法院经审理查明事实,也可以视情况直接叙述法院审理查明事实。其中控(诉)辩意见和具体证据,可以根据是否与裁判要点有联系而决定是否列出。与裁判要点相关的事实、情节和法律适用问题,要有针对性地详加阐明。在类案检索时,首先要进行基本案情的识别和比对。现有的案例体系中,案情介绍往往存在案情和关键词提炼不够、无效信息过多的问题。典型案例中的基本案情,应当是提炼之后的"要件实事",即需要与当事人的诉辩意见和法律适用紧密结合的基本事实。

---

〔1〕 王泽鉴:《不当得利类型论与不当得利法的发展——建构一个可操作的规范模式》(上),载《甘肃政法学院学报》2015 年第 5 期。

〔2〕 郎贵梅:《论裁判要旨的性质、分类与编》,载《判解研究》2008 年第 5 期。

七是裁判结果。一审、二审和再审裁判结果不同的,要分别写明。

八是裁判理由。从法理、事理、情理等方面结合案情和裁判要点分析阐述裁判理由,做到法律效果和社会效果的统一。根据案例具体情况,可以针对诉辩意见论述,也可以列出裁判要点问题直接论述。

九是案例注解。具体内容一般包括但不限于:裁判要点所涉及的法律、司法解释内容和知识;本案所解决的法律争点问题;裁判的思路和方法;本案例的指导意义;类似案例及关联;本案例参照运用中应注意的问题等。

十是署名。写明案件合议庭、承办法官、编写人。

2. 典型案例的标签化

典型案例的标签化,就是对典型案例的裁判要旨和全文中的关键词"贴标签"。由于"贴标签"的过程是由人工完成,不同的人员对于同一案件中的关键词的理解是不同的,其"贴标签"的结果必然有所区别。因此,对于一个典型案例中"贴标签"的范围,需要在案例使用者不断反馈意见的基础上改进和完善。典型案例"贴标签"的情况,既影响类案检索的结果,也影响案例库对于类案的比对和智能推送的结果。

对于裁判文书中案情相似度计算的任务,可以将其视为文本相似度计算的一类特殊情况,文本相似度计算方法主要包括基于统计的方法和基于语义的方法。"基于统计的方法主要是统计文本中各词项的出现频度,以词频信息为基础计算文本之间的相似度,如各类基于向量空间模型的文本相似度的计算策略。而基于语义的方法往往利用 WordNet、知网等语义词典中词项之间的层次结构关系,或是本体结构体系中概念之间的关系来计算文本之间的相似度,如基于由词汇资源所构建的图模型来评估文本之间的相关性。此外,随着深度学习技术在诸多领域逐步得到应用并表现出一定的实用性,研究者们也开始将其引入到文本相似度计算领域。"[1]深度学习技术的应用,重点是对"贴标签"部分内容的学习,并在此基础上构建一定的逻辑关系。因此,典型案例标签化的过程,也会影响到深入学习技术在类案智能推送和分析方面的运用。

---

[1] 王君泽等:《裁判文书类案推送中的案情相似度计算模型研究》,载《计算机工程与科学》2019 年第 12 期。

结　语

类案检索是落实司法责任制要求建立的促进裁判标准统一的重要机制，它既是法官在实践中已经逐步养成办案习惯的制度化体现，也反映了新时代司法需求下对法官办案模式的新要求。在大数据的时代背景下，在法官会议制度已趋成熟的基础上，类案检索机制具备有效运行的空间，但仍需通过类案检索报告制作及运用机制的完备推动其更加规范、高效的实施。类案检索机制的运行也有待在实际操作中逐步完善，通过在实践中不断发现问题、调整规则、解决问题，最终实现成熟运行、系统化发挥作用的理想状态。类案检索机制对于统一裁判标准的作用也是循序渐进的，由点及面，由个体到群体。法官个体进行类案检索以及信息技术的支持，首先实现小范围内的裁判标准统一，再通过各级人民法院落实司法责任制实现辖区范围的裁判标准统一，最终通过最高人民法院的指导管理、各地法院的协同配合，实现全国范围内类案裁判标准的统一，不断提高司法的公信力和裁判的可预期性。

附件一

最高人民法院关于统一法律适用和类案检索的相关文件

最高人民法院关于落实司法责任制完善审判监督管理机制的意见(试行)

(法发〔2017〕11号)

为全面落实司法责任制改革,正确处理充分放权与有效监管的关系,规范人民法院院庭长审判监督管理职责,切实解决不愿放权、不敢监督、不善管理等问题,根据《最高人民法院关于完善人民法院司法责任制的若干意见》等规定,就完善人民法院审判监督管理机制提出如下意见:

一、各级人民法院在法官员额制改革完成后,必须严格落实司法责任制改革要求,确保"让审理者裁判,由裁判者负责"。除审判委员会讨论决定的案件外,院庭长对其未直接参加审理案件的裁判文书不再进行审核签发,也不得以口头指示、旁听合议、文书送阅等方式变相审批案件。

二、各级人民法院应当逐步完善院庭长审判监督管理权力清单。院庭长审判监督管理职责主要体现为对程序事项的审核批准、对审判工作的综合指导、对裁判标准的督促统一、对审判质效的全程监管和排除案外因素对审判活动的干扰等方面。

院庭长可以根据职责权限,对审判流程运行情况进行查看、操作和监控,分析审判运行态势,提示纠正不当行为,督促案件审理进度,统筹安排整改措施。院庭长行使审判监督管理职责的时间、内容、节点、处理结果等,应当在办公办案平台上全程留痕、永久保存。

三、各级人民法院应当健全随机分案为主、指定分案为辅的案件分配机制。根据审判领域类别和繁简分流安排,随机确定案件承办法官。已组建专业化合议庭或者专业审判团队的,在合议庭或者审判团队内部随机分案。承办法官一经确定,不得擅自变更。因存在回避情形或者工作调动、身体健康、廉政风险等事由确需调整承办法官的,应当由院庭长按权限审批决定,调整理由及结果应当及时通知当事人并在办公办案平台公示。

有下列情形之一的,可以指定分案:

(1)重大、疑难、复杂或者新类型案件,有必要由院庭长承办的;

(2)原告或者被告相同、案由相同、同一批次受理的2件以上的批量案件或者关联案件;

(3)本院提审的案件;

(4)院庭长根据个案监督工作需要,提出分案建议的;

(5)其他不适宜随机分案的案件。指定分案情况,应当在办公办案平台上全程留痕。

四、依法由合议庭审理的案件,合议庭原则上应当随机产生。因专业化审判需要组建的相对固定的审判团队和合议庭,人员应当定期交流调整,期限一般不应超过两年。

各级人民法院可以根据本院员额法官和案件数量情况,由院庭长按权限指定合议庭中资历较深、庭审驾驭能力较强的法官担任审判长,或者探索实行由承办法官担任审判长。院庭长参加合议庭审判案件的时候,自己担任审判长。

五、对于符合《最高人民法院关于完善人民法院司法责任制的若干意见》第24条规定情形之一的案件,院庭长有权要求独任法官或者合议庭报告案件进展和评议结果。院庭长对相关案件审理过程或者评议结果有异议的,不得直接改变合议庭的意见,可以决定将案件提请专业法官会议、审判委员会进行讨论。

独任法官或者合议庭在案件审理过程中,发现符合上述个案监督情形的,应当主动按程序向院庭长报告,并在办公办案平台全程留痕。符合特定类型个案监督情形的案件,原则上应当适用普通程序审理。

六、各级人民法院应当充分发挥专业法官会议、审判委员会总结审判经验、统一裁判标准的作用,在完善类案参考、裁判指引等工作机制基础上,建立类案及关联案件强制检索机制,确保类案裁判标准统一、法律适用统一。

院庭长应当通过特定类型个案监督、参加专业法官会议或者审判委员会、查看案件评查结果、分析改判发回案件、听取辖区法院意见、处理各类信访投诉等方式,及时发现并处理裁判标准、法律适用等方面不统一的问题。

七、各级人民法院应当强化信息平台应用,切实推进电子卷宗同步录入、同步生成、同步归档,并与办公办案平台深度融合,实现对已完成事项的记录跟踪、待完成事项的提示催办、即将到期事项的定时预警、禁止操作事项的及时冻结等自动化监管功能。

八、各级人民法院应当认真落实党风廉政建设主体责任和监督责任,自觉接受权力机关法律监督、人民政协民主监督、检察监督、舆论监督和社会监督,不断提高公正裁判水平。组织人事、纪检监察、审判管理部门与审判业务部门应当加强协调配合,形成内部监督合力,坚持失责必问、问责必严。

九、院庭长收到涉及审判人员的投诉举报或者情况反映的,应当按照规定调查核实。对不实举报应当及时了结澄清,对不如实说明情况或者查证属实的依纪依法处理。所涉案件尚未审结执结的,院庭长可以依法督办,并按程序规定调整承办法官、合议庭组成人员或者审判辅助人员;案件已经审结的,按照诉讼法的相关规定处理。

十、本意见自2017年5月1日起试行。

最高人民法院

二〇一七年四月十二日

最高人民法院关于统一法律适用加强类案检索的指导意见(试行)

为统一法律适用,提升司法公信力,结合审判工作实际,就人民法院类案检索工作提出如下意见。

一、本意见所称类案,是指与待决案件在基本事实、争议焦点、法律适用问题等方面具有相似性,且已经人民法院裁判生效的案件。

二、人民法院办理案件具有下列情形之一,应当进行类案检索:

（一）拟提交专业（主审）法官会议或者审判委员会讨论的；

（二）缺乏明确裁判规则或者尚未形成统一裁判规则的；

（三）院长、庭长根据审判监督管理权限要求进行类案检索的；

（四）其他需要进行类案检索的。

三、承办法官依托中国裁判文书网、审判案例数据库等进行类案检索，并对检索的真实性、准确性负责。

四、类案检索范围一般包括：

（一）最高人民法院发布的指导性案例；

（二）最高人民法院发布的典型案例及裁判生效的案件；

（三）本省（自治区、直辖市）高级人民法院发布的参考性案例及裁判生效的案件；

（四）上一级人民法院及本院裁判生效的案件。

除指导性案例以外，优先检索近三年的案例或者案件；已经在前一顺位中检索到类案的，可以不再进行检索。

五、类案检索可以采用关键词检索、法条关联案件检索、案例关联检索等方法。

六、承办法官应当将待决案件与检索结果进行相似性识别和比对，确定是否属于类案。

七、对本意见规定的应当进行类案检索的案件，承办法官应当在合议庭评议、专业（主审）法官会议讨论及审理报告中对类案检索情况予以说明，或者制作专门的类案检索报告，并随案归档备查。

八、类案检索说明或者报告应当客观、全面、准确，包括检索主体、时间、平台、方法、结果，类案裁判要点以及待决案件争议焦点等内容，并对是否参照或者参考类案等结果运用情况予以分析说明。

九、检索到的类案为指导性案例的，人民法院应当参照作出裁判，但与新的法律、行政法规、司法解释相冲突或者为新的指导性案例所取代的除外。

检索到其他类案的，人民法院可以作为作出裁判的参考。

十、公诉机关、案件当事人及其辩护人、诉讼代理人等提交指导性案例作为控（诉）辩理由的，人民法院应当在裁判文书说理中回应是否参照并说明理由；提交其他类案作为控（诉）辩理由的，人民法院可以通过释明等方式予以回应。

十一、检索到的类案存在法律适用不一致的，人民法院可以综合法院层级、裁判时间、是否经审判委员会讨论等因素，依照《最高人民法院关于建立法律适用分歧解决机制的实施办法》等规定，通过法律适用分歧解决机制予以解决。

十二、各级人民法院应当积极推进类案检索工作，加强技术研发和应用培训，提升类案推送的智能化、精准化水平。

各高级人民法院应当充分运用现代信息技术，建立审判案例数据库，为全国统一、权威的审判案例数据库建设奠定坚实基础。

十三、各级人民法院应当定期归纳整理类案检索情况，通过一定形式在本院或者辖区法院公开，供法官办案参考，并报上一级人民法院审判管理部门备案。

十四、本意见自 2020 年 7 月 31 日起试行。

附件二

地方法院关于统一法律适用与类案检索的相关文件

北京市高级人民法院关于规范民事案件自由裁量权行使保障裁判尺度统一的工作意见(试行)

(2019 年 12 月 2 日)

为规范北京法院民事案件自由裁量权行使、保障裁判尺度统一,确保民事审判公正高效,根据相关法律及中央政法委《关于加强司法权力运行监督管理的意见》《最高人民法院关于在审判执行工作中切实规范自由裁量权行使保障法律统一适用的指导意见》《北京市高级人民法院关于促进法律适用统一的实施办法(试行)》等规范性文件,结合北京法院民事审判工作实际,制定本工作意见。

一、概念与总体要求

第一条 【概念】本意见所称民事案件自由裁量权,是指民事案件审理过程中,在对于事实认定、法律适用及程序处理等问题具有一定选择和判断空间情况下,根据法律规定和立法精神,秉持正确司法理念,运用科学方法进行分析和判断,并最终依法作出公正合理裁判结果的权力。

第二条 【工作意义】规范民事案件自由裁量权行使、是维护公平正义的要求,是实现裁判尺度统一、维护司法权威的体现,是构建良好法治秩序与环境的基础。

第三条　【工作目标】规范民事案件自由裁量权行使应在准确认定案件事实、正确适用法律,确保个案公正基础上,最大限度地保证裁判尺度统一,保证审判质量、提升司法公信、树立司法权威。

第四条　【工作原则】规范民事案件自由裁量权行使工作应确保程序公正与实体公正相统一;确保规范自由裁量权、实现审级监督与保障依法独立行使审判权相统一;确保政治效果、法律效果、社会效果相统一。

第五条　【工作方法】规范民事案件自由裁量权行使工作应依托三级法院上下联动,贯穿民事审判全过程;应从审判理念统一、基础规范指引、疑难问题研究等不同层面着力;通过明确各级审判主体职责、加强审判监督管理、畅通信息沟通渠道、搭建配套保障平台等具体方式积极推进。

第六条　【职能部门与职责】市高院民一庭是负责全市法院民事案件规范自由裁量权行使工作的职能部门,具体职责包括:监督指导全市法院民事案件自由裁量权规范具体工作;汇总全市民事案件自由裁量权行使中存在的重大问题;制定民事类案自由裁量权行使统一标准;牵头建立规范民事案件自由裁量权行使工作机制;组织建立全市法院民事案件自由裁量疑难问题交流平台等。

第七条　【裁判理念与方法】民事法官在审判工作中应牢固树立规范自由裁量权行使的理念,正确运用请求权基础、法律关系要件等科学方法,准确认定要件事实、正确适用法律,确保自由裁量权行使尺度统一。

二、自由裁量权行使问题发现机制

第八条　【类案检索的应用】民事审判中,法官应注重通过类案检索分析发现自由裁量权行使中存在的裁判尺度不统一问题。法官提交涉及自由裁量权行使疑难问题的案件审理报告,应包括类案检索部分。

对于当事人提交的类案检索材料显示可能涉及自由裁量权行使不统一问题的,法官应认真甄别是否可作为裁判参考,无须在裁判文书中回应的,应在合议笔录或工作记录中载明。

法官认为有必要的,可释明当事人提交类案检索结果作为裁判参考。

第九条　【类案检索方法及顺序】民事类案检索时应依次检索最高人民法院发布的指导性案例、市高院发布的参阅案例、本院院级法官会议或审判委员会讨论的案例。如在上述范围无法查找到类案,可对所在辖区的中、高级法院、全国法院其他生效案件进一步检索。

法官可依托北京法院办案系统、中国裁判文书网、专业性商业网站等信息平台,以案由、关键词、当事人、法律关系等为要素对类案进行检索。

第十条 【强制类案检索的范围】普通民事案件审理中,法官应当进行类案检索,检索结果应当形成记录存入副卷。

前端“多元调解+速裁”类案件审理中,法官可根据案件情况确定是否进行类案检索。进行类案检索的,应当在阅卷笔录中予以记录。

第十一条 【关联类案发现与协调】民事法官办理案件中,通过类案检索或当事人自行提出等方式,发现在审案件与其他类案在当事人、诉讼标的等关键关联要素方面具有高度一致性的,应及时与审理关联类案的承办法官就裁量权行使统一问题进行沟通协调。

在审案件与关联类案存在裁量权统一疑难问题,或者协调渠道上存在困难的,法官应及时向院、庭长报告;院、庭长经研究协调后认为有必要的,可向上级法院民事审判庭、市高院民一庭请示协调。

第十二条 【庭审功能强化】民事案件应当注重开庭审理功能的强化,通过开庭审理中整理争议焦点、听取当事人诉辩交锋等形式,及时发现存在的自由裁量权行使统一争议。

二审民事案件不开庭审理的,应当报请庭长审核。

第十三条 【院、庭长监督】院、庭长应当加强民事案件质量的管理,在案件受理后发现存在自由裁量权行使疑难因素的,应及时进行标识并告知承办法官。

民事案件审理中对于自由裁量权行使存在疑问的,法官应及时报请院、庭长对个案监督指导;院、庭长发现案件存在自由裁量权行使疑难问题的,应当依相关规定确定的职责进行个案监督指导。

第十四条 【疑难问题裁判文书公开】民事法官对于案件审理中发现的自由裁量权行使疑难问题应在裁判文书中明确列明,并在裁判文书中公开对该疑难问题经研究形成的倾向性意见及说理论证过程。

第十五条 【再审案件信息沟通】各院民事审判庭与承担申诉审查、审判监督职能的庭室应建立信息沟通与业务协调机制,及时发现、共同研究申诉审查、提起再审案件中发现的自由裁量权行使不统一问题。

民事审判庭与承担申诉审查、审判监督职能的庭室之间对于发现的自由裁量权行使不统一问题经沟通协调无法达成一致意见的,应由主管院长提请本院审判委员会讨论。

第十六条 【案件评查问题发现】民事审判庭应加强与案件评查部门信息交流,依托“双向评查机制”,加强对民事案件尤其是改判、发回重审、指令再审案件审理中是否存在自由裁量权行使不统一问题的情况沟通。

三、规范自由裁量权行使沟通与协调机制

第十七条 【个案法律适用请示范围】下级法院正在审理的涉及自由裁量权行使统一的民事案件,经与上级法院沟通,在依法保障独立行使审判权前提下可以个案法律适用请示的形式报上级法院。原则上个案法律适用请示应限于自由裁量权行使中的法律适用疑难问题。

个案法律适用请示的回复,独任法官或合议庭应在独立行使审判权基础上参考使用。

第十八条 【个案法律适用请示的流程】在审民事案件中所涉自由裁判权行使疑难问题经本院法官会议研究后,经本院主管院长批准,可向上级法院报请个案法律适用请示。

基层法院民事审判庭提请个案法律适用请示,除特殊情形直接向市高院民一庭报送外,原则上应当通过所在辖区的中院向市高院民一庭报送。

第十九条 【个案法律适用请示报告内容】下级法院提请个案法律适用请示,应当撰写书面请示报告。请示报告应当包括略去可识别信息的案情简介、争议焦点、待请示问题、法官会议不同观点及形成的倾向性意见、类案检索报告等内容。

第二十条 【个案法律适用请示回复与公开】上级法院对于下级法院法律适用请示汇报的案件,应采取正式登记方式由专人承办,采取法官会议等形式进行研究并答复。研究答复时限原则上不超过二十天,因案件疑难复杂确需延长时限的应报庭长批准。

请示报告及答复意见、相关笔录等应当入该个案副卷留存。对于涉及本辖区内自由裁量权行使疑难问题的请示答复,应将请示问题及答复内容在本辖区法院内部公开以供审判参考。

第二十一条 【审级管辖转移】下级法院审理的对于自由裁量权行使统一

有重大影响的民事案件,经向上级法院请示并与立案庭沟通后下级法院可报请上级法院审理;上级法院认为下级法院审理的对于自由裁量权行使统一有重大影响的民事案件由上级法院审理更为适宜的,与立案庭沟通后可以决定提级审理。

第二十二条 【发、改案件提示】二审法院裁定发回重审的案件,应当在裁定书中详细阐明发回重审的具体理由,对不便于公开的内容及有关自由裁量权行使统一问题的提示,应当以发回函的形式向下级法院说明。

二审法院改判的案件,如果确有不便于公开的涉及自由裁量权行使统一的问题,应采取另附函的形式向下级法院提示说明。

第二十三条 【审级监督双向总结】三级法院应当以年度报告的形式从上下级法院不同角度对年度改判、发回重审民事案件分别进行总结,重点对存在自由裁量权行使不统一的问题进行梳理汇总;上述总结报告应及时向辖区上、下级法院报送和反馈,并在年度全市法院民事审判工作会前统一向市高院民一庭报送。

第二十四条 【工作会议及材料审核】各基层法院应定期召开与民事自由裁量权行使尺度统一相关的工作会议。中级法院每年应至少召开一次涉及辖区裁量权统一问题的民事审判工作会,并报请市高院民一庭派员参加;中级法院下发涉及类案自由裁量权行使统一问题会议材料的,应提前报市高院民一庭审核。

市高院民一庭每年定期对统一全市法院民事审判裁量权工作提出指导意见。

第二十五条 【市高院相关部门沟通协调】市高院民一庭应与立案庭、未审庭等承担特定类型民事案件审判工作的庭室,以及审监庭、申诉审查庭等承担再审程序民事案件审判工作的庭室加强规范自由裁量权行使统一问题的协调。及时就裁量权行使疑难问题与相关庭室进行沟通交流。

四、自由裁量权尺度统一形成机制

第二十六条 【法官会议召开】院、庭长在民事审判个案监督和类案研究中认为涉及重要自由裁量权行使统一疑难问题的,可召集法官会议研究,形成倾向性意见的应及时以会议纪要形式在辖区内公布以供学习交流。

第二十七条 【审判委员会作用发挥】各院应充分发挥审判委员会在规范

自由裁量权行使统一中的作用。对于经法官会议研究难以达成一致意见,且对自由裁量权行使统一有重大影响的民事案件应由主管院长提请本院审判委员会讨论。

第二十八条 【办案规范工作推进】全市三级法院民事审判庭应持续推进民事办案规范系统整理与编撰工作,并根据新变化及时更新办案规范内容,实现民事审判基础规范指引的时效性和便捷化。

第二十九条 【案例运用】最高法院发布的民事指导性案例,应当作为法官审判案件的参照依据。

全市中、基层法院经审判委员会或院级综合性民事法官会议讨论,可适时汇编发布具有指导意义的典型案例。在审案件与上述本院或辖区上级法院发布的典型案例确属类案,法官拟裁判结果与该案例意见不一致的,应报请院、庭长对个案进行监督指导。

第三十条 【类案疑难问题研究的组织】三级法院建立全面系统、分工明确的民事类案自由裁量权行使疑难问题研究工作体系。

市高院民一庭依托全市法院民事审判专家人才,积极调动本意见第三十六条中的民事审判“类案人才库”力量,采取市高院民一庭专家法官牵头、中基层法院专人负责、定期报送与专题研究相结合形式,统筹安排全市法院民事审判类案自由裁量权行使疑难问题的研究工作。

第三十一条 【类案裁量权规范成果转化】市高院民一庭以负责大类案件的法官为牵头力量,积极调动全市法院专业审判研究力量,适时依不同情况以个案答复、典型案例、法官会议纪要等形式,实现类案自由裁量权统一成果转化。

法官在审类案拟裁判结果与上述类案自由裁量权统一成果不一致的,应报院、庭长提请法官会议研究。

第三十二条 【双向评查意见统一】对于本意见十六条所述在双向评查工作中案件评查部门发现并提交市高院民一庭的自由裁量权行使不统一问题,市高院民一庭应召开法官会议研究;经法官会议研究仍无法达成共识的,应提交市高院审判委员会讨论决定。经上述法官会议研究、审判委员会讨论形成的自由裁量权行使统一意见,应在全市法院公开。

第三十三条 【中、基层法院出台自由裁量权统一尺度审核】中、基层法院院级法官会议、审判委员会讨论自由裁量权行使统一疑难问题形成倾向性意见的,在向本辖区公布前应层报市高院民一庭审核,原则上审核回复时间不超过二十天。

市高院民一庭对上述自由裁量权行使统一意见经审核达成共识的,可转发供全市其他法院学习交流;经审核无法达成共识但确属重大疑难问题的,市高院民一庭应报市高院审判委员会讨论决定,该决定意见应向全市法院公布。

市高院民一庭在上述审核工作中,应借鉴吸收其中具有全市范围自由裁量权行使统一指导意义的内容,及时以本意见第三十一条、第三十四条所述方式实现成果转化或裁判尺度统一标准形成。

第三十四条 【类案裁量尺度统一标准形成与适用】市高院民一庭对于经研究达成基本共识的类案自由裁量权统一成果,可适时提请主管院长以类案自由裁量权行使统一标准形式报市高院审判委员会讨论通过,并在全市法院发布供参考使用。

上述类案自由裁量权行使统一标准发布时,应与市高院新闻办协调进行舆情风险评估。

法官在审类案拟裁判结果与上述类案自由裁量权行使统一标准不一致的,应报院、庭长提请本院审委会讨论决定,审委会讨论决定与自由裁量权行使统一标准不一致的,应层报市高院民一庭。

五、配套保障机制

第三十五条 【针对性业务培训】各法院应就自由裁量权行使统一问题有针对性设计民事审判培训内容,上级法院民事审判庭应就培训内容定期与辖区法院交流意见,对于本辖区形成的自由裁量权行使统一成果应积极选派业务骨干进行专门授课、交流。

各法院应有针对性结合日常审判工作,着力加强裁判理念和裁判方法的系统培训;对于法律法规、司法解释、市高院类案自由裁量权行使统一标准应当进行统一培训学习,保证已有确定标准的非疑难案件自由裁量权行使不出现偏差。

第三十六条 【类案人才库建立】市高院民一庭应依托自由裁量权行使统一日常工作,与各院党组、市高院教培处紧密配合,探索建立全市民事审判各专业领域"类案人才库",发现和培养民事审判专业人才,努力打造全国民事审判"人才高地"。

对于各级法院参与全市民事案件自由裁量权行使统一工作的“类案人才库”人员，市高院在专家人才评比、奖励、遴选、培训、交流、授课等方面予以优先推荐。

第三十七条 【专业化建设】全市法院在前端“多元调解 + 速裁”分流民事案件基础上，应依据不同情况通过专业庭室设立、专业审判团队组建、专业人才培养等措施推动民事审判专业化建设，以专业化建设促进自由裁量权行使统一。

第三十八条 【信息化手段依托】各级法院民事审判庭在自由裁量权规范统一工作中应与技术部门协同研究，积极推动办案规范信息化工作，依托信息技术手段为规范查询、类案检索、关联类案标注、信息沟通、类案裁判标准公布等工作建立便捷的信息化平台。

第三十九条 【院外监督与参与】民事案件自由裁量权规范统一工作中应主动邀请人大代表、政协委员、政府相关职能部门、相关领域专家学者参与，采取听取意见、研讨交流、邀请参与发布会等形式，吸收各方意见、接受各方监督。

市高院民一庭应定期与市律协及其相关民事类专业委员会就类案自由裁量权行使统一问题进行沟通协调。采取专题会议研讨专门问题、相互授课交流等方式，实现法律共同体共同合作解决疑难问题。

江苏省高级人民法院关于建立类案强制检索报告制度的规定(试行)

(2020 年 7 月 14 日第 17 次审判委员会全体会议讨论通过)

为统一法律适用，规范法官自由裁量权，促进司法公正，提升司法公信力，根据《最高人民法院司法责任制实施意见(试行)》《最高人民法院关于落实司法责任制完善审判监督管理机制的意见(试行)》和最高人民法院《人民法院第五个五年改革纲要(2019－2023)》等文件规定，结合全省法院工作实际，就建立类案强制检索报告制度，制定本规定。

1. 类案检索，是指法官通过在线检索、查阅相关资料等方式发现与待决案件在案件基本事实和法律适用方面相类似的案例，为待决案件裁判提供参考。

2. 正在审理的案件有下列情形之一的，应当进行类案检索：

(1)法律规则适用不明的案件;

(2)新类型案件;

(3)合议庭对于法律适用问题存在重大分歧的案件;

(4)拟作出的裁判与本院或者上级法院的类案裁判可能发生冲突的案件;

(5)案件当事人及其辩护人、诉讼代理人或者公诉机关提交类案生效裁判支持其主张的案件;

(6)院庭长依照审判监督管理权限,要求进行类案检索的案件。

3. 案件承办法官可以指派法官助理或者自行进行类案检索,承办法官对检索结果的分析应用负责。

4. 类案检索可以依照下列顺序进行:

(1)最高人民法院发布的指导性案例;

(2)《最高人民法院公报》刊登的案例、裁判文书;

(3)最高人民法院及其相关业务部门发布的典型案例、作出的生效裁判;

(4)《江苏省高级人民法院公报》刊登的参阅案例、长三角四地高级人民法院联合发布的典型案例;

(5)上级法院及本院作出的其他生效裁判。

按照前款规定进行类案检索,已在前一顺位检索到类案的,可以不再进行后续顺位的检索。

5. 对于检索出的类案,区别下列情形处理:

(1)最高人民法院发布的指导性案例,应当参照适用;

(2)按照第 4 条规定顺位检索到的其他案例和生效裁判,可以参照适用。

6. 类案检索情况应当形成报告。报告可以是表格式,可以作为审理报告的一项内容,也可以是单独的检索报告。

经过类案检索的案件,承办法官向合议庭、专业法官会议、审判委员会汇报时,应当全面汇报检索结果和分析应用情况。

类案检索报告,应当作为案卷内容归档。

7. 合议庭、独任法官拟作出的裁判结果与经检索发现的类案裁判一致的,可以径行作出裁判,但依照有关规定应当提交专业法官会议、审判委员会讨论的除外。

8. 经类案检索的案件有下列情形之一的,应当按照程序提交审判委员会讨论决定：

(1)同一位阶的类案存在法律适用分歧；

(2)拟作出的裁判结果将改变本院或者上级法院同类生效案件裁判规则；

(3)未检索出类案，拟作出的裁判结果将形成新的裁判规则。

9. 未按照第 2 条规定进行类案检索的案件，不得提交专业法官会议、审判委员会讨论。

10. 院庭长在参加专业法官会议、审判委员会讨论案件过程中，发现应当进行类案检索但未检索的，可以要求承办法官进行检索并报告检索情况。

11. 全省各级法院应当将类案强制检索报告制度落实情况纳入案件质量评查和法官审判绩效考核。

12. 审判长、合议庭其他成员认为有必要的，也可以自行进行类案检索。

在本规定第 2 条、第 4 条规定的应当进行类案检索的情形和范围以外，鼓励法官根据办案需要扩大检索范围。

13. 省法院加强类案检索技术的研发，探索建立统一的检索案例库，开发便捷的检索工具。

14. 本规定由省法院审判委员会负责解释。

15. 本规定自印发之日起执行。

附件三

援引在先生效判决的典型裁判文书

北京知识产权法院
民事判决书

(2015)京知民终字第559号*

上诉人(一审被告)同方股份有限公司,住××××。

法定代表人陆致成,董事长。

委托代理人曹宇广,北京天驰洪范律师事务所律师。

委托代理人李孝霖,北京天驰洪范律师事务所律师。

被上诉人(一审原告)湖南快乐阳光互动娱乐传媒有限公司,住××××。

法定代表人张若波,总经理。

委托代理人唐勇,北京市恒德律师事务所律师。

上诉人同方股份有限公司(以下简称同方公司)因与被上诉人湖南快乐阳光互动娱乐传媒有限公司(以下简称快乐阳光公司)侵害作品信息网络传播权纠纷一案,不服北京市海淀区人民法院(以下简称一审法院)作出的(2014)海民(知)初字第19960号民事判决(以下简称一审判决),于法定期限内向本院提起上诉。本院于2015年3月25日受理后,依法组成合议庭对本案进行了审理。本案现已审理终结。

快乐阳光公司一审诉称:快乐阳光公司经授权获得综艺节目《天天向上》

* 该份判决书援引多个在先生效判决的法律适用意见,展示了知识产权领域"服务器标准"的发展脉络。

(20101224、20101217、20101210、20101203、20101126、20101119、20101105、20101029、20101022、20101008)的独家信息网络传播权。“清华同方灵悦3智能电视宝”由同方公司生产,该产品设置了影视点播功能,用户可以通过该智能电视宝点播涉案节目,快乐阳光公司对相关情况进行了公证保全。同方公司的上述行为未经快乐阳光公司授权,侵犯了快乐阳光公司的合法权益,请求法院判令同方公司:1. 停止使用“清华同方灵悦3智能电视宝”对综艺节目《天天向上》提供在线播放服务;2. 赔偿经济损失8万元。

同方公司一审辩称:第一,对快乐阳光的权属有异议,授权了未来作品,涉案作品在授权之后产生;第二,侵权公证书不合法、不真实,公证的地点为快乐阳光公司代理人律师事务所的办公室,未对互联网链接环境进行清洁性检查,显示有外接设备,但公证书并未说明是什么外接设备,同时录像未显示电视机盒子,因此公证书不具有合法性;第三,电视机盒子是硬件产品,具有非侵权用途,同方公司提供电视机盒子不构成侵权;第四,涉及兔子视频软件,该软件的开发商是案外第三人,应当有该第三人参加诉讼;涉案作品由其他门户网站链接过来,查明直接侵权与否,是确定侵权责任的前提;第五,信息网络传播权应适用服务器标准;第六,停止播放行为同方公司无法实现,因此该诉讼请求不适用于同方公司。因此,不同意快乐阳光公司的全部诉讼请求。

一审法院经审理查明:

2006年6月15日,湖南电视台出具《授权书》,将其所属卫星频道的自有版权及经合法授权的电视节目内容和品牌资源(包括但不限于电影、电视剧、音乐、大型活动、综艺节目等)的开发经营权,在下列领域内授权给快乐阳光公司独家经营:1. 与互联网有关的权利,包括视音频播放、下载,虚拟社区,互联网广告,博客,播客,游戏开发等;2. 电信增值业务权利,包括短信、彩信、彩铃、声讯、WAP等业务;3. 与节目和品牌相关的实物产品开发,包括卡通玩具、工艺品等。授权期限为10年,自2006年6月30日起至2016年6月30日止。

2007年9月28日,湖南电视台出具《说明书》,表示其已于2006年6月将其自有版权的电视节目和电视剧的信息网络传播权独家授予快乐阳光公司,期限自2006年6月30日起至2016年6月30日止。未经快乐阳光公司书面许可,任何人、任何网站不得以任何形式在互联网上使用、传播湖南电视台享有版权的电视节目和电视剧。

2010 年 1 月 25 日,湖南省人民政府发布湘政函〔2010〕34 号文件,撤销湖南广播影视集团、湖南人民广播电台、湖南电视台、湖南经济电视台,组建湖南广播电视台。

2011 年 3 月 7 日,湖南广播电视台出具《说明书》,说明前述《授权书》和《说明书》均表示湖南电视台已将其自有版权的作品(包括电视节目、电视剧、电影、音乐、大型活动等)的信息网络传播权独家授权给了快乐阳光公司,期限自 2006 年 6 月 30 日起至 2016 年 6 月 30 日止。其中,在授权期限之前湖南电视台已经享有版权的作品,以及授权期限之内湖南电视台或湖南广播电视台享有版权的作品均在授权范围之内。此外,以该台申请办理著作权登记证书的《天天向上》等作品的独家信息网络传播权均由快乐阳光公司享有。

2010 年 11 月 4 日和 2011 年 7 月 30 日,湖南省版权局分别为作品《天天向上》88 期(2009 年 1 月 2 日 ~2010 年 10 月 22 日)、32 期(2010 年 10 月 29 日 ~2011 年 7 月 1 日)颁发了著作权登记证书。其中显示:作品类型:电视作品;作者:湖南广播电视台;著作权人:湖南广播电视台;作品完成日期分别为:2010 年 10 月 22 日、2011 年 7 月 1 日。

2013 年 8 月 22 日,北京市中信公证处对唐勇从互联网上在线购买"清华同方灵悦 3 智能高清播放器"以及接收过程进行保全证据,据此作出的公证书显示:

在清华同方网站(网址:www. tongfangpc. com)关于"灵悦 3 系列智能电视宝 HD200"的介绍内容中,包括有"海量高清片源""智能检索、轻松呈现""海量安卓应用"等介绍,其中"海量高清片源"项下显示"灵悦 · 智能电视宝独创的兔子视频平台,聚合了优酷、土豆、搜狐等 17 家主流的在线视频网站,拥有超过百万的正版视频资源……"等内容;

另进入天猫 TMALL. COM(网址:www. tmall. com),在"清华同方电脑旗舰店"关于"清华同方灵悦 3 安卓智能高清播放器"产品下方的"常见问题"中显示:"灵悦 3 是由清华同方公司推出的一款高清网络播放器……灵悦 3 预置了强大的播放应用:兔子视频,它聚合了优酷、搜狐、乐视等 17 家主流的在线视频网站资源,1 站看遍全网视频……"等内容。

公证购买后,收到的包裹内装有"清华同方灵悦 3 智能电视宝"高清媒体播放器一台,价格为 399 元,该播放器封存于公证处。公证书后附的播放器外观照片显示,该播放器包装盒上显示"功能特性:独家开发的兔子视频平台带来全新网络视频观看体验……公司名称:同方公司"。

2013 年 9 月 12 日,经北京市恒德律师事务所申请,北京市中信公证处对其代理人使用"清华同方灵悦 3 智能电视宝"高清媒体播放器(于 2013 年 8 月 22 日公证购买后封存于公证处)播放影片的过程进行公证书。

公证书所附光盘显示操作过程显示:选择"兔子桌面",点击"兔子视频 2.0"进入兔子视频界面,点击界面左侧的"影视分类",选择"综艺""2011",在界面右侧的影视作品海报中翻找并选中涉案节目,跳出页面中显示涉案节目主演、类型及简介等,点击"分集",可播放涉案节目相应内容。点击上述剧集后,页面左侧显示"兔子视频 HD2.0",右侧显示"正在分析接入点……""youku"标识及进度条,并显示优酷网页面。

同方公司提交了(2014)京海诚内民证字第(2437)号公证书、(2014)京海诚内民证字第(2438)号公证书、(2014)京海诚内民证字第(2439)号公证书等证据,用于证明兔子视频软件版权归属于案外人北京硫石天音网络信息技术有限公司,与同方公司无关,且同方公司仅制作硬件,涉案产品为微型计算机,对点播涉案节目的行为没有主观过错;同方公司产品本身不能播放视频,具有实质性非侵权用途,其用途选择、播放软件安装及播放内容选择均系用户行为;并用于其他同类硬件产品也可以使用兔子视频软件播放涉案节目。

上述事实,有快乐阳光公司提交的《授权书》、公证书,同方公司提交的公证书、《授权书》、许可证、说明以及一审法院证据交换笔录、开庭笔录等在案佐证。

一审法院认为:

根据现有证据,能够证明快乐阳光公司在授权范围及授权期限内获得了涉案节目(以类似摄制电影的方法创作的作品)的独占性信息网络传播权,有权限制他人营利性的使用。同方公司未经许可,将兔子视频软件预置在涉案产品中并置于开机桌面向用户推荐,使消费者在首次开机时即可使用兔子视频播放涉案节目,并将兔子视频及其播放影视作品的功能作为涉案产品的宣传,未尽到合理审查义务,构成侵权,应当承担侵权责任。同方公司辩称其仅为硬件生产商、涉案产品具有实质性非侵权用途等,于法无据,一审法院不予采信。对于赔偿数额,一审法院综合考虑涉案节目情况、侵权情节等酌情予以确定,不再全额支持快乐阳光公司的主张。

综上，一审法院依据《中华人民共和国著作权法》（以下简称《著作权法》）第四十八条第（一）项、第四十九条之规定，判决：一、自本判决生效之日起，同方公司停止侵权；二、自本判决生效之日起十日内，同方公司赔偿快乐阳光公司经济损失一万五千元；三、驳回快乐阳光公司的其他诉讼请求。

上诉人同方公司不服一审判决，于法定期限内向本院提起上诉，其上诉称：

一、一审判决存在程序违法情形。因被诉内容均系通过兔子视频而获得，故针对被诉行为的相关责任应由兔子视频软件开发者承担。虽然用户使用涉案机顶盒可以下载并使用兔子视频软件，但我公司仅是机顶盒这一硬件产品的提供者，并非兔子视频软件的开发者，故应追加兔子视频的开发者作为第三人参加诉讼，我公司在一审程序中曾提出这一申请，但一审法院对此未予处理，一审法院这一做法构成程序违法。

二、一审判决存在事实认定错误情形。被诉机顶盒产品中并未预置兔子视频软件，该软件系由用户自行下载，但一审法院认定被诉机顶盒产品中预置了该软件，这一认定属于认定事实错误。

三、一审判决存在适用法律错误情形。（一）我公司提供的涉案机顶盒产品具有实质性非侵权用途，用户既可以通过该产品获得被诉内容，亦可以使用其他功能。因此，我公司向用户提供机顶盒产品的行为不构成侵权。（二）被诉内容均系通过兔子视频软件而获得，但我公司仅是机顶盒产品的提供者，并未开发并向用户提供兔子视频，因此，我公司不应对兔子视频提供被诉内容的行为承担责任。（三）被诉内容并未存储在兔子视频的服务器中，因此，兔子视频提供的仅是链接服务，而非信息网络传播行为。对于搜索链接服务提供者而言，只有在被链接网站提供的内容系未经著作权人许可，且该搜索链接提供者主观具有过错的情况下，其才有可能承担侵权责任，但本案中并不符合上述情形。据此，即便我公司应对与兔子视频相关的行为承担责任，针对被诉行为而言，我公司亦不应承担侵权责任。

综上，一审判决认定事实及适用法律有误，且程序违法，故请求二审法院依法予以撤销，并判决驳回被上诉人一审的全部诉讼请求。

被上诉人辩称：兔子视频提前预置在被诉机顶盒中，在提供被诉内容的过程中，页面并未跳转，网络用户会认为系由兔子视频提供的被诉内容，因此，兔子视频的行为属于信息网络传播行为，而非搜索链接服务行为。因该行为并未获得我公司许可,故其构成对我公司著作权的直接侵犯。一审判决认定事实清楚,适用法律正确,请求法院依法予以维持。

对于一审判决查明的事实,除上诉人对于被诉机顶盒中是否预置兔子视频这一事实提出异议外,其他事实双方当事人均无异议,故对于其他事实本院予以确认。

本院补充查明如下事实:

一审过程中,上诉人同方公司申请追加北京琉石天音网络信息技术有限公司(以下简称琉石天音公司)为第三人参加诉讼,理由为兔子视频系由琉石天音公司开发运营,追加琉石天音公司有利于查明案件事实。一审法院根据在案证据,在一审庭审时驳回了同方公司追加琉石天音公司作为第三人参加诉讼的申请。

根据涉案公证书显示,被诉机顶盒中使用兔子视频获得涉案节目的具体过程如下:

第一步:打开机顶盒,进入主页;

第二步:点击"兔子视频 2.0",进入兔子视频界面;

第三步:点击界面左侧的"影视分类",选择"综艺""2011";

第四步:在界面右侧的影视作品海报中翻找并选中涉案节目,点击进入该节目页面,页面中显示涉案节目主演、类型及简介等;

第五步:点击"分集",选择具体剧集并点击,进入跳转页面;

第六步:播放涉案节目相应内容。

双方当事人均认可被诉内容系点击列表中具体选项而获得,并非通过搜索获得。上诉人同方公司虽表示不同内容的播放源有所不同,且数量亦有差异,但认可仅涉及有限的几家网站。

此外,被上诉人快乐阳光公司明确表示,其在本案中所起诉的行为是上诉人同方公司通过在其生产的机顶盒中绑定兔子视频软件向用户提供被诉内容的行为。

上述事实有一审法院的庭审笔录及本院庭审笔录在案佐证。

本院认为,本案涉及以下焦点:

一、一审判决是否存在认定事实错误的情形

上诉人主张一审判决中认定涉案机顶盒中预置了兔子视频,该认定事实错

误。对此,本院认为,本案被诉行为是上诉人在涉案机顶盒中绑定兔子视频,并通过兔子视频向用户提供被诉内容的行为。因无论机顶盒中兔子视频系由上诉人事先预置,还是基于页面中的提示而由用户下载安装,都不能否认涉案机顶盒中绑定兔子视频这一事实的存在,涉案机顶盒中是否预置兔子视频软件这一事实对于被诉行为性质的认定并无影响,故该事实在本案中无认定必要,上诉人这一上诉主张不能成立,本院不予支持。

二、一审判决是否存在适用法律错误的情形

(一)上诉人是否应为提供涉案机顶盒的行为承担责任

上诉人主张,涉案机顶盒具有实质性非侵权用途,因此,上诉人提供机顶盒产品的行为并无不当。对此,本院认为,本案中被上诉人指控上诉人实施的行为是上诉人"在其所提供的机顶盒中绑定兔子视频从而使用户获得被诉内容的行为",而非提供涉案机顶盒的行为,因此,一审判决中对于提供涉案机顶盒行为的性质未予评述并无不当。在此基础上,本院进一步认为,在被诉行为中,机顶盒仅仅起工具的作用,其是否具有非侵权用途,对被诉行为性质的认定亦并不会产生影响。据此,上诉人该上诉主张不能成立,本院不予支持。

(二)上诉人是否应对兔子视频提供的被诉内容承担责任

本案被诉行为是上诉人在其机顶盒上绑定兔子视频软件以向用户提供被诉内容的行为,因兔子视频提供被诉内容的行为构成侵权是被诉行为构成侵权的前提,故本院现首先对此予以评述。

1. 信息网络传播行为的认定标准

本案中,被上诉人主张兔子视频中所提供的被诉内容在整个过程中并未跳转到被链接网站,这一情形使得网络用户会认为被诉内容系由兔子视频提供,因此,该行为系信息网络传播行为。但上诉人则主张,兔子视频的服务器中并未存储被诉内容,因此,兔子视频提供者实施的并非信息网络传播行为,而是搜索链接服务提供行为。

双方当事人上述分歧的实质在于信息网络传播行为的用户感知标准与服务器标准之争。被上诉人主张采用用户感知标准,而上诉人则主张采用服务器标准。用户感知标准是指,判断被诉行为是否为信息网络传播行为,应考虑网络用户的感知,如果被诉行为使得用户认为被诉内容系由上诉人提供,即应认定上诉

人实施了信息网络传播行为。该标准通常考虑的是被诉行为的外在表现形式,至于被诉内容是否存储于上诉人服务器中则在所不论。服务器标准则是指,判断被诉行为是否为信息网络传播行为,应考虑的是被诉内容是否存储于上诉人的服务器中。无论被诉行为的外在表现形式是否使得用户认为被诉内容系由上诉人提供,只要被诉内容未存储在上诉人服务器中,则不应认定上诉人实施了信息网络传播行为。需要指出的是,此处的"服务器"系广义概念,泛指一切可存储信息的硬件介质,既包括网站服务器,亦包括个人电脑、手机等。

对于信息网络传播行为标准的确定,应以其文字含义及立法渊源为基础。《著作权法》第十条第(十二)项规定,"信息网络传播权,即以有线或者无线方式向公众提供作品,使公众可以在其个人选定的时间和地点获得作品的权利"。该规定将信息网络传播行为特征限定于"提供行为",但至于何种行为属于"提供行为",提供行为应采用服务器标准,还是用户感知标准,其并未涉及。《最高人民法院关于审理侵害信息网络传播权民事纠纷案件适用法律若干问题的规定》(以下简称《网络著作权司法解释》)、《中华人民共和国著作权法实施条例》、《信息网络传播权保护条例》对此亦均未予涉及。

在法律无明确规定的情况下,对于法律规定的具体理解,可参考该规定的立法渊源。《著作权法》第十条第(十二)项系我国履行国际公约义务的结果,源于世界知识产权组织 1996 年 12 月 20 日通过的《世界知识产权组织版权公约》(WCT)。该公约第 8 条规定,"在不损害伯尔尼公约有关条款规定的情况下,'文学和艺术作品的作者应享有专有权,以授权将其作品以有线或无线方式向公众传播,包括将其作品向公众提供,使公众中的成员在其个人选定的地点和时间可获得这些作品'"。该条款整体是针对传播权的规定,但其后半句系我国著作权法中信息网络传播权的来源。

这一立法渊源表明对于《著作权法》第十条第(十二)项中"提供行为"的理解,WCT 缔结过程中的相关文件具有参考意义。关于 WCT 的"基础提案"在针对 WCT 草案第 10 条(最终通过的文本中为第 8 条)的说明中指出,构成向公众提供作品的行为是提供作品的"初始行为",而不是单纯提供服务器空间、通讯联接或为信号的传输或路由提供便利的行为。[1] 因该文件对于条约的解释具

〔1〕 世界知识产权组织:《供外交会议考虑的实体条款的基础提案》,第 10.10 款。

有很高的权威性,故依据上述记载,该条款中的“提供”行为指向的是“最初”将作品置于网络中的行为,亦即将作品上传至服务器的行为,而非提供信息存储空间、链接以及接入设备等行为。基于此,《著作权法》第十条第(十二)项所规定的信息网络传播行为亦应指向的是最初将作品置于服务器中的行为。可见,我国著作权法中信息网络传播行为的确定标准应是服务器标准,而非用户感知标准。

在司法实践中,亦曾经长期存在服务器标准与用户感知标准的分歧。2003年的“华纳诉世纪悦博案”是最早体现出上述分歧的案件。该案中,涉案歌曲并不存储于被告世纪悦博公司经营的CHINAMP3网站,但网络用户可以通过逐级点击的方法在被告网站上直接获得涉案歌曲的下载,整个过程并不进入第三方网站。对于该行为是否可以被认定构成信息网络传播行为,北京市第一中级人民法院采用了用户感知标准,指出因该过程并不进入第三方网站,其足以使网络用户认为提供歌曲下载服务者为CHINAMP3网站,故被告行为构成信息网络传播行为。[1]

但北京市高级人民法院在该案的二审中则采用了服务器标准,认为世纪悦博公司虽然以逐层递进的方式引导用户下载,但其不能完全控制被链接网站的资源,一旦被链接网站网址发生变化或者网站采取加密等限制访问措施,访问要求就会被拒绝。世纪悦博公司没有复制、向公众传播被链接的录音制品,因此,世纪悦博公司在本案中所提供服务本质上依然属于链接通道服务。[2]

此后的相当长期间内,两种做法在案件中均有所体现。例如,在2007年的“梦通诉衡准案”中,北京市海淀区人民法院采用用户感知标准,指出衡准公司在给出查询结果之后,不仅提供相应的摘要信息,还通过技术手段将作品的内容直接展示在自己的网页上,衡准公司已经成为网络内容提供者,不再是搜索服务提供者。[3]

但北京市高级人民法院自始至终采用的均为服务器标准。如在2007年的

---

〔1〕 参见北京市第一中级人民法院(2003)一中民初字第12189号华纳唱片有限公司诉北京世纪悦博科技有限公司侵犯著作权纠纷案民事判决书。

〔2〕 参见北京市高级人民法院(2004)年高民终字第1303号北京世纪悦博科技有限公司与华纳唱片有限公司侵犯著作权案民事判决书。

〔3〕 参见北京市海淀区人民法院(2007)海民初字第25153号广东梦通文化发展有限公司诉北京衡准科技有限公司侵犯著作权案民事判决书。

“泛亚诉百度案”中,法院认为虽然用户在百度网页下即可获得涉案歌曲,而无须进入被链接网站页面,但因百度网站的服务器上并未上载或储存被链接的涉案歌曲。因此,其所提供的是定位和链接服务,并非信息网络传播行为。[1]

目前,这一分歧局面逐渐开始统一,越来越多的案件中采用了服务器标准。这一做法不仅体现在北京市各级人民法院的案件中,最高人民法院对此亦予认同。

在2009年审结的“慈文诉海南网通案”中,最高人民法院指出,慈文公司提交的公证书中显示,通过互联网进入海南网通网站,点击其首页的“影视频道”,即可在进入的页面上进行操作观看电影《七剑》。进入的网页上并无任何信息可以表明该网页属于第三方所有。海南网通公司如欲证明该网页仅是其链接的第三方网站,其应提交相关证据。在海南网通公司未提供相关证据的情况下,其关于仅提供链接服务的抗辩不能得到支持。[2] 该案中,法院虽无服务器标准的明确表述,但该标准实为其暗含之义。亦即,被告只有证明被诉内容并未存储于其服务器中,方能证明其所提供的是链接服务。

在2011年的“肇庆数字文化网数字影院案”中,最高人民法院则明确指出应适用服务器标准。法院认为,因肇庆数字文化网数字影院所播放的涉案四部影片并未存储在该网站的服务器上,因此,肇庆市广电局、肇庆市图书馆向用户提供的是相关链接服务。[3]

在2012年审结的前文提及的“泛亚诉百度案”的二审中,最高人民法院亦对一审法院所采用的服务器标准予以认同。其指出,百度网站提供MP3下载,虽然整体过程并不脱离百度网站的页面,但其并非我国《著作权法》及《信息网络传播权保护条例》所规定的通过信息网络提供他人作品的行为,而属于提供信息定位服务。[4]

此后,最高人民法院于2013年1月1日颁布《网络著作权司法解释》,其第

---

〔1〕 参见北京市高级人民法院(2007)高民初字第1201号浙江泛亚电子商务有限公司诉北京百度网讯科技有限公司侵犯著作权案民事判决书。

〔2〕 参见最高人民法院(2009)民提字第17号北京慈文影视制作有限公司与中国网络通信集团公司侵犯著作权纠纷案民事判决书。

〔3〕 参见最高人民法院(2011)民申字第686号北京优朋普乐科技有限公司与肇庆市文化广电新闻出版局、肇庆市图书馆侵犯著作权纠纷案民事裁定书。

〔4〕 参见最高人民法院(2009)民三终字第2号浙江泛亚电子商务有限公司与北京百度网讯科技有限公司、百度在线网络技术(北京)有限公司侵犯著作权纠纷案民事判决书。

三条规定,“网络用户、网络服务提供者未经许可,通过信息网络提供权利人享有信息网络传播权的作品、表演、录音录像制品,除法律、行政法规另有规定外,人民法院应当认定其构成侵害信息网络传播权行为。通过上传到网络服务器、设置共享文件或者利用文件分享软件等方式,将作品、表演、录音录像制品置于信息网络中,使公众能够在个人选定的时间和地点以下载、浏览或者其他方式获得的,人民法院应当认定其实施了前款规定的提供行为”。该规定中虽并无服务器标准的明确表示,但因“置于信息网络中”通常应被理解为置于服务器中,因此,在结合最高人民法院相关判决的情况下,不难理解出服务器标准这一含义。

综上,本院认为,无论是基于对于《著作权法》第十条第十二项立法渊源的理解,还是基于司法实践中的做法,对于信息网络传播行为的理解均应采用服务器标准,而非用户感知标准。

2. 兔子视频提供被诉内容的行为是否属于信息网络传播行为

由前文分析可知,判断兔子视频提供被诉内容的行为是否属于信息网络传播行为,关键因素在于被诉内容是否存储于兔子视频的服务器中,而对这一事实则应结合证据予以认定。本案中,虽然用户通过点击兔子视频页面中的相关图标即可进入播放页面,该播放页面系全屏显示,并未被嵌入在被链接网站的页面下,但不可忽视的是,在这一过程中,存在一个跳转页面,该页面中显示有被链接网页。为确认针对不同内容以及不同网站,该跳转页面并不相同,庭审中上诉人对于这一过程进行了多次演示。通过演示可以看出,点击不同内容所跳转的页面涉及不同网站的不同页面,因被上诉人对于这一演示过程与涉案公证过程具有一致性表示认可,故本院认为兔子视频提供的被诉内容系来源于其他网站,而非来源于兔子视频的服务器。据此,上诉人认为兔子视频提供被诉内容的行为属于链接服务提供行为的主张成立,本院予以支持。被上诉人认为该行为属于信息网络传播行为的主张不能成立,本院不予支持。

3. 兔子视频提供的链接服务行为是否构成侵权行为

《中华人民共和国民法通则》第一百三十条规定,“二人以上共同侵权造成他人损害的,应当承担连带责任。”《中华人民共和国侵权责任法》第九条规定,“教唆、帮助他人实施侵权行为的,应当与行为人承担连带责任。”第三十六条规定,“网络服务提供者知道网络用户利用其网络服务侵害他人民事权益,未采取必要措施的,与该网络用户承担连带责任。"《信息网络传播权保护条例》第二十三条规定,"网络服务提供者为服务对象提供搜索或者链接服务,在接到权利人的通知后,根据本条例规定断开与侵权的作品、表演、录音录像制品的链接的,不承担赔偿责任;但是,明知或者应知所链接的作品、表演、录音录像制品侵权的,应当承担共同侵权责任。"《网络著作权司法解释》第七条规定,"网络服务提供者明知或者应知网络用户利用网络服务侵害信息网络传播权,未采取删除、屏蔽、断开链接等必要措施,或者提供技术支持等帮助行为的,人民法院应当认定其构成帮助侵权行为。"

本案中,兔子视频提供的链接服务虽并不构成直接侵犯信息网络传播权的行为,但因其客观上对于被链接网站内容的传播起到了帮助作用,故依据上述规定,该行为将可能构成共同侵权行为。结合上述法律规定以及共同侵权制度相关法理,本院认为判断该行为是否构成共同侵权行为,应考虑如下因素:

(1)被链接网站实施的信息网络传播行为是否构成直接侵权行为

本案中,因被上诉人明确表示其并未许可任何网站对于被诉内容进行信息网络传播,而上诉人并未提交相反证据,故基于在案证据,本院认定被链接网站中对于被诉内容的传播系未经许可的传播行为,构成直接侵犯信息网络传播权的行为。

(2)兔子视频提供者是否"明知"或"应知"被链接网站提供的内容未经权利人许可

依据上述法律规定,搜索链接服务提供者等网络服务提供者承担共同侵权责任的主观要件为"明知或应知"。其中,"明知"是指网络服务提供者明确知晓其所链接的作品、表演、录音录像制品构成侵权。"应知"则是指网络服务提供者虽不明确知晓所链接的作品、表演、录音录像制品构成侵权,但依据现有证据足以合理推知其应当知晓被链接网站的传播行为属于未经权利人许可进行的传播行为。

本案中,因被上诉人并未向兔子视频提供者发送侵权通知,亦无其他证据证明兔子视频提供者存在明知的情形,因此,本案中尚无法认定兔子视频提供者存在"明知"的情形。据此,本案的关键在于认定兔子视频提供者是否存在"应知"的情形。在考虑如下因素的情况下,本院对此持肯定态度。

其一,兔子视频提供者客观上具有"接触"到被诉内容或与之相关信息的可能性。

因搜索链接服务者主观过错的认定系以其对被链接网站直接侵权行为的主观认知为基础,而通常而言,只有在接触到被链接网站中相关内容的情况下,其才可能对于该内容是否构成侵权具有认知,故认定搜索链接服务者具有主观过错的前提条件应为其客观上对于被链接内容或相关信息具有接触的可能性。

本案中,由查明事实可知,兔子视频提供者对于被链接内容进行了编辑整理,制作了节目列表,并同时提供节目介绍,被诉内容即是被上诉人通过在上述节目列表中进行翻找而获得。上述编辑结果中,虽列表形式存在由程序自动生成的可能性,但节目介绍页面通常是人工编辑的结果。因在人工编辑过程中,兔子视频提供者必然会接触到被编辑整理的内容,而即便对于自动生成的节目列表,兔子视频提供者在对网站网页进行日常维护时亦会对载有这些信息的网页有所了解,据此,无论属于何种情形,兔子视频提供者对于被诉内容或与之相关的信息均具有接触的可能性,其应知晓被链接的内容中存在被诉内容。

其二,兔子视频提供者对于被链接网站中被诉内容是否构成侵权具有"认知能力"。

因现有网络环境中同时存在合法传播与非法传播的内容,故搜索链接服务提供者知晓被链接网站中存在被诉内容,并不足以认定其知晓被链接内容系非法传播内容,还应进一步考虑其对于被诉内容构成侵权是否具有认知能力。如搜索链接服务提供者对此具有认知能力,则可认定其主观具有过错。而对于认知能力的确定,则在很大程度上取决于具体的"链接方式"及"被链接内容的性质"。

就链接方式而言,相对于被动的全网搜索链接服务提供行为,主动的定向链接服务行为(提供者对于被链接内容进行主动整理编排,且其链接仅指向少量有限网站)提供者应负有更高的认知义务。这一认知义务的具体内容,在相当程度上受到被链接内容性质的影响。通常而言,如果被链接内容是影视类作品,则链接服务提供者有义务对被链接网站传播的内容是否属于正版传播内容进行了解,并应尽可能将其链接服务指向正版的链接网站。这一了解渠道包括多种方式,既包括向权利人询问,亦包括向集体管理组织,或被链接网站询问,以及从公开网络信息中查询,等等。如果链接服务提供者尽到上述了解义务,则即便其最终链接到的内容确非合法传播的内容,仍应认定其主观不具有过错。

之所以作此认定，系考虑到主动定向链接中，链接服务提供者进行的选择、编排或整理等系基于网络用户的用户体验考虑而主动设置，这一做法一方面会为网络用户提供更具有针对性的指引，使得搜索、链接网站具有更大的用户黏性，并进而为其带来更多的经济利益；另一方面亦会在被链接网站的行为构成侵权的情况下，对权利人造成更大的损害。而上述情形对于被动全网链接显然均不存在，在此情况下，如认定主动定向链接提供者与被动全网链接提供者具有相同的认知义务，显然有失公平。

对于被链接内容而言，影视类作品与其他类型的作品有所不同，权利人虽亦会授权网站予以传播，但此类内容的权利人数量并不多，且被授权的正版网站的数量通常较为有限，因此即便要求主动定向链接服务提供者应对于上述作品的正版网站有所认知，并尽量做到仅提供针对正版网站的链接，亦不会为其带来过重的负担。反之，如果不对其赋予这一义务，则很可能出现的情形是，即便主动定向链接服务提供者知道被链接内容并非合法传播，但因其对这一情形并无了解的义务，因此，其仍会主张其主观并不知道，而著作权人客观上亦很难要求其对该情形予以了解，从而无法证明其主观具有过错，客观上使得著作权人虽受到损害，但却无法获得保护。据此，对于主动定向链接提供者赋予上述义务较为合理。

本案中，由查明事实可知，兔子视频提供者对被链接内容进行了编辑整理，且针对被整理编辑内容仅提供指向有限几家网站的链接，因此，兔子视频提供的是主动定向链接服务，而非被动全网链接服务。鉴于此，兔子视频软件提供者对于被链接内容是否属于合法传播的行为，应负有较高的认知义务。因被链接内容属于影视作品，兔子视频提供者在提供主动定向链接的情况下，应对于被链接内容是否属于合法授权的内容有所了解。鉴于现有证据无法证明兔子视频提供者实施了上述行为，因此，本院合理认定兔子视频提供者未尽到其应有的认知义务。

综上，鉴于兔子视频提供者知晓被链接网站中存在被诉内容，其对于该内容是否为合法传播负有认知义务，因此，在被诉内容系未经被上诉人许可而传播的情况下，兔子视频提供者应对此有所认知，但却仍然提供被诉内容的链接服务，其主观状态属于应知，故该行为构成共同侵权行为。

（三）上诉人是否应为兔子视频提供被诉内容的行为承担责任

上诉人主张，因其并非兔子视频的开发及提供者，故不应对兔子视频中的被诉内容承担责任。在考虑以下因素的情况下,对于上诉人这一主张,本院不予支持。

首先,现有证据不足以证明上诉人并非兔子视频的开发及提供者。由查明事实可知,上诉人生产的涉案机顶盒中明确标注“功能特性:独家开发的兔子视频平台带来全新网络视频观看体验……公司名称:同方公司”,该标注表明上诉人向社会公众公示其系兔子视频的开发者。虽然被上诉人提交了琉石天音公司出具的《授权书》,其中显示琉石天音公司为兔子视频的开发者,其仅仅是许可上诉人使用该软件,该证据作为法人出具的证明,依据《最高人民法院关于适用〈中华人民共和国民事诉讼法〉的解释》第一百一十五条的规定,应当由单位负责人及制作证明材料的人员签名或者盖章,并加盖单位印章。但该证明仅有公司盖章,并无单位负责人及制作证明材料的人员的签名或签章,该证据不符合此类证据的法定要件,故对其真实性本院无法确认。在此情况下,本院进一步认为,即便其真实性可以确认,但该证据的证明力显然低于公证购买产品上的标注,在该证据与产品标注中的信息有矛盾的情况下,产品标注更具有证明力。

其次,即便上诉人并非开发提供者,但至少可以肯定的是,基于兔子视频提供者出具的证明、公证产品上的上述标注等情形,本院足以认定上诉人与兔子视频提供者就传播内容方面具有密切合作关系。《网络著作权司法解释》第四条规定,“有证据证明网络服务提供者与他人以分工合作等方式共同提供作品、表演、录音录像制品,构成共同侵权行为的,人民法院应当判令其承担连带责任。”依据上述规定可知,在具有内容合作关系的情况下,网络服务提供行为构成共同侵权行为。据此,本案中,即便上诉人并非兔子视频软件的提供者,其行为亦同样构成共同侵权行为,应承担相应民事责任。

综上,在本院已认定兔子视频提供被诉内容的行为构成共同侵权行为的情况下,上诉人应对该行为承担相应民事责任。上诉人认为其不应承担相应责任的上诉理由不能成立,本院不予支持。

三、一审判决是否存在程序违法的情形

上诉人主张其并非兔子视频软件提供者,但一审法院未将兔子视频软件提供者追加为第三人参加本案诉讼,构成程序违法。对此,本院认为,因本院已认定上诉人为兔子视频软件开发及提供者,因此,本案中无须再追加其他民事主体

参加本案诉讼。

在此基础上,本院进一步认为,即便上诉人并非兔子视频软件开发及提供者,一审法院亦无须追加兔子视频软件提供者参加本案诉讼。原因在于,虽然与兔子视频软件提供行为相关的事实确会对上诉人行为性质的认定产生实质影响,但法院可以通过举证责任分配来查明相关事实,故兔子视频软件提供者不参加本案诉讼并不会影响到对该事实的查明。因此,一审法院未追加兔子视频软件提供者作为第三人参加诉讼并无不当,上诉人据此认为该做法构成程序违法的主张不能成立。

此外,由一审法院的庭审笔录可以看出,对于上诉人的这一申请,一审法院已予以答复,故上诉人认为一审法院对其申请未予处理,从而构成程序违法的主张亦不能成立,本院不予支持。

综上,上诉人同方公司的上诉理由不能成立,本院不予支持。依据《中华人民共和国民事诉讼法》第一百七十条第一款第(一)项之规定,本院判决如下:

驳回上诉,维持原判。

一审案件受理费一千八百元,由同方股份有限公司负担(于本判决生效之日起七日内交纳);二审案件受理费一百七十五元,由同方股份有限公司负担(已交纳)。

本判决为终审判决。

审 判 长　宿　迟
审 判 员　芮松艳
审 判 员　张　剑
二〇一五年十月十五日
法官助理　许　波
书 记 员　董　萌

后 记

2013年12月，我从中国人民大学调入北京市第三中级人民法院，最初在研究室分管案例研究和学术论文等工作，后来根据组织安排先后到民一庭和民三庭工作。从2014年开始，北京市第三中级人民法院定期组织召开院级民商事专业法官会议，各民商事审判庭庭长、副庭长参加，主要研究和讨论民商事审判领域的疑难复杂案件。法官会议制度在北京市第三中级人民法院一直延续发展，我在北京市第三中级人民法院工作期间参加了上百次的院级民商事专业法官会议，在审判庭内组织和参加庭级法官会议的次数就更多了。在专业法官会议上，院、庭长们和审理案件的合议庭成员围绕案件涉及的争议法律适用问题充分发表意见，观点出现分歧是常见的现象。为了论证自己的主张，说服法官会议的成员，法官们已经习惯了在提交法官会议之前开展类案检索，并将类案检索情况写入案件审理报告。

我在研究类案检索方法和写作本书的过程中进一步认识到，类案检索工作有三个显著特点：第一，类案裁判标准统一首先是一个法理学问题，需要从法学基础理论方面论证，为何要实现类案裁判标准统一以及何为类案等基础理论问题；第二，类案裁判标准统一是各个部门法领域都涉及的问题，在民商法、知识产权法、刑法、行政法等实体法领域以及相应的程序法领域都会涉及；第三，类案检索是一个法律与技术交织的问题。类案检索需要依赖大数据的支持，但仅有大数据和技术人才并不能高质量的解决类案检索问题。类案检索是一项重要的工作，也是一项复杂的工作。由于本人法学理论知识和审判经验尚有欠缺之处，本书的内容和观点还有一些不完善和不准确的地方，期待各位读者提出宝贵意见和建议，在司法实践中共同推动类案检索工作不断发展和完善。

本书的完成，得益于我在中国人民大学法学院的学习积累，得益于我在北京法院积累的审判经验和参加专业法官会议的交流所得，得益于最高人民法院、北京市高级人民法院、北京市第三中级人民法院、北京市朝阳区人民法院以及其他兄弟法院各位领导、同仁对于类案检索工作的指导和支持，得益于法律出版社编辑解锟女士的积极推动和鼎力相助，我衷心地向大家表示感谢！

齐晓丹

2020 年 11 月 21 日